市場経済と複式簿記
―基本を読み解く―

渡辺 大介 著

東京 森山書店 発行

はじめに

　経世（国）済民の学と言われる経済学の，「市場経済の原理は競争である」という教義を人々は信じ込んでいるが，当の市場経済は勤労者と学生に対し，その暮らし向きを案じて，次のことを逆に問い質しているのである。
　一、あなたは貨幣とは何か，その正体を知っていますか。
　一、あなたは貨幣を使って営まれる市場経済の仕組みを知っていますか。
　この二つの問に対する答を，勤労者も学生も知らないので，学校や企業での競争体験が原体験の役割を果たし，競争原理の信者になるわけだが，上の答は競争原理から出てこないのである。経済学が描いて見せる市場経済像は，歴史的に発展してくる市場経済のデフォルメだからである。
　デフォルメ déformer は，絵画などで使われる技法を言うが，「変形する，歪める」という意味のフランス語である。その名詞＝ déformation の反対を意味する語が，information（情報）であり，「市場経済の原理は競争に非ず」と暗に information しているのが，市場経済を陰で支えている複式簿記である。
　複式簿記で記録する企業の取引は，競争している企業の間では成立しないのである。一例をもって言えば，競争関係にあるスーパーやコンビニは，互いに商品を売買できないのである。売買取引が成立しなければ，企業も市場経済も存在し得ないことは，働いている人々であれば分かるはずである。にもかかわらず，競争原理の経済学が存在するのは，それを生み出し支える構造に資本主義経済がなっているからである。
　資本主義経済は私有制度に基づく二重構造の経済で，二階建ての建物のようになっている。一階が市場経済で，二階は私有経済である。だが，経済学はこのように区別せず，俯瞰すれば平屋に見える資本主義経済を市場経済と言い換え，私有経済の原理を市場経済の原理にしているのである。

私有経済は排他的であるがゆえに互いに競争し，市場経済が作り出す生産物を，利益や利得として入手しながら生活する富裕層の経済である。自由化・規制緩和・民営化（と称する私有化）を求め，マネーゲームを仕掛けて荒稼ぎするこの経済の原理と学説が「競争の経済」学である。競争は順位を作るので，二重構造の維持に大いに役立つのである。

対して市場経済は，その他大勢の人々が社会的分業を社会的協業として遂行する勤労の経済である。市場に溢れる色々な生産物が社会的分業によって作り出されていることを，勤労者は理解できるはずである。ところが，社会的協業には思いが及ばず，それが何を作り出しているのか，まったく知らないのである。競争という言葉で隠されている社会的協業が作り出しているものこそ，貨幣なのである。誰もが貨幣だと思い込まされている紙幣や硬貨は，本当の貨幣を表し証明する形式である。

経済学の父と言われるアダム・スミスは，分業は労働の結合であると正しく指摘したけれども，社会的分業を社会的協業として定式化し得なかったため，貨幣が働く人々の一体性すなわち市場経済の全体性であることを認識できなかったのである。それゆえ，「（神の）見えざる手」を使ったのであろうが，目では見えない全体性を表す貨幣形式が分かれて，企業を単位に循環すればこそ，個々の企業が市場経済全体の諸部分を構成する関係が実現するのである。ここに，中央集権的計画経済（社会主義経済）が崩壊しても，資本主義経済の方は企業単位の分権的経済として営まれている根拠があるわけである。

貨幣認識を間違えたのは，『資本論』を書いたマルクスもそうである。労働価値説は，労働の本質を認識したものではないので，資本主義経済の底辺で辛苦しながら働く人々に，市場経済の実相を示すことができなかったのである。この点はケインズも同じである。

ケインズは『一般理論』の中で，投資＝貯蓄という恒等式が資本主義経済で成り立つことを明らかにしたけれども，貯蓄の内容は解明しなかったのである。市場経済では，社会的分業方式で生産した機械などの資本財（企業の固定資産）や道路などの公共財に対して，働く人々一人一人がそれらの所有権を持

つ形が成立する。これが人々の持つ貯蓄の核心的意味である。

そしてもう一つ，スミスもマルクスもケインズも気付かなかったのは，市場経済の方法である。社会的分業を協業として実現する方法は，貨幣と生産物の交換ではなく，貨幣と生産物の結合→分離→再結合である。複式簿記は，この方法を認識の方法として転用したものである。つまり，市場経済の方法に従って企業が経営されているか否かを知る方法であるがゆえに，複式簿記は企業会計の方法として用いられているのであり，さらに競争原理では説明できない経済の存在を，暗示しているのである。

経済学より先に生まれ，経済学より実務的でありながら，市場経済と同様に複式簿記は無口である。欧米では無口は意思を支える能力の欠如と見なされて，その深層心理が代弁されることはなく，市場経済と複式簿記は営利活動の手段として使役され続けている。

だが，日本では無口＝無能ではない。それゆえ，力不足は承知の上で，その語り部として作成したのが本書である。1〜4章が市場経済論で，5〜9章が複式簿記論である。そして最後に株式会社の未来像を提示したが，一書をもって論じたのは，その他大勢の人々が無自覚ながら，歴史的に創造しつつある市場経済の実相である。人類の希望としての未来が宿る経済を information する書であるよう，念願している。

最後に，本書の出版をご快諾下さった森山書店社長，菅田直文氏に感謝の意を表して，筆を置く次第である。

2010年　早春

　　　　　　　　　　　　　日の下に目覚めて伸びよ和才の芽
　　　　　　　　　　　　　漢才洋才その土分けて

　　　　　　　　　　　　　　　　　渡辺　大介

目　次

第1章　貨幣の正体と形式 …………………………………………………1

1. 所有関係と複式 ……………………………………………………1
2. 自給自足と社会的分業 ……………………………………………2
3. 社会的協業と貨幣 …………………………………………………4
4. 労働時間と貨幣量 …………………………………………………11
5. 生産物と価格 ………………………………………………………12
6. 貨幣形式の循環 ……………………………………………………12
7. 貨幣の一般的説明 …………………………………………………13
8. 貨幣の機能 …………………………………………………………15
9. 貨幣の真の所有対象 ………………………………………………18
10. 貨幣の超国家的性格 ………………………………………………20

第2章　市場経済の仕組み …………………………………………………23

1. 市場経済の方法 ……………………………………………………23
2. サービスの生産 ……………………………………………………29
3. 資源の配分メカニズム ……………………………………………30
4. 企業の本質 …………………………………………………………31
5. 利己心と利他心 ……………………………………………………33
6. 競争イデオロギー …………………………………………………35

第3章　市場経済の発展構造 ………………………………………………39

1. 市場経済の基礎 ……………………………………………………39
2. 賃金の下方硬直性 …………………………………………………46
3. 食料生産の再認識 …………………………………………………47
4. 先進国と開発国の違い ……………………………………………49

5．経済統合の問題 …………………………………………………… *50*
  6．女性の家事労働 …………………………………………………… *51*
  7．男女平等の暮らし ………………………………………………… *53*
  8．子供の扶養 ………………………………………………………… *54*
  9．子供教育の在り方 ………………………………………………… *56*
  10．年金の仕組み ……………………………………………………… *58*
  11．利益の取得方式 …………………………………………………… *60*

第4章　貯蓄の本質と市民的所有 ……………………………………… *65*

  1．貯蓄の本質 ………………………………………………………… *65*
  2．耐久消費財の生産 ………………………………………………… *65*
  3．消費者信用 ………………………………………………………… *67*
  4．住宅の生産 ………………………………………………………… *68*
  5．住宅と街並み ……………………………………………………… *69*
  6．資本財の市民的所有 ……………………………………………… *70*
  7．市民的所有と経済学 ……………………………………………… *76*
  8．公共財の市民的所有 ……………………………………………… *79*
  9．労働の低賃金化 …………………………………………………… *83*

第5章　市場経済と複式簿記 …………………………………………… *87*

  1．複式簿記の存在理由 ……………………………………………… *87*
  2．複式の意味 ………………………………………………………… *88*
  3．複式簿記の基本 …………………………………………………… *88*
  4．消費財と資本財の生産 …………………………………………… *95*
  5．資本金勘定の分化 ………………………………………………… *96*
  6．水平的分業の勘定記入 …………………………………………… *97*
  7．垂直的分業の勘定記入 …………………………………………… *98*
  8．財務諸表 …………………………………………………………… *101*
  9．借方と貸方 ………………………………………………………… *107*

第6章 商業簿記―仕訳と勘定記入― ……………………………………… *111*

1. 基本手順 ……………………………………………………………… *111*
2. 仕　　訳 ……………………………………………………………… *112*
3. 勘定記入 ……………………………………………………………… *113*
4. 決　　算 ……………………………………………………………… *114*
5. 商品の仕入と売上 …………………………………………………… *116*
6. 損益計算書の作成 …………………………………………………… *119*
7. 仕訳の工夫 …………………………………………………………… *121*
8. 商品売買の記入法―3分法― ……………………………………… *125*
9. 商品勘定と補助簿 …………………………………………………… *128*
10. 固定資産の記入法 …………………………………………………… *129*
11. 費用の記入法 ………………………………………………………… *132*
12. 減価償却費 …………………………………………………………… *137*
13. 収益の記入法 ………………………………………………………… *141*

第7章 決算と財務諸表の作成 …………………………………………… *143*

1. 決算の意味 …………………………………………………………… *143*
2. 決算予備手続 ………………………………………………………… *144*
3. 決算本手続 …………………………………………………………… *147*
4. 財務諸表の作成 ……………………………………………………… *150*
5. 精算表の作成 ………………………………………………………… *154*

第8章 負債の複式簿記 …………………………………………………… *157*

1. 信用取引 ……………………………………………………………… *157*
2. 手形の利用 …………………………………………………………… *157*
3. 買掛金と売掛金 ……………………………………………………… *163*
4. 未払金と未収金 ……………………………………………………… *163*
5. 商品券 ………………………………………………………………… *164*

- 6. 前受金と前払金 …………………………………… *166*
- 7. 給料と所得税預り金 ……………………………… *167*
- 8. 手 形 の 裏 書 …………………………………… *168*
- 9. 手 形 の 割 引 …………………………………… *168*
- 10. 現 金 の 貸 借 …………………………………… *169*
- 11. 当 座 預 金 ……………………………………… *172*
- 12. 株式会社の資本金 ………………………………… *174*
- 13. 社 債 の 発 行 …………………………………… *176*
- 14. 有価証券の購入と売却 …………………………… *177*
- 15. 引 当 金 ………………………………………… *178*
- 16. 収益・費用の見越と繰延 ………………………… *181*
- 17. 財務3表の作成 …………………………………… *183*

第9章 工業簿記と原価計算 …………………………… *191*

- 1. 工 業 簿 記 ……………………………………… *191*
- 2. 材 料 の 記 入 …………………………………… *192*
- 3. 材 料 元 帳 ……………………………………… *195*
- 4. 給 与 の 記 入 …………………………………… *195*
- 5. 経 費 の 記 入 …………………………………… *199*
- 6. 製造間接費の配賦 ………………………………… *201*
- 7. 製品勘定への振替 ………………………………… *202*
- 8. 売 上 の 記 入 …………………………………… *203*
- 9. 原 価 計 算 ……………………………………… *203*
- 10. 個 別 原 価 計 算 ………………………………… *204*
- 11. 総 合 原 価 計 算 ………………………………… *206*
- 12. 平均法と先入先出法 ……………………………… *207*
- 13. サービスと工業簿記 ……………………………… *210*
- 14. 現金の循環と損益分岐点 ………………………… *210*

第10章　株式会社の未来像 ……………………………… *213*

1. 俳　諧　精　神 ……………………………………… *213*
2. 会　社　と　法　人 ………………………………… *215*
3. 株　式　の　意　味 ………………………………… *216*
4. 中央銀行と株式会社 ………………………………… *218*
5. 人　間　成　長　主　義 …………………………… *222*
6. 有給休暇のリサイクル ……………………………… *224*
7. 必　然　の　美 ……………………………………… *227*
8. 人　間　へ　の　歩　み …………………………… *229*
9. 分かち合いの人間性 ………………………………… *230*
10. 空　へ　の　応　答 ………………………………… *232*

索　　引 …………………………………………………… *235*

第1章

貨幣の正体と形式

1. 所有関係と複式

　貨幣の正体と市場経済の仕組みを理解するのに役立つ身近な例を考えていて、気付いたのは、飛行機で移動するときの人と荷物である。機内に持ち込めない荷物を持っている場合は、搭乗前にその荷物を航空会社に預けるが、そのとき、荷物に番号入りのシールを付けると共に、それと同じ番号シールを受け取る。そして、結び付いていた人と荷物がいったん分離するが、複式になった番号が人と荷物の間の所有関係を表すので、人は安心して客室に入り、荷物は飛行機の荷物室に搬入される。目的地に到着すると、今度は荷物を受け取るコーナーで、人はコンベア上の荷物と対面する。この場面を観察すれば、複式になった番号を手段にして、荷物の所有関係が確認され、人と荷物は再び結び付いて、空港から出ることになる。

　上の例で、人が荷物を持って空港を出る場面は、買い物をした人が品物を持ってデパートやスーパーから出る場面と同じである。その前の場面、すなわち手荷物の引き渡しコーナーで、シール付きの荷物と同じシールを持った人とが対面する場面は、デパートやスーパーで、価格が付いた生産物と貨幣を持った人が対面している場面と同じである。価格が付いた生産物が一方にあり、それと同額の貨幣を（財布の中に）持っている人が他方にいる形は、金額を使った複式の形であり、上記の例と同様、人と生産物が分離していながら、所有関係

にあることを表しているのである。では，この前段階の場面は，どうなっていたのだろうか。これまた，人が荷物を航空会社に預けるときと同じで，人と生産物は結び付いていたのである。貨幣の正体を認識するためには，この最初の場面の考察が大事である。

2. 自給自足と社会的分業

　貨幣は，自給自足の経済では生まれない。貨幣が生まれるのは，社会的分業をするからである。

　極めて単純化した例になるが，A・B・Cの3人の社会があり，3人が巻き寿司とポテトサラダとケーキを食べたくなったとしよう。そのとき，3人が自給自足をする場合と，社会的分業をする場合の違いを図解すると，次の通りである。縦は自給自足，横は社会的分業を表す形である。

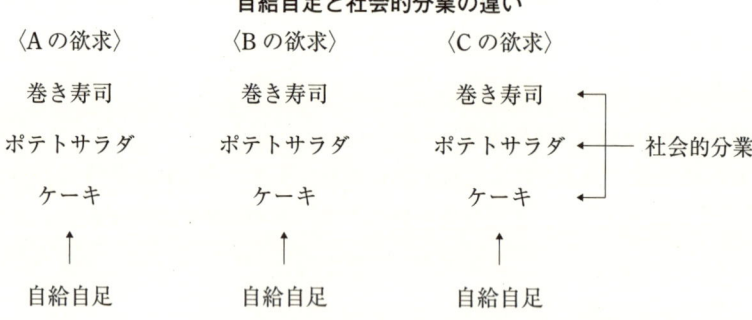

自給自足と社会的分業の違い

　上の図に基づいて言えば，自給自足は，自分1人で巻き寿司とポテトサラダとケーキを作って食べるというもので，自分の能力を，自分のためだけに使って，自分の欲求を満たす方法である。それに対して，社会的分業は，例えばAが巻き寿司を3人分，Bがポテトサラダを3人分，Cがケーキを3人分作り，その後で料理を分け合って，各自の欲求を満たす方法である。社会的分業は，人々が自分の能力を社会構成員（極論すれば，他の人々）のために発揮して，互いに欲求を満たし合うので，代行業と言い換えることができる。

A・B・Cが自給自足をしているときは，それぞれ勝手に料理を作って食べれば良いわけだが，社会的分業をしている場合はそうせずに，各自が巻き寿司とポテトサラダとケーキを作った後，それらを3人で分け合う。そのために，3人が料理を持ち寄ることになる。

(1) 交換方式とバイキング方式

3人が自作の料理を持ち寄って分け合うとき，二つの方法がある。一つは各自が3枚の小皿を用意して，それぞれの小皿に自分の料理を1人分ずつ盛り付けて，その小皿を交換し合う方法である。Aは，3枚の小皿に巻き鮨を1人分ずつ盛り付け，1枚は自分のものとして手元に残す。交換のために使うのは2枚の小皿である。B，Cも同じように，自分の作った料理を小皿に盛り付けて交換の用意をする。そして，3人が小皿を交換し合うと，別々に作ったにもかかわらず，巻き寿司とポテトサラダとケーキが各自の物になり，それを食べれば，自給自足したも同然の結果になる。

もう一つの方法は，各自が料理を大皿に盛り付けて，テーブルの上に置いて分け合う形である。テーブルの上に，巻き寿司が盛り付けられた大皿が1枚，ポテトサラダの大皿が1枚，ケーキの大皿が1枚置かれ，それらの皿から各自の小皿へ料理を移して食べる方法である。これはバイキング方式（空港の荷物の乗ったコンベアも同じ）である。二つの方式の違いは，各自が自分のために作った料理も，バイキング方式では大皿から小皿へ移す点にある。

(2) 市場経済の方法＝バイキング方式

社会的分業を行ったとき，その生産物の分け方は二つあるが，経済学は交換方式を市場経済の方法だと見なして，例えば交換手段としての貨幣を導き出している。しかし，市場経済で実際に用いられている方法は，交換方式ではなく，バイキング方式であり，これが良く分かる所はスーパーマーケットである。スーパーでは，企業で生産された各種の品物が集められ，大皿に盛られたように置かれていて，人々は店内に入り，小皿に相当する買い物カゴを持ち，その中へ品物を移し入れて，自分の物として持ち帰り，使用・消費している。

現実の市場経済で用いられているのは，バイキング方式だと気付けば，バイ

キング方式には、小皿の交換方式では用いなかった物が付いていることも分かる。それは、大皿に盛られた料理を小皿に移すときの専用＝共通の箸（あるいはサジなど）である。共通の箸を持って大皿の料理を小皿に移し、移し終えればその箸を大皿のところに置くのだが、この共通の箸に相当するのが貨幣である。スーパーへ買い物に行くとき、他の人と同じ（共通の）貨幣を持って、店内の品物を買い物カゴに移し、レジのところで貨幣を置いて、カゴの中の品々を自分の物として持ち帰る。

市場経済で用いられている貨幣は、バイキング方式で用いる共通の箸に相当するものだが、それは分業を行ったために現れてきたのである。では、どうして社会的分業を行ったときに貨幣が生まれてくるのか。身体を持つ人々が社会的協業を形作るからである。

3. 社会的協業と貨幣

社会的分業と対概念をなしているのは競争ではなく、社会的協業である。それゆえ、今度は社会的協業に認識の目を向けることにし、その辿る道順をまず示すことにする。

　　① 人の身体　　② 人の身体＋労働　　③ 人の身体＋所有者
　　④ 人の身体＋所有者＋社会的承認　　⑤ 人の身体＋所有権

貨幣の正体を認識するための基本は、人間の身体である。経済学には労働する人間の身体が抜け落ちて無いのである。

（1） 身体と労働

人の身体は欲求を生み出す元であると共に、その充足手段を所有する力である。ただし、ここでいう所有力は、他人の物を奪い取る力ではなくて、自然に働きかけて欲求の充足手段を作り出して所有する力のことである。

人の身体には所有力が宿っているとはいえ、ただ力があるだけでは、欲求の充足手段を得ることはできない。米・椎茸・卵・夕顔（干瓢）・海苔・塩・砂糖などが、たとえ目の前にあるとしても、巻き寿司は作れないのである。巻き

寿司を作るには，その作り方を知っておく必要がある。それゆえ，人間は知恵（知性）のある人＝ホモ・サピエンスになって，物の生産方法を考え出し，粗野な力を能力へ高める。そして，その能力を発揮して，物を作る人＝ホモ・ファーベルになる。つまり，身体を使って労働し（自然や素材に働きかけ），欲求の充足手段を生産して，その所有を実現する。

　労働あるいは生産とは，単に有用物を作り出すだけではなく，労働した人がその生産物を所有することである。欲求の充足手段を所有しなければ，生活できないにもかかわらず，労働とは生産物の所有だということを，経済学も働く人々も見落としている。経済のサービス化が進んで，多くの人々が農業や漁業や製造活動を経験しないので，労働が生産物の所有だとは，理解しにくいのである。そのため，労働力あるいは労働サービスを売って貨幣を受け取るのだと教えられ，また思い込んでいるのだが，然に非ず。例えば，身体を使って家庭菜園や魚釣りをすれば，その人は成果としての野菜や魚を自分の物として所有する。日曜大工をしたときもそうである。俳句や短歌や詩を作れば，その作者が知的労働の成果として，その句や短歌や詩を所有する。それゆえ，他の人が「私が作った」と言えば，そうではない「私の作品だ」と（知的所有権を）主張するわけである。

　人が自分の身体を使って自然に働きかけて物を生産したとき，その労働は，労働した人と生産物の間に所有関係を作り出す。これは，他者の物を奪い取って実現したのではなく，人間と自然との間に形成された正当な所有関係である。

　人が労働によって生産物と所有関係を作り出したということは，それまでは存在しなかった所有関係が労働した人の身体に加わるということである。それによって労働した人は所有者になる。労働する前の身体に，（労働によって）加わった所有者としての性質が，人々が社会的分業をしたときに，貨幣になるのである。

　労働が，労働の当事者を生産物の正当な所有者にするのは，自給自足の場合も社会的分業の場合も同じであるが，違いがある。自給自足の場合は，個々人

が単独で所有者になるのに対して，社会的分業の場合は，分業に従事した人たち全員が一体化して所有者になる。この点を理解するのに役立つのは，体育祭で多分経験したであろう，騎馬戦の馬である。騎馬戦の馬は3人が分業して作る。1人は前半分，1人は後部右半分，1人は後部左半分を作る。この3人の分業は同時に1頭の馬を形作る協業をなしている。分業は，競争ではなく，協業である。それゆえ，3人が作った馬が動き出したとき，当の3人が互いに競争して我先にと走れば，馬は崩れて分業は失敗してしまう。騎馬戦の馬は，分業は競争ではなく協業であることを教えてくれる。

その教えに従って，3人が分業をして作る馬の前半分・後部右半分・後部左半分を，巻き寿司・ポテトサラダ・ケーキにすれば，A・B・Cの分業も，協業を形作っていることが認識できるわけである。これは経済学が説明しない貨幣認識の要点である。経済学は，一方で社会的分業を交換という言葉で表現しながら，他方で協業を説明せずに，競争を唱える。それを真に受けて競争するほど，馬を作る3人がそれぞれ勝手に走るときのように，つながりが悪くなって市場経済に歪みが生じるのである（独占もつながりの悪い形である）。

自給自足の生活を営むときは結び付かなかったA・B・Cの所有能力が，分業をするときは1頭の馬を作るように結び付き一体化して，その能力を発揮する。Aは3人分の巻き寿司を所有する部分を，Bは3人分のポテトサラダを所有する部分を，Cは3人分のケーキを所有する部分を作る。それらの部分を合わせると，1頭の馬に相当する社会が一つ形作られ，その社会が3人分の巻き寿司とポテトサラダとケーキの正当な所有者になっている，という次第である。

以上で，先に掲げた道順の①から③まできたのだが，さらに④そして⑤へと進む必要がある。

(2) 所有者から所有権へ

私事で恐縮であるが，農作業をして西瓜(すいか)作りをした。その西瓜が早くも数個実をつけ，そして大玉に育ったときに，何と猪に食べられてしまったのである。額に汗して土を耕し，私の物として所有する意思を持って西瓜作りをした

にもかかわらず，西瓜の所有者になれなかったのである。猪は私を西瓜の所有者として，つまり私の所有意思を認めなかったのである。

　自給自足と社会的分業の違いを説明するために，A・B・C3人の社会を仮定したが，3人以外にも人々がいて同じ社会を構成している場合，他の人々が猪のように振る舞えば大変な状態になる。この問題の発生を防止して所有者としての地位を確立するには，所有の意思を明らかにして，所有の正当性に対する社会全体の承認を獲得する必要がある。それが実現したとき，労働した身体に加わった正当な所有者としての性質は所有権になる。所有権が成立したということは，他方において義務が生まれるということで，ある人の所有者としての行動を他の人々は認めて支えることになる。

　ところで，3人が属する社会以外に，他の社会がある場合はどうなるだろうか。そのときは，他の社会の承認も必要になるが，これに関しては国家が現れ介在することになる。

　地球上の土地のある部分を一つの社会が囲い込んで所有するには，他の社会の承認が必要である。承認しない場合は，社会と社会の間で争いが生じ，その決着した形が，一つの社会による土地所有権（領有権）の確立すなわち国家の成立である。国家という枠（を形作った社会）の中で，自給自足する人々とは別に，社会的分業をする集団が生まれ，正当な所有者としての地位を獲得して行く（国家によって承認されて行く）。一つの国の中で，社会的分業を行う集団が生まれ，次第に拡大して行き，経済活動の中心を占めるようになるというのが，国内における市場経済の歴史的発展である。

　これで先に示した道順の⑤まできたので，今度は来し方を振り返ってみることにしよう。

　労働した人の身体が生産物に対する所有権を獲得した形から，そうなるまでの活動を反省すれば，労働は欲求の充足手段と，その所有権を生産するということになる。労働によって，生産物とその所有権が結合して作り出されるのである。つまり，生産物と共に，その正当な所有者が生み出される。ただし，自給自足の場合と社会的分業の場合とでは，労働によって生み出される所有権が

異なる。

　個人が単独で生産した場合は，その個人の私的所有権が生み出されるのに対して，社会的分業の場合は，その従事者全員が一体化した社会そのものが，正当な所有者になる。すなわち，社会的所有権が生み出される。この社会的所有権が貨幣の正体である。自給自足の生活では自分の能力を自分のために使うだけだが，社会的分業の場合，各個人は自分の能力を社会構成員のために用いる。個々人の能力が持つ社会性の輪が貨幣を作り出しているのである。

(3) 所有権の物への化体

　貨幣の正体は，社会的所有権（協働社会が獲得した正当な所有者としての性質）であるが，困ったことに，社会的所有権は見えないのである。協業が形作った1頭の馬と異なり，生産物の所有を実現した社会そのものを，見ることはできないし，個々人を見ても，社会的分業を行った人か否かを識別することは不可能である。現在の日本の就業労働者数＝5千数百万人が一体化した姿を目にすることも，そしてまた，ある人を見て，働いている人か，求職中の人かを直接，識別できないのである。

　そこで，目で識別できるようにするため，物を使って貨幣の形式を作り，それと社会的所有権を合体させる。例えば，銀を使って社会的所有権と合体させれば，社会的所有権は銀という目に見える物になり，その銀を社会的分業に従事した人々が持てば，社会的所有権を持つ人を認識できることになる。これが貨幣形式を使用する理由である。ある青年を見て，学生であるか否かは識別できないので，学生は学生証を持ち，必要時に提示するわけである。貨幣と貨幣形式（現金）の関係は学生と学生証の関係と同じである。あるいは，選挙権と投票所入場整理券の関係と同じである（1回しか使えないのも同じである）。

(4) 社会的所有権の分配

　社会的分業を遂行する人々は，協業を形作り一体化するが，常時一体化していては，個人としての生活ができないので，一体化した関係を解いて個人生活をする。そのとき，一体化して実現した所有者としての性質を互いに維持していることを表すために，社会的所有権を，貨幣形式と合体させた上で，分け合

って持つのである。これが働いて貨幣を給与として受け取る意味である。勤労者は，自分の労働力あるいは労働サービスを他人や企業に売って，給与を得るのではない。このような説明は経済学のフィクション（作り話）である。

　社会的所有権を貨幣形式と合体させ，その貨幣形式を社会的分業に参加した人々が持つようにすれば，社会的所有権のある人と無い人とを識別できることになる。それゆえ，貨幣形式は，社会的分業に携わる人々の数が増えるほど重要な役割を果たすことになる。現在のように，社会的分業が互いに顔の見えない関係の中で行われていると，朝夕のラッシュ・アワーの電車に乗り合わせても，人々は互いに無関心であるが，各自の財布の中にある貨幣形式は，社会的協業を形作っている仲間であることを証明しているのである。

(5)　貨幣形式の発行者

　貨幣形式を使用すれば，社会的所有権の有無を識別できるので，社会的分業に携わった人々はこの貨幣形式を持ち，使うのだが，社会的分業を実際に行ったからといって，人々が勝手に貨幣形式を作って使うことはできない。それは貨幣の社会性に反するからである。そこで，社会的分業の一環として，分けやすく，使いやすい貨幣形式を発行する。その貨幣形式が，人々の貨幣としての性質を社会的に証明する形式にもなっている。現在，この分業（代行業）を担当しているのが中央銀行で，日本の場合は日本銀行である（紙幣は独立行政法人国立印刷局で，硬貨は独立行政法人造幣局で製造されている）。

　市場経済では，分業を行う前に，その貨幣形式をあらかじめ用意し，生産物と共に作り出した社会的所有権をそれに合体させて，遅滞無く分配できるようにするのである。

　貨幣の形式として，文明の発祥地メソポタミアで用いられたのは，銀であった[1]。彼の地で一つの社会集団が土地を囲い込んで，定住農耕生活を始めたが，それによって人間という動物の社会は植物化し，国家という形を作ったのである。国家とは根深いものである。国家として囲い込んだ土地，その土地の社会的所有権を担う国王は，神から自己の権力が賦与されたことの証(あかし)として，定住農耕生活を営む上で大切な役割を果たした月，その月の神様を象徴する銀

を貨幣の形式として用いたのである。人類学者のポランニーは,「銀1単位が大麦1単位に等しい」というのがバビロニアの会計原則の要点だったと,その著書『人間の経済』に書いているが[2],大麦と結び付くのは人間の身体である。つまり,銀を持つ人は月の神様によって認められた正当な所有者だったのである。人間の身体が生み出す貨幣,すなわち人々の所有者としての一体性は国家を介して神性を帯びた金属の姿で現れ,神の力によって人々の意識の中に刷り込まれるという回り道をしながら,一体性を具現する貨幣形式の一般的通用力が歴史的に確立してきたのである。

(6) 貨幣形式の無体化

貨幣という所有権は,それを表す物的形式によって,目で見ることも手で持つこともできるようになる。そのために次のように,貨幣を表す物を経済学は貨幣（X）だと思い込んできたわけである。

$$貴金属（金・銀）＋ X ＝貨幣$$
$$印刷された紙片 ＋ X ＝貨幣（紙幣）$$
$$電　子 ＋ X ＝貨幣（電子マネー）$$

ところが,かつて貨幣であった銀や金は今では貨幣ではなく,人の顔や模様が印刷された紙片が銀や金にかわって貨幣になり,さらに貨幣は銀行の勘定口座の単なる数字にさえなっている。預金通帳の金額はその写しである。電子と社会的所有権が結合すれば,電子マネーになる。もっとも,現在の電子マネーは全国通貨の地域通貨への転換であり,使用範囲を狭くするかわりに利便性を高める手段として用いられている。

貨幣の形式が貴金属から紙片へ変わり,さらに電子へと変われば一層のこと,貨幣は物ではない,ということが明らかになるけれども,貨幣の姿が見えなくなって,貨幣とは何か,その正体＝Xが益々認識しにくくなっている。

ただし,この点に関して私は一つ疑問を持っている。経済学者は本当に貨幣の正体を認識できないのだろうか,という疑問である。ノーベル経済学賞（1968年の創設。経済学に対して贈られるスエーデン国立銀行賞）に輝くような有能な経済学者が多数いるのだから,貨幣が競争から生まれるのであれば,競争

至上主義の経済学は，貨幣の正体をすでに解明しているはずである．にもかかわらず，未解明なのは，解明しない方が良い，という暗黙の合意が存在するからではないだろうか．貨幣が人々の勤労の和によって生まれることが分かれば，競争，競争と言えなくなるし，貨幣を企業の利益として，またマネーゲームで手に入れることができなくなるからだ，と言えば邪推であろうか．

4. 労働時間と貨幣量

　貨幣は社会的所有権であるというのは，貨幣の「質」に関する説明である．今度は，その量あるいは大きさについて述べることにする．

　貨幣という所有権は，生産活動＝所有活動によって生み出されるので，社会的分業によって物を生産する時間の総和が，協業を形作り所有を実現する時間になり，社会的所有権の大きさになる．社会的分業＝協業を行う時間が長いほど，物の生産量と貨幣量が増える．あるいは，生産物1単位を作るのに要する社会的労働時間が長いほど，それと共に生み出される貨幣も大きいということになる．

　市場経済では社会的労働時間が貨幣量を生み出すので，社会全体の労働時間を増やせば，製品やサービスの生産量が増えるだけでなく，貨幣の量が増え，その貨幣を使って大量消費ができるようになる．

　貨幣の大きさの元は，社会的分業＝協業を遂行する時間の長さであるが，時間だけでは労働の内容や，個々人の労働能力の違いを表すのに不便である．そこで，時間を他の単位に換算するのである．歴史的には特に貴金属を用いて，時間を金属の重さに換算してきた．それが金額である．それによって，労働の内容や能力の違いが表しやすくなる．もちろん，金属でなくても良いわけで，仮に，2人がそれぞれ8時間働いたとき，一方の労働は1時間＝¥5（5ポイント），他方の労働は1時間＝¥4（4ポイント）と評価すれば，労働時間の長さは同じ8時間だと認めた上で，労働内容や能力の違いを評価したことになる．

5. 生産物と価格

　市場経済で行われる各種の社会的分業は，それぞれが部分になって，社会的協業の全体を形作る。社会的分業は各種の生産物を作り出し，社会的協業はそれらの生産物に対する所有権（正当な所有者），すなわち貨幣を生産する。したがって，社会的分業が行われると，生産物と貨幣が生まれ，双方は所有関係で結ばれた一対のものになる。例えば，500時間の社会的労働を要した生産物と，1時間＝￥1として計算した貨幣￥500は，一対をなす。

　次に，一対をなす生産物と貨幣￥500を，いったん分離する。異なる場所で生産した各種の生産物を一つの場所に集めて，人々がスムーズに入手できるようにするためであり，また，一体化して作り出した社会的所有権＝貨幣を個々人に分配するためである。このとき，生産物と貨幣の関係（各種の生産物のすべてを一つの社会が所有している関係）を維持するために，生産物に貨幣と同じ印を付けて複式の形を作る。冒頭の例示，すなわち飛行機に搭乗する前に，人と荷物がいったん分離するのと同じように，「生産物￥500　貨幣￥500」という複式の形を作って分離するのである。このとき，生産物に付けた印が価格である（企業で行われる原価計算の基本は価格計算である）。

　市場にあるすべての生産物に価格が付いている形は，交換のために作られた私的所有物としての商品を表すのではなく，それらの生産物が貨幣＝社会的所有権の対象であること，したがって社会的分業に従事している人々の共通の生産物，すなわち社会的資産であることを表すのである。市場経済は私的所有物としての商品を交換する経済だとか，あるいは商品と貨幣を交換する（商品を売買する）経済である，というのも経済学のフィクションである。

6. 貨幣形式の循環

　価格が付されて市場に集められた各種の生産物と，給与として分配された貨

幣は，市場で再び対面する。人々は給与として得た貨幣を使って，今度は社会的分業の成果である各種の生産物を入手する。そのとき貨幣と生産物が価格を介して再び結合し，生産物が働いた人々の手に渡り，貨幣所得が実物所得に変わる。その結果，社会的分業とは社会的協業（協力関係）であったということが，個人個人が所有する各種の生産物によって実証されるのである。

市場で生産物を入手するために貨幣を使えば，その所有権は行使されて無くなり，後に残るのは単なる貨幣の形式である。その貨幣形式は，貨幣で引き取られた生産物を作った職場（企業）に戻される。それによって再び，社会的分業として同じ生産物を作り出すと共に，新たに生み出された社会的所有権と貨幣形式を合体させて，働いた人々に給与として分配できるようになる。このように貨幣形式が企業を中心に循環することをキャッシュフローと言っているが，キャッシュフローが実現する限り，その社会的分業は継続することになる。これが，中央集権的計画経済と異なる分権的市場経済を成り立たせる理由である。

貨幣は全体である。アダム・スミスの「（神の）見えざる手」とは貨幣のことである。それを表す貨幣形式の一部が，個別の企業を単位にして循環する限り，その企業は市場経済全体を構成する部分として存続する。このことを確認する役割を果たすのが，複式簿記を用いる企業会計である。企業会計は人々の勤労によって生み出された多額の貨幣を，株価を上下させて瞬時に掠め取る手段として，存在しているわけではない。ところが，市場経済の担い手として働く人々の共通の知識であるべき企業会計が，特定の人々に占有され，益々分かりにくくなってきている。共通の知識を私物化して，市場経済と簿記・会計を私有経済に役立つようにデフォルメしているからである。

7. 貨幣の一般的説明

貨幣は働く人々が作り出しているという説明は初耳で，その真偽のほどを直ぐには判断できないであろうが，地域マネー（地域通貨）の知識があれば，地

域経済を構成する人たちが，地域マネーを作り出していることを知っているはずである。その地域マネーを作り出す経済活動を全国規模に拡大・発展させれば，現在の全国規模の市場経済になる。しかし，地域マネーに関しても，交換手段という貨幣の見方が絡み付いているので，初心者に貨幣の正体を説明するときに，しばしば用いられる交換手段説について，それが成り立たないことを述べておくことにする。

　交換手段説は，物と物の交換から貨幣を導き出す。そのために，次のような2人を登場させて，まず物々交換を説明する。

　Dは砂糖を持っていて，塩を求めている。

　Eは塩を持っていて，砂糖を求めている。

　したがって，DとEが出会えば，欲求の二重の一致に基づいて，交換が行われると言うのである。欲求の二重の一致とは，2人の欲求が一致することで，上の例では，DもEも共に，砂糖と塩の交換を求めていたという内容である。このように2人の間で欲求が二重に一致する限り，貨幣なしに物と物が交換されることになるが，物と物を交換したい人たちが出会っても，欲求が二重に一致する場合は珍しく，実際は次のように，物々交換が成り立たない場合が一般的である，というように説明が進んで行く。

　Dは砂糖を持っていて，塩を求めている。

　Eは塩を持っていて，茶を求めている。

　Fは茶を持っていて，砂糖を求めている。

　このような場合は，DとEが出会っても，EとFが出会っても，またFとDが出会っても，欲求が二重に一致しないので，物々交換は実現しない。そこで，例えば砂糖を誰もが受け取る物にする。そのように皆が認めると，欲求が二重に一致しなくても，次のように交換が行われるようになる。Dは，Eと出会ったとき，誰もが受け取る砂糖と交換にEから塩を得る。EはFと出会ったとき，誰もが受け取る砂糖と交換にFから茶を得る。Fにとっては誰もが受け取る砂糖が自分の求める物でもあったわけである。

　欲求の二重の一致が成立しなくても，このようにして，3人の間で交換が実

現して行く。それは砂糖が交換手段の役割を果たしたからで，その交換手段が貨幣である，と経済学は説明する。

交換手段というのは非常に分かりやすい説明であるから，経済学の入門書で使われるけれども，上の例で，DとEとFが集まり，その場所に砂糖と塩と茶を置いて，各自が求めるものを取るようにすれば，交換手段なしに，3人はそれぞれ自分の求めるものを入手できる。この場面で重要なことは，自分の求めるものを手に入れる権利が各自にあるということである。交換手段説はこうして崩れるのである。

貨幣に関して，1972年にノーベル経済学賞を受賞したイギリスの経済学者ヒックスは，著書『貨幣理論』で，「貨幣とは貨幣が行うことである」と述べている[3]。2001年のその受賞者スティグリッツも，彼の『経済学』で同じことを書いている。しかし，貨幣とは貨幣が行うことである，と言っても分からないので，貨幣は交換手段・価値の貯蔵手段・計算単位（価値尺度）という役割を果たすと補足した上で，貨幣とはこのような役割を果たすものである，と定義している[4]。このような定義は機能的定義であるが，役割を列挙すれば本質が分かるわけではない。椅子は，踏み台の役割も，曲芸の道具の役割も，さらに凶器の役割，逆に凶器から身を守る盾の役割もする。しかし，椅子とは踏み台・曲芸の道具・凶器・盾の役割を果たすものである，と定義しても，椅子の本質（本来の存在理由）を解明したことにはならないのである。

ただし，貨幣は経済学で言う役割も果たしているので，次に貨幣の役割について，貨幣＝社会的所有権に基づいて説明しておこう。

8. 貨幣の機能

経済学で解説されている貨幣の役割あるいは機能として，交換手段，支払い手段，価値の貯蔵手段，計算単位（価値の尺度）がある。

(1) 交換手段

貨幣とは交換手段であるという見方があることは，すでに述べたが，ここで

言う交換手段は，貨幣の果たす一つの役割である。

　社会的所有権である貨幣は，次のような場合に交換手段としての役割を果たす。例えば，収入の道を失った資産家が市場経済の生産物を入手するために，伝家の宝刀を貨幣に換え，その貨幣で，市場経済で生産されている食料などを所有したとする。貨幣はそのとき，伝家の宝刀と市場の生産物とを交換する役割を果たしたのである。

(2) 支払い手段

　支払い手段というのは，債務を解除する，あるいは償うときの貨幣の働きである。他の人から酒や醤油を借りて消費した場合，同じ品物を返すかわりに，市場にあるそれらの品物を所有する権利すなわち貨幣を渡す。それによって債務は解除される。あるいは，自動車事故の償いをする場合に，貨幣で償う。すなわち，社会的所有権を渡して，それを使って資産を元の状態に戻してもらう，あるいは，生活に必要なものを市場から入手してもらう。社会的所有権はこのような働きをするのである。

(3) 価値の貯蔵手段

　価値の貯蔵手段について述べる場合は，価値とは何かを明らかにする必要があるが，所有権と価値は異質なものだから，所有権で価値を説明するのは困難である。しかし，社会的所有権は使わずに残して置くこともできる。社会的所有権を使わずに残して置くことを，価値の貯蔵手段と説明しているのである。

(4) 計算単位（価値の尺度）

　計算単位（価値の尺度）とは，異なる種類の生産物を比較するために用いる尺度の単位である。自動車とパソコンはそのままでは比較できないけれども，貨幣を使えば比較することができる。なぜなら，貨幣は生産物と共に生み出される所有権で，第一に共通の質を持っており，次に生産物を生み出す社会的労働時間の長さを金額に換算して，その大きさを表すからである。したがって，自動車一台を生産するのに200万円，パソコン1台生産するのに10万円かかったとすれば，自動車はパソコンの20倍だという比較ができるわけである。

　経済学が説明する上記の役割以外に，貨幣には選択機能と資本機能がある。

(5) 選択機能

　選択機能は，生産物からいったん分離した貨幣が，生産物と再結合するときの働きである。場所としての市場に集められた生産物と個々人に分配された貨幣が再結合するとき，貨幣はその持ち主が好む生産物と結び付くことができる。

　貨幣の選択機能は，企業や産業部門の生産活動を促進させ，あるいは逆に抑制する。環境対策，雇用，人権尊重に力を入れている企業の製品やサービスを，人々が優先的に購入する場合は，促進させる例である。他方，抑制する場合の最も厳しい形は拒否である。特定の製品やサービスに対して貨幣を使わなければ，その生産物やサービスに対して拒否権が発動されたことになる。環境汚染や不当な経営方法，あるいは品質の誤魔化しに対して，その企業から購入しないとすれば，それは人々による拒否権の発動である。

> （注）　小田実『中流の復興』の中に，デモクラシーは貧乏人の政治で，富裕層による政治はプルートクラシーであると記されている[5]。そして2007年12月号の『世界』に掲載された遺稿の中では，デモクラシーはギリシャ語で言えばデモス・クラトスで，デモスは民衆，クラトスは力，すなわち民衆の力であると，書き残されている。
> 　市場経済は，民衆の力で遂行する社会的分業＝協業の経済で，民衆個々人が貨幣の選択機能を用いて，資源配分を実現する仕組みにもなっている。その民衆の一人一人が選挙権＝選択権を行使して，自分たちの代表者を選出し得るのだから，民衆による政治経済を実現できるところまで歴史は進んできている。だが，民衆自身がそれに気付かず，富裕層によるプルートクラシー plutocracy ＝金権政治に身を委ねているのが現状である。

(6) 資　本　機　能

　資本機能というのは，社会的分業を実現する上での貨幣形式の働きである。

　資本とは貨幣を生み出す元であり，社会的分業を遂行する人々全員が貨幣を生み出す元であるから，本当の資本家とは勤労者である。にもかかわらず，貨幣形式が資本だと見られている。なぜだろうか。

　社会的分業を行うには，生産物と共に生み出される所有権が社会的所有権であることを証明する貨幣の形式が必要である。そのため，貨幣形式を持っているか，用意することができる人は，他の人々を働かせて社会的分業を遂行させ

ることができる。私的所有制度の下では、それに加えて分業の成果を利益として得ることもできる。この貨幣形式の働きが資本と見られているのである。

歴史を振り返れば、貨幣形式は国王や領主よって発行され、資本機能を発揮してきた。この歴史的経緯に妨げられて、貨幣形式は働く人々のために社会的分業の一環として発行されていることが、いまだ認識できないのである。

9. 貨幣の真の所有対象

貨幣を社会的所有権と定義すれば、その所有対象は当然、生産物だということになるが、貨幣という社会的所有権の力は生産物の背後に及んでいる。この点を認識してもらうために作成したのが、次の図である。

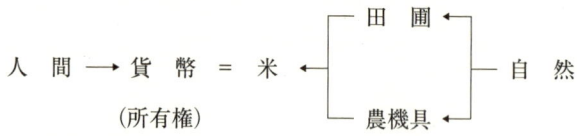

上の図の中ほどに、貨幣と米が結び付いた形がある。それは貨幣という所有権の直接の対象が米であることを表しているが、同時に、その間接的な所有対象として田圃があることも表している。ここで「間接的」というのは、「本当は」という意味で、貨幣で米を所有したということは、その米を生み出す田圃を、実は所有していたということである。

日本人である私たちは生きるために米を食べる。1人が1年間に食べる米の量は人によって異なるとはいえ、市場経済で働いている人は貨幣で米を入手する。貨幣で1年分の米を所有するということは、その米を生み出す田圃を、実は所有しているということである。貨幣という社会的所有権の力は生産物としての米を突き抜けて、米を生み出す田圃に及んでいる。しかし、田圃という土地があるだけでは米はできない。米作りの能力を有する人が農機具を使って田圃に稲を植え育てる。そして水も必要である。水源涵養機能を持つ山から川へと流れ出た水が、水路から田圃へ流れ込むとすれば、さらに山や川あるいは池

や水路までが，実は貨幣という所有権の対象になっているのである。この本当の関係に私たちは気付いていないのである。

　人間は植物のように，大地を直接所有していないけれども，人間と自然は離れていながら所有関係を形成する。市場経済では所有関係を具体的に実現したとき，人間は貨幣という形を，自然の方は生産物という形を取る。にもかかわらず，貨幣を作り出して使用する人間の，その認識は希薄である。

　貨幣について，認識すべきことがもう一つある。それは，貨幣の元である社会の能力に関することである。社会の所有能力は貨幣として形式化されるので，個人が貨幣を持ったとき，今度はその貨幣の所有対象の中に，社会の能力が入ることになる。貨幣で米が得られるのは，米作りをする人の能力を所有しているからに外ならない。同様に，個人が給与として得た貨幣で色々な生産物を所有できるのは，人々の色々な能力を所有しているからである。分業を遂行する個々人が協業を形作るということは，社会の生産能力を個々人が所有し合う関係を形成するということである。

　社会の能力が貨幣の所有対象の中に入っていることは，サービスを受けるときに直接現れる。例えば，医療機関で診察を受け治療してもらったとき，直接・間接を問わず，貨幣を渡すが，それは，医療に従事する人々の能力を所有していて，その能力を自分の健康のために発揮してもらった，ということである。そうして病気を治している。

　百年前の貨幣は，百年前の社会が形成していた能力であり，その能力を個人は貨幣で所有していたのである。同様に，現在の貨幣は現在の社会が形成している能力であり，その能力を個人は貨幣で所有している。個々人の能力が優れていれば，その総和としての社会的能力も当然優れており，その優れた能力を個々人が互いに所有し合うことになる。これが貨幣を個人が持つもう一つの意味である。

　したがって，貨幣の所有対象である社会の能力をいかに豊かにするかという観点から，子供が成人するまでの教育内容を考え，成人した後の自己形成の時間と環境作りを進めるべきである。この点に関連して言えば，安い賃金を求め

て外国へ工場を移転することは，社会の構成員が形成してきた優れた能力を使い捨てる結果になる。

　社会の生産能力が発達すれば，それだけ給与は高くなる。そうなる仕組みを3章で説明しているが，それを知らなくても，能力が優れた人が高い給与を得るのは当たり前だと，誰もが思っている。それなのに，社会全体の能力が優れた状態になると，経営側は賃金が高い給料が高い，これではやって行けないと言い出し，低賃金国に工場を移して，勤労者の差別的待遇を推し進めるようになった。しかし，給与水準が低いのが良いのであれば，高度経済成長は実現すべきでなかったのである。第二次大戦後の状態をそのまま維持していれば，日本は他のアジアの国よりも低い賃金国であり得たし，子供たちを教育せずに放置すれば，安い賃金国になるだろう。

10. 貨幣の超国家的性格

　貨幣の本当の所有対象は自然であり，個人が貨幣を持ったときは，さらに社会の能力が所有対象になることを説明してきた。この要点が理解できれば，次のことも分かるようになる。すなわち，自国の貨幣と他国の貨幣を交換すれば，他国の自然と人々の能力が所有できるのである。そして，その能力が作り上げてきた文化を享受することもできるわけである。貨幣交換によって他国の自然を所有する点に関しては資源の輸入を，能力や文化に関しては海外旅行を思い浮かべれば，理解の手掛かりになるはずである。

　貨幣を交換する方法から，それらの貨幣形式を統一する方向へ進めば，貨幣を交換することなしに，貨幣の所有対象を広げることができる。個人個人に内在する人間性は，私的所有の枠を越え，国家の枠を越えたつながりとして実在し，したがって人々は，各地域の母なる自然と人々とが，歴史的に作り上げてきた独自の文化的魅力に触れ，その存在価値を改めて認識し，共有することによって精神を豊かにすることができるのである。

注 記

1) J. ホークス『古代文明史』小西正捷他訳 みすず書房 1978年 152頁。
2) K. ポランニー『人間の経済Ⅰ』玉野井芳郎・栗本慎一郎訳 岩波書店 1987年 206頁。
3) J. ヒックス『貨幣理論』江沢太一・鬼木甫訳 東洋経済新報社 1972年 1頁。
4) J. スティグリッツ『マクロ経済学』藪下史郎他訳 東洋経済新報社 1995年 388-94頁。
5) 小田実『中流の復興』生活人新書 NHK出版協会 2007年 82-3頁。

第2章 市場経済の仕組み

1. 市場経済の方法

　市場経済は社会的分業を社会的協業として遂行する経済である。しかし，現実の資本主義経済は，「まえがき」でも述べたように，市場経済と私有経済の二重構造になっている。「労使関係」は，この二重構造を表す言葉である。それゆえ，市場経済の仕組みを認識するには，使用者側を捨象する必要がある。そうすれば，労働する人々が織りなす社会的分業＝協業の経済が見えてくる。

　市場経済は，私的所有に基づく交換をアウフヘーベンした（aufheben：否定し，含み，高めた）経済であるから，貨幣を手段にした商品の売買とは異なる方法を用いて，社会的分業を協業として遂行している。その方法は，貨幣と生産物の結合→分離→再結合である。この点に関しては，前章の5・6節で少し述べたが，改めて説明して行くことにする。

(1) 生産：貨幣と生産物の結合

　市場経済を営む場合，その社会（以下，協働社会と言う）は，一定の貨幣形式を所有しておく必要がある。それを図解したのが，図-1～4である。ただし，紙幅の関係で，図-1・2を先に示すことにする。

　図-1は，一つの協働社会が貨幣形式￥9を所有していることを表している。

　図-2は，その協働社会の構成を表している。市場経済を営む人々が三つに分かれて社会的分業を行うと仮定し，各生産単位をA企業・B企業・C企業

と表している。ただし、後の展開図を簡単にするために、各企業の構成員は1人で、その個人をA・B・Cとする。

図-1

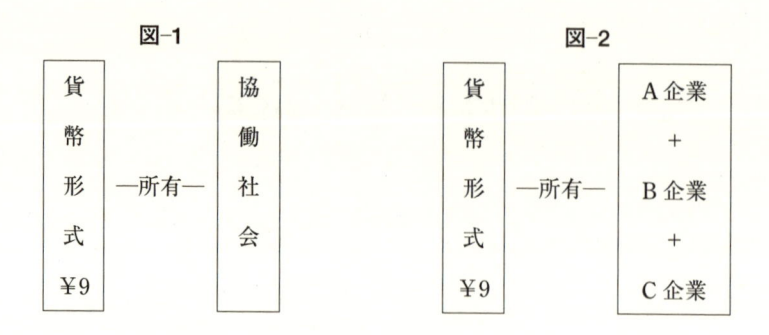

| 貨幣形式 ¥9 | ―所有― | 協働社会 |

図-2

| 貨幣形式 ¥9 | ―所有― | A企業 + B企業 + C企業 |

図-3は、1つの協働社会が貨幣形式¥9の正当な所有者であると、自他共に認めていることを表している。したがって、A・B・Cの3つの企業が構成する協働社会が貨幣形式¥9の所有権を持っている形である。双方の結び付きを「＋」の記号で表している。

図-4は、一つの協働社会が貨幣形式¥9を所有している関係を複式の形で表したものである。

図-3

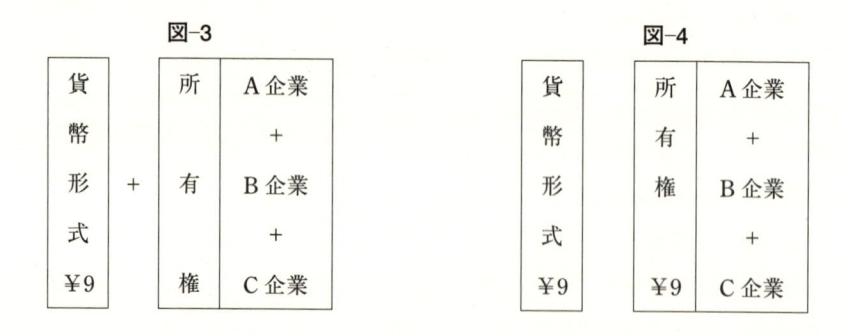

| 貨幣形式 ¥9 | ＋ | 所有権 | A企業 + B企業 + C企業 |

図-4

| 貨幣形式 ¥9 | 所有権 | A企業 + B企業 + C企業 |

このように貨幣形式を用意して、社会的分業を遂行するのである。その結果として、協働社会は生産物に対する所有関係を新たに作り出す。各企業の生産物をa製品、b製品、c製品とし、それぞれ3単位生産したところを図解すれば、次の図-5～7の通りである。なお、各製品を3単位生産したのは、3単

位生産しなければ，社会的協業が実現しないからである。

図-5は，各生産単位で社会的分業が行われて，各企業が製品を所有したところを表している。

図-6は，各企業は一つの協働社会を構成しているので，各企業の製品所有は協働社会全体の所有関係を形作ることを表している。したがって，一つの協働社会がすべての製品に対する正当な所有者として，その権利を持つのである。すなわち，貨幣と生産物が結合して生み出されたのである。

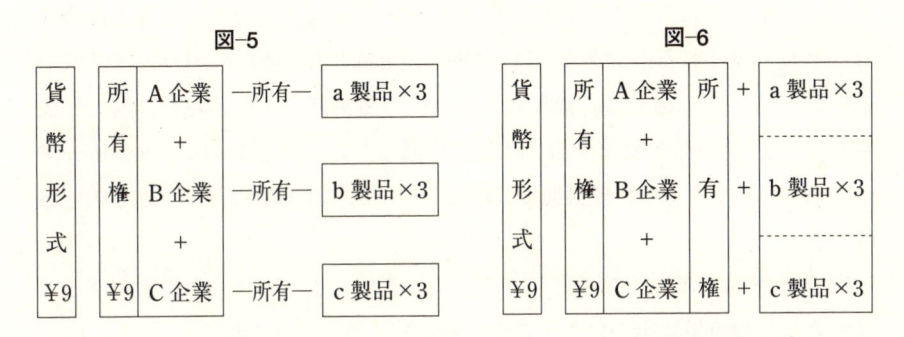

```
        図-5                                    図-6
┌──┬──┬─────┬────┬───────┐    ┌──┬──┬─────┬──┬───────┐
│貨│所│ A企業 │    │       │    │貨│所│ A企業 │所│+ a製品×3│
│幣│  │   +   │─所有─│a製品×3│    │幣│  │   +   │  │+ ------│
│形│有│ B企業 │─所有─│b製品×3│    │形│有│ B企業 │有│+ b製品×3│
│式│  │   +   │    │       │    │式│  │   +   │  │+ ------│
│¥9│権│ C企業 │─所有─│c製品×3│    │¥9│権│ C企業 │権│+ c製品×3│
│  │¥9│       │    │       │    │  │¥9│       │  │       │
└──┴──┴─────┴────┴───────┘    └──┴──┴─────┴──┴───────┘
```

図-7は，協働社会と各製品との間に存在している所有関係を複式の形で表したものである。この複式の形を作ることによって，人と生産物が分離しても，所有関係にあることが認識できる仕組みになるのである。この仕組みを働かせるために，製品と共に作り出した所有権＝貨幣の総額を計算して，その総額を製品にも付ける。ただし，製品は個別的に存在しているので，具体的には

```
              図-7
┌──┬──┬─────┬──┬──────────┐
│貨│所│ A企業 │所│ a製品 ¥1×3 │
│幣│  │   +   │  │            │
│形│有│ B企業 │有│ b製品 ¥1×3 │
│式│  │   +   │  │            │
│¥9│権│ C企業 │権│ c製品 ¥1×3 │
│  │¥9│       │¥9│            │
└──┴──┴─────┴──┴──────────┘
```

各製品に総額を割り付けることになる。この例では，作り出した所有権＝貨幣の金額が¥9で，各製品の生産に要した労働の時間と質は同一と仮定して，1単位に¥1の金額を付けている。

(2) 分配：貨幣と生産物の分離

社会的分業によって各製品を生産し，複式の形を作ってから，所有権＝貨幣と製品を分離する。各製品の方は企業から離れて，場所としての市場に集められる。社会の所有権すなわち貨幣の方は，社会的分業の遂行に従事した人々の間で分配する。このとき，最初に用意した貨幣形式と社会の所有権とが合体し，そして渡されるのである（以下，単に所有権と言う場合も，社会的所有権の意味である）。この例では，個人A・B・Cの労働能力と労働時間は同じと仮定して，1人に¥3の貨幣を給与として分配したことにしている。社会的分業の成果は，まず貨幣で構成員間で分配し合い，次に生産物の分配へ進むのである。

次の図-8は，製品が場所としての市場に集められ，個々人が貨幣を持って場所としての市場に出かけるところを表している（図で使用している記号＋は，結合の意味である）。

図-8

A企業 ＋ B企業 ＋ C企業	所有権 ¥9

a製品 ¥1	a製品 ¥1	a製品 ¥1
b製品 ¥1	b製品 ¥1	b製品 ¥1
c製品 ¥1	c製品 ¥1	c製品 ¥1

貨幣形式 ¥3 ＋所有権	貨幣形式 ¥3 ＋所有権	貨幣形式 ¥3 ＋所有権
＋	＋	＋
個人A	個人B	個人C

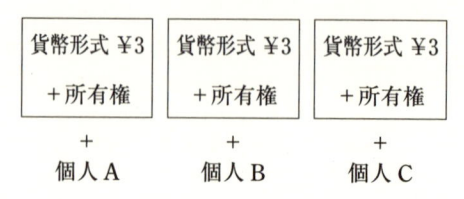

図-8を見ると，貨幣を分配したにもかかわらず，製品と共に生み出された所有権＝貨幣は企業に残っていて，単に貨幣形式だけが分配されたように見えるかもしれない。しかし，そうではなくて，所有の二面性が表されているのである。製品の社会的所有とは，同時に，その社会を構成する個々人の所有である。¥9＝¥3＋¥3＋¥3という式は，左辺が社会全体の所有の大きさを，右辺はその構成員の所有の大きさを表す。図では左上に社会全体の所有の大きさが，下部に個々人に分配された大きさが示されている。これが所有の二面性である。もしも，左辺（図の左上）に¥9という全体の大きさがなければ，右辺（図の下部）の各金額は，全体が部分に分かれた金額とは言えなくなる。

(3) 消費：再結合

今度は，場所としての市場に集められた各種の製品を個人が貨幣を使って入手するところを，すなわち貨幣と生産物の再結合を図解することにしよう。それが，図-9〜10である。

図-9は，市場に集められた製品が消費財であると仮定したとき，その消費財に対して，各個人が所有権を行使したことを表している。スーパーを例にすれば，個々人がスーパーに行って，各種の製品を買い物カゴに入れた形である。

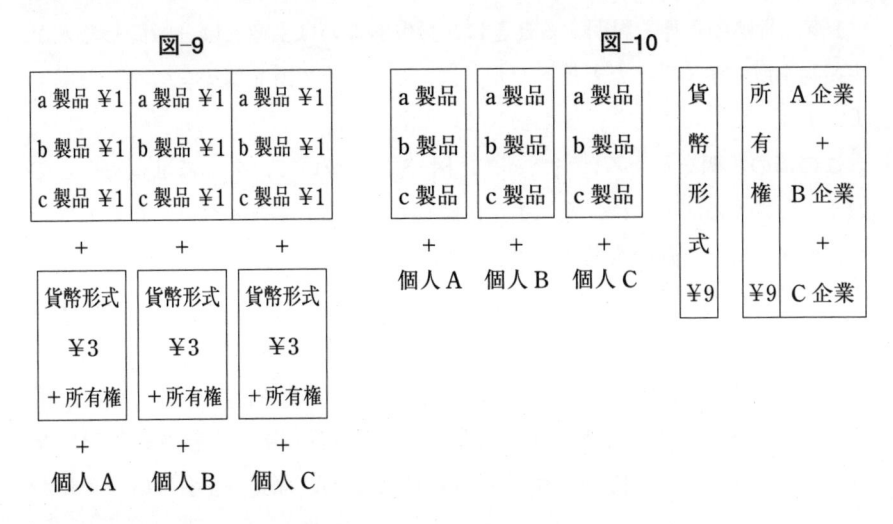

図-9

a製品 ¥1	a製品 ¥1	a製品 ¥1
b製品 ¥1	b製品 ¥1	b製品 ¥1
c製品 ¥1	c製品 ¥1	c製品 ¥1
＋	＋	＋
貨幣形式 ¥3 ＋所有権	貨幣形式 ¥3 ＋所有権	貨幣形式 ¥3 ＋所有権
＋	＋	＋
個人A	個人B	個人C

図-10

a製品	a製品	a製品	貨幣形式 ¥9	所有権 ¥9	A企業 ＋ B企業 ＋ C企業
b製品	b製品	b製品
c製品	c製品	c製品
＋	＋	＋
個人A	個人B	個人C

図-10の左側は，貨幣を使って買い物カゴに入れた製品を私的に所有したこと，右側は各企業つまり生産現場に貨幣形式が戻ったことを表している。スーパーの例を使えば，個人がレジで貨幣形式を渡して，各種の製品を私的所有物にした形である。貨幣という所有権は，権利を行使したときに消失する。そのことを表すのが貨幣形式を手放す形である。それに対応して製品に付けられていた価格が消え去るのである。つまり社会の生産物という性質が消えるのである。ただし，スーパーで買い物をしたとき，製品の価格を表すバーコードを一つ一つ消し去ることはしない。袋に入れて，その中にある製品の価格は消えた形にするのである。

　このように個人から貨幣形式が離れ，製品から価格が消え去ることによって，製品に対する個人の私的所有が実現する。貨幣所得が実物所得に変わり（貨幣の分配が生産物の分配に変わり），社会の力で生産した各種の物が個々人に提供されたこと，すなわち社会的分業とは社会的協業であったということが，各自が受け取った生産物によって実証された次第である。市場経済で働いた個々人は，分業の成果をまるで自給したかのように，自分の私的所有物として使用・消費できる形になり，企業の方は，再生産ができる形になったのである。

　1章で貨幣の正体を説明するときに，労働あるいは生産とは，労働した人が生産物を所有することだと述べたが，図-10は，その所有関係を労働した個々人が実現していることを，また表している。

　この節の説明を終えるに当たって，図-8に基づいて，少し補足説明をしておくことにする。一つは，受注生産に関してである。もう一つは，企業の生産物が個人ではなく他の企業に供給される場合である。

　受注生産の場合は，図-8から場所としての市場を取り去り，企業が受注品を個々人に直接手渡す形になる。

　また，企業の生産物が他の企業に供給される場合は，個人A・B・Cを，例えば企業X・Y・Zに変えれば，企業から企業へ生産物が供給される形になり，その一部が企業で使用・消費される形にもなる。原材料や資本財は企業か

ら企業へ渡される。文房具などの製品あるいは電力・通信・運輸などサービスに分類されるものは，個人に提供されるだけでなく，企業にも供給され消費されている。

2. サービスの生産

　市場経済の方法を図解したときの生産物は，製品という有形の財であった。しかし市場経済は，先ほど言及したサービスも生産している。
　サービスは無形の財であると説明するのが簡単であるが，重要な内容を含むので，その点を述べることにする。その前に，有形材の生産について一言。メーカーの生産活動は，材料を入手し，それを加工して新たな製品を作る。加工中の物は仕掛品と言い，材料→仕掛品→製品という進み方である。
　まず，自動車の修理サービスやクリーニング・サービスについて言えば，そのサービスは，故障して使えない自動車や汚れた衣服に働きかけて，使用できる製品として再生している。つまり有形財を生産しているのである。
　医療サービスの場合は，病気の身体に働きかけ，健康な身体を作り出す。病気の身体は材料であり，治療中の身体は仕掛品であり，健康を回復した身体は製品である。教育サービスは，無知な状態にある身体に働きかけて，知識のある身体にする。無知な身体は材料である。教育中の身体は仕掛品であり，卒業時の身体は製品である。映画や演劇やコンサートもサービス活動である。劇場に入った人の身体は材料であり，鑑賞中の身体は仕掛品であり，見終わり聞き終わって劇場を出るときの身体は，劇場で感動の一時を過ごしたとすれば，完成品である。観光サービスも同じである。輸送サービスは空間移動した人を作り出し，通信サービスはつながり合った人々を作り出す。これらのサービス活動は，人造りをしているのである。サービスを無形財にしてしまうと，大切なものを見落とすことになる。

3. 資源の配分メカニズム

　市場経済は資源を有効配分するメカニズムであると言われる。それは，先ほど明らかにしたように，消費者と言われる個々人が，再生産活動に必要な貨幣形式を企業に与える仕組みになっているからである。
　1節で明らかにしたとおり，社会的分業を協業として遂行する方法は，貨幣と生産物の結合→分離→再結合である。この方法に従って生産活動を進めて行くとき，貨幣と生産物をいったん分離することによって成り立つのが価格メカニズムである（図-8参照）。すなわち，貨幣と生産物が分離した後，再結合する仕組みになるわけである。そして，再結合の際に，貨幣の選択機能が働いて，消費者は自分の好みや要求に合う生産物と貨幣を再結合させる。
　生産物の種類が多いほど，貨幣の選択機能が働く余地が大きくなって，配分メカニズムが働くようになる。消費者の需要が少なくなるほど，再生産のために企業に還流する貨幣形式は少なくなり，再生産量を減少させることになる。他方，より多くの消費者が求める物を生産する企業では，再生産量を増加させることになり，資源の使用量が増えることになる。このように市場経済では，政府の指示に基づくことなく，資源が人々の要求を満たすように使われることになるので，これを資源の有効配分メカニズムと言うのである。しかし，働く人々にとっては，生産量が減少した職場から増加した職場へ移動することは，専門知識が異なる場合は簡単ではない。この点に関する対応策が市場経済の中に組み込まれる必要がある。
　資源の配分メカニズムは，また，生産物の供給と需要を均衡させる仕組みでもある。市場経済は社会的分業を協業として実現していく経済であるから，各種の社会的分業によって生産する物は，社会の必要量だけ生産して供給するわけである。したがって，次にその必要量が当然，社会的分業に従事した人々によって需要される。したがって，供給量と需要量が同一になり，社会的分業が協業として実現したことになる。

資源の配分メカニズムや需給の均衡メカニズムは，経済学で価格の伸縮性を媒介にして説明されているが，市場経済で働く人々が市場経済を運営していることを経済学は説明していない。

市場経済は，社会的分業に従事する人々が生産者になって各種の生産物を供給し，次に消費者になって，それらの生産物を需要する，という活動によって反復的に運営されているのである。

市場経済で働く人々が認識しておくべきことについて，もう一点述べておくことにする。それは1節で掲げた図-5が表しているように，市場経済で働く人々は，自分の能力を多数の人々のために発揮する。これは一人が万人のために働く形である。他方，図-10が表しているように，個人は色々な社会的分業の成果を受け取る。これは万人が個人のために働いている形である。「一人は万人のために働き，万人は一人のために働く」という市場経済の仕組みを説明せずに，経済学は個人間の競争，企業間の競争，国家間の競争を唱えて，競争原理を市場経済で働く人々に刷り込んでいる。

4. 企 業 の 本 質

市場経済の方法を説明する際，社会的分業を遂行する生産単位を企業としたので，改めて企業について説明しておこう。

「企業とは何か」という問に対する答は一様ではない。「技術的変換体のことである」という定義もあり[1]，「企業は法的擬制であり，契約書の束以外の何物でもない」[2]という見方もあるけれども，ネット上のフリー百科事典，ウィキペディアに書かれている「営利を目的として一定の計画に従って経済活動を行う経済主体（生産単位）」というのが，一般的な企業観であろう。しかし，市場経済を成り立たせる社会的分業に基づいて言えば，企業は社会的分業を遂行する協働組織である，ということになる。社会的分業は代行業（私たちが皆様の代わりに生産して提供します）と言い換えることができるので，企業とは代行業を営む協働組織である，と定義することもできる。ただし，個人企業の場

合は,「協働組織」を「個人」に修正する必要があるけれども,企業活動を続けながら,例えば毎年,1カ月間の夏期休暇を交替で取るには,協働組織でなければ不可能である。それゆえ,人々が協力し合って働く組織こそ,社会的分業を継続して行くのにふさわしい企業形態である。

　企業の本質を上のように定義すれば,協働して社会的分業を遂行すべし,という企業構成員の使命あるいは責任が明らかになる。したがって次に,その使命（責任）を果たす企業活動が具体的に行われる。製品やサービスが企業から人々に提供され,それらを受け取って人々の生活が行われる。この企業活動の最後の到達点,すなわち人間の生活こそ,実は企業活動の出発点である。企業の存在理由は利益ではなく人間の生活にある。

　現在の企業経営で掲げられている経営理念は,実は社会的分業にかかわるもので,企業の存在理由を表明するものである。そしてまた,企業経営に関して強調される消費者ニーズや顧客満足も社会的分業の遂行という使命と結びついているのである。

（参考）アメリカのホームセンター大手＝ロウズのミッション（経営理念）
　　　　ロウズの業務は,顧客が自分の家を建て,改築し,快適に住むために必要とする製品を提供することにある[3]。

　社会的分業＝協業という市場経済の基本を認識すれば,企業に経営理念がある理由も,企業が消費者ニーズや顧客満足を重視する理由も,無理なく理解できるだけでなく,資本主義経済の中に非営利組織（Nonprofit Organization：NPO）が存在し得る理由も理解できるのである。資本主義経済の土台をなす市場経済は非営利経済だからである。

　企業の本質は「社会的分業を遂行すべし」というモラル（道徳）を表すのだが,欠陥住宅や食品問題など,モラルに反する企業活動が現実にはある。それは,企業の本質をデフォルメして定義して活動するからである。

　アダム・スミスは『国富論』の冒頭,すべての国民の労働は,その国民が年々消費する生活必需品と便益品を供給すると書いているにもかかわらず,土地所有者は地代を,資本（生産手段）の所有者は利潤つまり利益を,働く能力

しか持たない労働者は賃金を得る，と説明している。先に紹介した企業に対する一般的な見方は，国富を生み出す労働に基づくものではなく，利益を得る人のための定義である。それに従って，利己心に基づき個々人が私的利益を追求すれば，（神の）見えざる手に導かれて，社会全体の利益が効果的に促進されるのだと思い込んで，人々が行動するほど，バブルの形成と崩壊現象が表しているように，市場経済も社会も歪んで行く。この歪みを直すためにスミスの『国富論』に立ち戻っても，歴史的に発展してくる市場経済の基本に戻ることにはならないのである。

5. 利己心と利他心

　経済学は方法論的個人主義に基づいて，市場経済の完全競争モデルを提示しているが，市場経済は人々が社会的生産力を形成して，つまり社会の力でまず社会的必要量を生産し，次いでその生産物を個々人が分け合って生活する経済である。そして，分業方式で各種の生産物を作り出すので，市場経済で働く人々の活動は，利己的ではなく，利他的である。

　利己心と利他心，この二つは人間の中に共にある。それは人間が個人個人に分かれているからであり，しかしまた，互いに協力し合わなければ，人間の生活ができないからである。

　人間の利己心の元は欲求で，その欲求は個としての身体から生まれる。しかも，その身体は個々に分かれた別々の存在であるから，個人の身体から生まれる欲求が利己的な性質を持つのは当然である。したがって，もしも，一人一人の欲求が異なるとすれば，人はそれぞれ利己的に行動して，自分の欲求を満たさざるを得ない。それに合う経済は自給自足であろう。

　ところが，実際には個人の力は無きに等しいほど小さく，独力で多様な欲求を充足することはできない。その上，身体は別々の存在であっても，同じ人間の身体であるから，同じ欲求を多数共有している。それゆえ，社会的分業＝協業が発展してくるのである。

社会的分業を行うときは，人間としての共通の欲求を充足することになるので，それから外れる利己的な欲求は，正に利己的なものになって，社会的分業では満たせないことになる。これは個々人の中に生じる利己心を社会的に制御する方法であると共に，一人の力ではうまく満たせない多様な欲求を，個々人の力を結合し，その社会的な力に人間性を実現する匠の技を加えることによって，満たし洗練する方法になっている。と同時に，それを文化として継承して行く方法でもある。

　社会的分業は，個々人の専門能力を匠の技として作り上げる。そして，生産物の形に結晶した専門能力を，協業によって社会の人々は分かち合う。その結果，市場経済で働く人々は1節の図-10が表しているように，同じ生産物を持つ同じ人間になる。市場経済の物作りは，同時に物を介して人間を創造しているのである。したがって，現在行われている分業を点検評価して，3K労働をする人としない人に固定してしまう分業の仕方や，細分しすぎた分業などは，社会的分業の概念に合わないので，変えて行くべきである。

　封建社会では支配階級が社会の力と匠の技を支配し利用していたが，市場経済は然に非ず。個々人の欲求は人間の欲求という篩にかけられ，利己的なものが振り落とされ，そうして現れる共通の欲求を社会的分業によって満たす仕組みである。したがって，市場経済で働く一人一人の欲求が，社会の専門能力が織りなす成果によって満たされるようになる。言い換えれば，人はこうして人間社会を作り，維持し，発展させているのである。もしも，利己心を前面に出して，利他心を退ければ，利己心の角によって，市場経済の絆は切断され，悪い社会になるだろう。

　社会的分業が専門能力を作り，それが社会的協業により人々に共有されることによって，人はそれぞれ個性的な人になる。その個々人は，職場を離れて遊ぶときも，友人の輪や同好の輪を作るのだから，市場経済は電波でつながる社会や，ネットでつながる顔の見えない社会ではなく，個性が響き合う人間の交響楽とでも言うべき社会を作るのである。一つの建物の中で演奏される交響楽は，その演奏者と聴衆に分かれるけれども，市場経済で働き暮らす人々は，自

然の中で，すべての人々が演奏者になって奏でるのである。このような大事業を遂行するビジネスより，自己中心の利己心にとどまりたいのであれば，それに適している自給自足の経済を経済学は説くべきであろう。利己心に基づく私的利益の追求は，教育を社会的分業として行う職場で教える経済学の内容にはならないのである。

6. 競争イデオロギー

市場経済は協働の経済であるという説明に対して，市場経済の原理は競争で，競争こそ効率的な市場経済を実現すると，強い反論があることだろう。それゆえ，私は次のような実験を提案したいのである。

(1) 個人間競争

それは独力で自分の住宅を建築するという競争ゲームである（もちろん，作る物が自動車や衣服であっても，かまわないのである）。地震で壊れるような家ではなく，耐震性のある立派な桧造りの家に住むために，自由に伐採できるという条件の下で，山林に入って桧を伐採し，製材して家を建てるのである。参加者全員が同じことをするのだから，誰が一番早く建築できるか，競争することができる。そのとき，個人の能力を遺憾なく発揮してもらうために，桧を伐採するときに使うノコギリも，その他の建築道具も一人で作ることにする。ただし，その生産手段は用意されているものとする。

この競争ゲームの結果は明白で，誰も独力で桧の家を建築できないのである。家を建築できない競争が，どうして効率的生産活動だと言えるだろうか。多数の人々が協力しなければ作り出せない物は，個々人に分かれて誰が先に作り出すか競争しても，誰も作り出せないことは明白である。20人が協力しなければ作れない物は，10人と10人の2組に分かれて競争しても作れないし，5,000人が働く企業を5,000の個人企業に分解して競わせることは，当然できないのである。

社会は確かに個々人によって構成されているけれども，人々が群れを成し，

言葉を交わして生きているのは，互いに協力し，その成果を分かち合わなければ生きられないからである。歴史と社会から切り離された個人は，自然の中では無力である。ところが，その無力な個人同士が裸で相撲を取ることも，また受験競争のように勉学能力を競うこともできる。すると今度は，勝者と敗者，あるいは成績上位者と下位者に分かれ，サル社会の順位制に相当する支配・従属関係を作るのである。

社会の力で囲い込んだ土地の中に，支配・従属関係が表れた形が，土地の私的（排他的）所有である。多くの人々を排除した私有地をモータープールにすれば，働かなくても駐車料金として貨幣を入手することができる。社会の力によって生産した労働手段を私的に所有するか，他者を排して支配すれば，従業員の労働によって生み出された貨幣を，原価に利益を加算した価格を用いて，私的利益として企業に吸収して取得することができる。

現在の企業には，ピラミッド型の封建的支配・従属構造が組み込まれている。それを維持し強化するために，見せしめとして従業員の一部を解雇するけれども，全員を解雇して人件費コストをゼロにすることはできないのである。そうすれば，大企業ほど，経営者側だけでは自分たちの貨幣所得をもたらす売上高を実現できず，企業も立ち行かなくなる。

(2) 企業間競争

無力に等しい個人が互いに競争しながら各種の生産物を作り出していると言えば，それは嘘だと分かるけれども，個々人が集まって企業を作れば，企業同士で競争することができる。実際，同業者は熾烈な競争をしている。その競争は顧客の奪い合いである。

なぜ，顧客を奪い合うのか。より多くの私的利益を得るためで，同じ製品やサービスを提供する同業者は，その妨げになるからである。相手を排除するための優勝劣敗の競争が行き着く先は独占である。しかし，顧客を奪い合う競争それ自体からは，企業の損益計算書に掲げられている取引は生まれない。

材料を仕入れた，商品を仕入れた。材料を加工して製品にして販売した，あるいは仕入れた商品を販売した，という取引は仕入先や販売先，特に消費者と

優勝劣敗の競争をするから実現するのだろうか。競争相手より安い価格を設定した，あるいは優れた品質の製品を提供したとしても，それによって競争企業間で売買取引が実現するわけではない。

広告費を支払った，交通費を支払った，保険料を支払ったという取引も同業の競争相手との間で成立する取引ではない。銀行から現金を借り入れた，利息を支払ったという取引は，銀行と企業が互いに競争した結果として成立したのだろうか。

金融機関の大型合併や大企業同士の合併あるいは業務提携が行われたとき，それは経済学が説く競争原理に反するから止めるべきだとマスメディアが主張し，それに賛同する世論が形成されたであろうか。むしろ，競争を止めて合併すれば，あるいは提携すれば，経営の安定と強化に役立つと歓迎したはずである。金融機関は合併によって，競争のために重複していた人員や資産を削減して，合併の利益を得たのである。

メーカーは競争のために製品のモデルチェンジをして，廃品を次々に生み出しているが，このような競争戦略が資源の有効利用になっているだろうか。競争のために企業の従業員は長時間労働を余儀なくされ，心身共にデフォルメされる状態に置かれているが，このような働き方がどうして効率的であろうか。

むしろ競争を止めて，同業者は連帯すべきである。同業者全部で一つの社会的分業を遂行しているのだから，その方が市場経済の基本に合うのである。また，現在の地球環境問題は，個々の企業が，そして世界の国々が協力しなければ，収まらないのである。

(3) 国 際 競 争

国際競争について。国内企業同士の合併は，国際競争力を高めると言って，競争原理の虚構を隠すために国際競争を持ち出しているが，国と国の間の取引，すなわち貿易は競争のために行っているわけではない。日本は石油や鉄鉱石を国内で得ることができないので，輸入しているが，それらの資源の産出国は，日本と競争するために輸出をしていると言えるだろうか。日本に勝つためなら，売らなければ良いのである。石油や鉄鉱石がなければ，日本の企業は潰

れるだろう。

　資源が偏在している地球上の土地を，個々の社会が国として囲い込めば，他国にあって自国にない資源の使用は不可能になる。この問題を解決するのが国家間の貿易で，その基本は互いに補い合うことである。ただし，資源や製品だけで補い合うのは難しいかもしない。そのときは，貨幣の持つ意味を考えてみることである。

　貨幣を持つことは，1章で説明した通り，社会の能力と自然を所有することである。この貨幣の本質に従えば，無理やり資源や製品の交換をする必要はない。日本が外国から資源を輸入して円を渡したとすれば，それは円の国際化である。このとき円を受け取った国は，日本の人々の能力と自然を所有したことになる。したがって，日本に学ぶに値する優れた能力がある，その能力の結晶としての文化がある。そして見るに値する美しい自然があるならば，外国の人々はその円を使って日本を訪れ，日本の個性を共有できるのである。

　しかしながら，物真似をしていたのでは本物の魅力には及ばず，電信柱が立ち並ぶ雑然とした街並みや，破壊された自然などは見るに値しないのだから，円を持つことが最終的に資本財や公共財を所有した形になっても，輸出国が同じ財を持っていれば，価値がないということになる。円の国際化の問題は，円という貨幣の根本である日本人の，世界における価値を問うているのである。

注 記
1) 伊丹敬之『経営を見る眼』東洋経済新報社 2007年 53頁。
2) R. ライシュ『暴走する資本主義』雨宮寛・今井章子訳 東洋経済新報社 2007年 297頁。
3) P. ジョーンズ & L. カハナー『世界最強の社訓』堀紘一監訳 講談社 2002年 86頁。

第3章

市場経済の発展構造

1. 市場経済の基礎

　社会的分業を協業として遂行する市場経済の方法を説明するときに用いた図は，市場経済の平面図である。今度はその平面図を立体化させて，社会的分業の発展構造をモデルで表すことにする。このモデルによれば，女性の家事労働の問題や，子供の扶養，年金の仕組みを認識することができ，さらに，市場経済に関する賛成論や批判論が，市場原理を全く認識せずに行われていることも分かるはずである。

　市場経済の発展をモデルで表すには，その基礎になるものを置く必要があるが，それは食料生産である。経済学とは異なるモデルを作って，食料生産に基づく市場経済の発展構造を例示して行くために，次の仮定を置くことにする。

① 　市場経済を営む（資源制約のない）一つの社会があり，100家族が暮らしている。1家族は夫婦2人と子供2人の計4人とする。
② 　各家族から夫である男性が働きに出て，100人で100家族の生活品を生産する。1日の労働時間は8時間，1年の労働日数は270日である。
③ 　妻である女性は家事労働をする。
④ 　各自の労働能力は同じで，生産物は貨幣を使って平等に分配する。必要な貨幣形式＝紙幣はあらかじめ用意されているものとする。

　　給与は月末ではなく，年末に渡されるものとするが，270日を12等分し

て，22.5日にすれば，1月単位に変えることもできる。
⑤　労働時間を表す記号をhとし，1h（1時間）＝￥1とする。
⑥　各種の社会的分業を食料部門・衣服部門というように表現し，一つの部門には一つの企業があるものとする。

上記の仮定を置いた上で，先ず食料生産のモデルを例示する。

（1）　ケースⅠ：食料生産

食料：100人×8h×270日×￥1＝￥216,000・生産量200トン　1トン＝￥1,080
　　　　1人の年間貨幣所得：8h×270日×￥1＝￥2,160
　　　　1家族の年間支出　：食料2トン　　　￥2,160

ケースⅠは100人が1日に8時間，1年に270日働いて，食料200トンと貨幣￥216,000を生産したことを表すモデルである。食料の中身は農産物にし，その種（たね）に関しては省略する。他方，1年間に生産した貨幣額を計算する式の中で，人・時間・日という異なる単位を使っているが，それは貨幣量を決める条件を明示するためで，以後のケースも同様に表記している。

生産後，食料200トンを貨幣から分離して市場へ搬送する際，両者の所有関係を明らかにするために，食料に価格を付ける。その価格は1トン＝￥1,080（＝￥216,000÷200）である。他方，貨幣￥216,000を食料生産に直接従事した人々に分配すれば，1人の年間貨幣所得は￥2,160になる（1円札が2,160枚渡されたものとする）。各家族は貨幣を使って，市場から食料を入手して食生活を営む。以後のケースも，貨幣と生産物の結合→分離→再結合という方法を踏襲する。

企業で食料と共に生み出された貨幣は，食料生産に従事した100人に分配されるので，貨幣形式＝紙幣がいったん企業外へ流出する。つまりキャッシュ・アウトフローが生じるけれども，各家族が2トンの食料を入手するときに貨幣を使う結果，200トンの食料と入れ替わりに，貨幣形式＝紙幣￥216,000が企業に流入する。つまりキャッシュ・インフローが実現し，それによって，同じ食料生産を繰り返すことができる。このように市場経済では，企業を単位にしてキャッシュフロー（貨幣形式の循環）が実現するが，それを成り立たせる市

場経済の仕組みを理解できるはずである。

ケースⅠのモデルを見て，食料生産だけでは分業とは言えないのではないか，という疑問が生じるかも知れない。そのときは，各種の農産物が分業によって生産されていると考えれば，疑問は解消するであろう。

ケースⅠは食料生産が市場経済の元だという認識に基づくモデルである。もちろん，このままでは社会的分業は発展し得ないので，食料部門の生産性を上げることにする。そうすれば，ケースⅠのモデルは発展してケースⅡのモデルになる。

(2) ケースⅡ：分業の発展

食料部門で生産性が上昇し，200トンの食料を80人で生産できるようになった結果，20人が食料生産から離れて衣服を作る分業を遂行しているのが，ケースⅡの例示である。

食料：80人×8h×270日×¥1＝¥172,800 ・生産量200トン　1トン＝¥864
衣服：20人×8h×270日×¥1＝¥ 43,200 ・生産量400着　　1着　＝¥108
　　1人の年間貨幣所得：¥2,160　1家族の年間支出：食料2トン　¥1,728
　　　　　　　　　　　　　　　　　　　　　　　　　衣服4着　　　432

ケースⅡの場合も，食料と新たに生産した衣服が市場へ集められる。そのときの価格は，食料1トン＝¥864（＝¥172,800÷200），衣服1着＝¥108（＝¥43,200÷400，以下同じ計算方法による価格の算定）である。各家族は貨幣¥2,160を使い，2トンの食料と4着の衣服を市場から入手する。貨幣所得が実物所得に変わった結果，食料生産部門の企業では¥172,800のキャッシュフローが実現し，衣服生産部門の企業でも¥43,200のキャッシュフローが実現するので，両部門で同じ規模の再生産活動を行うことができる。

食料部門で生産性が上昇した結果，市場経済で暮らす人々は食料に加えて，衣服も手に入るようになったのである。もし，食料がもっと必要であれば，生産性の上昇によって，(耕作地を拡大すれば)その生産量を増加させることができる。200トンの食料だけで十分で，それ以外の物は不要であれば，労働時間や日数を短縮することができる。しかし，市場経済が発展し，生産物が多様化

して行くのを見るために，労働時間の短縮は現在のように棚上げして，各種の物を生産する労働に励むことにする．

ところで，1人の貨幣所得を見れば，その名目額はケースIと同じである．それにもかかわらず，同じ所得額で2トンの食料に加えて4着の衣服を入手できたのは，実質所得が増加したからである．この実質所得の増加は，食料部門における生産性が上昇した成果である．そして，食料価格を下げる方法で，その成果を配分したために，貨幣所得の名目額は同じであるにもかかわらず，実質額が増加したのである．

各家族には食料価格の低下により¥432の余裕が生じ，新たな生産物を所有する権利が生まれ，それに対応して衣服の生産が行われたのである．日本では90年のバブル崩壊後，経済停滞から抜け出す手段として，起業が奨励されてきた．新しい事業を起こすには，その事業が提供する物を消費者が積極的に購入できるように，消費者になって貨幣を使う従業員の所得増加も必要であるが，この反対のことをしているのが現実である．

（注）　国家の財政支出を増大させる代わりに，人々に起業させ，貯蓄を投資支出に変えさせる方法で，ケインズ経済学が利用されている．

ケースIIでは，生産性上昇の成果を，価格を下げて各家族が受け取る形にしたが，価格を変えずに貨幣所得を増額する方法もある．次の計算とモデルは，貨幣所得を引き上げた場合である．

```
1トン＝¥1,080の価格を据え置くとすれば，
1時間当たりの貨幣所得＝¥1,080÷864h＝¥1.25/h
食料：80人×8h×270日×¥1.25＝¥216,000・生産量200トン　1トン＝¥1,080
衣服：20人×8h×270日×¥1.25＝¥ 54,000・生産量400着　　1着　＝¥ 135
　　　1人の年間貨幣所得：¥2,700　1家族の年間支出：食料2トン　¥2,160
　　　　　　　　　　　　　　　　　　　　　　　　　　衣服4着　　 540
```

このときは，食料部門の生産性の上昇を貨幣額の増加として表すようにしたために，1時間当たりの貨幣所得は¥1.25に増加する．ただし，衣服部門の方は生産を始めたばかりであるから，生産性はまだ上昇しておらず，衣服の価格は単なる値上げに過ぎない．

生産性が上昇した場合，その成果を受け取る方法は二つある。一つは価格を下げる方法，もう一つは貨幣所得の金額を増額する方法である。どちらの方法が良いのであろうか。どちらの方法でも同じように思えるが，食料部門の人々の貨幣所得だけが増加し（¥2,160→¥2,700），衣服部門の人々の貨幣所得が増加しなければ（¥2,160のまま），生産性上昇の成果配分が特定の人々に限定される（実物所得の配分が偏る）。しかし，市場経済は協働の経済であるから，市場経済で働くすべての人に，生産性上昇の成果が配分されるように，方法を選択すべきである。ただし，以下のケースでは，価格を下げる方法で，生産性上昇の成果を各家族が受け取る形にしている。計算の手間を省くためだけでなく，デフレの本当の問題は物価の持続的下落ではない，ということを示すためである。

> （注）デフレとは物価が継続的に下落することだと常識化されているが，デフレ，正式にはデフレーション deflation を英和辞典で見れば，「（空気・ガスを）抜くこと，収縮」と書かれている。風船を膨らませバブルの形にして空気を抜けば，風船はしぼむ。その風船がしぼむように市場経済が縮むのがデフレ経済の本質で，物価の下落はその一つの現象である。
> 　市場経済が縮小すれば，風船の中から空気が外に出るように，市場経済の外へ出る企業や労働者が生まれる。市場経済が椅子取りゲーム式に縮小し，企業の倒産，失業者の増大が不安心理を生み出す。
> 　縮小していく市場経済の中に残るために，企業は価格を下げて消費者とのつながりを維持しようとする。一つの企業がそうすれば，他の同業者も同じように価格を下げるので，物価の下落という現象が生じる。ところが，価格を下げても売上高が減るので，今度は従業員の給与を下げる，あるいは解雇すると，消費支出が減少してさらに売上高が減る，という悪循環に陥って行くようになる。これがデフレ・スパイラルである。スパイラル spiral は螺旋という意味で，螺旋階段を下りるのと上るのとでは，上る方が力を要するけれども，しぼむ風船に空気を吹き込めば，風船は再び膨らむ。バブル崩壊後の日本では，デフレ・スパイラルに陥らないように，金利が引き下げられ，そして財政支出が行われ，さらに資本注入が行われた。サブプライム問題では，欧米も金利引き下げ・資本注入に加えて財政支出の追加をしたのである。労働者の給与を引き上げる方法が当然あるのだが，そうしないのは，デフレを利用すれば，所得・資産格差を拡大しやすく，また強い企業が生き残り，寡占化しやすいからである。

(3) ケースⅢ：発展と成長

ケースⅢは，食料部門の生産性がさらに上昇し，30人で食料200トンを生

産することができるようになり，分業がさらに発展した形である。

50人が食料部門を離れ，その中から20人が衣服部門へ入り，10人は新たに靴下を，20人は靴を生産するという内容である。衣服部門に限って言えば，人員の増加と生産性の上昇によって生産量が増加して当該部門の成長が実現している。

食料：30人×8h×270日×¥1＝¥64,800・生産量　200トン　1トン＝¥324
衣服：40人×8h×270日×¥1＝¥86,400・生産量　1,600着　1着＝¥54
靴下：10人×8h×270日×¥1＝¥21,600・生産量　1,200足　1足＝¥18
靴　：20人×8h×270日×¥1＝¥43,200・生産量　400足　　1足＝¥108

1人の年間貨幣所得：¥2,160　　1家族の年間支出：食料　2トン　¥648
　　　　　　　　　　　　　　　　　　　　　　　衣服　16着　　864
　　　　　　　　　　　　　　　　　　　　　　　靴下　12足　　216
　　　　　　　　　　　　　　　　　　　　　　　靴　　4足　　 432

ケースⅢでも生産性上昇の成果は，価格を下げる方法で，各家族に分配されているので，各家族は¥2,160の貨幣所得で，食料2トン，衣服16着，靴下12足，靴4足を市場から入手できるようになっている。各家庭が生産物を入手すれば，各企業でキャッシュフローが実現し，同じ規模で再生産ができる。同じ規模の再生産ができるということは，その企業活動が引き続き行われると同時に，人々も同じ生活を営むことができるということである。

ケースⅠからⅡへ，そしてⅢへと進んできたが，その際，生産性の上昇と簡単に言うだけで，労働手段などのことを全く無視して，モデルを展開してきた。もちろん，食料や衣服の生産には農機具や紡織機などの労働手段や，各種の生産物を市場に集めるための交通手段も必要なので，それらの手段すなわち資本財を生産するだけでなく，その技術的改良にも努めることになる。その仕事も社会の構成員が当然することになるので，ケースⅠからⅡへ，さらにⅢへと進んで行くためには時間が掛かることになる。言い換えれば，市場経済の発展には歴史的過程があり，その過程を通って，ケースⅡに，さらにケースⅢになるという次第である。ただし，ここではモデルを単純化するために，資本財（労働手段）の生産は組み入れず，その生産に関しては，4章で改めて説明する

ことにしている。

(4) ケースⅣ：サービスの生産

Ⅰ～Ⅲのモデルの中には，サービスが含まれていなかったので，今度はサービスを含めることにする。食料部門の生産性がさらに上昇した結果，20人が食料生産から離れ，サービスを提供することにしたのが，次の例示である。

```
食  料 ：10人×8h×270日×¥1＝¥21,600・生産量  200トン   1トン＝¥108
衣  服 ：40人×8h×270日×¥1＝¥86,400・生産量 1,600着   1着 ＝¥ 54
靴  下 ：10人×8h×270日×¥1＝¥21,600・生産量 1,200足   1足 ＝¥ 18
靴    ：20人×8h×270日×¥1＝¥43,200・生産量  400足   1足 ＝¥108
◎サービス：20人×8h×270日×¥1＝¥43,200・生産量  100家族分 1家族＝¥432
    1人の年間貨幣所得：¥2,160    1家族の年間支出：食料 2トン  ¥216
                                 衣服16着     864
                                 靴下12足     216
                                 靴   4足     432
                                 サービス     432
```

新たに提供されることになったサービスについて述べれば，それが製品を運送するサービス，あるいは製品を管理するサービスであれば，各製品に付加するサービスになる。したがって，そのサービス労働が生み出す貨幣額は製品価格に算入することになる。もし，そのサービスが美容や教育というサービスであれば，各家族は製品とは別にそのサービスを得ることになる。いずれの場合も，社会的分業として提供されるサービスを受け取るのに必要な貨幣は，所得の中に含まれる。ケースⅣでは，その貨幣額は¥432である。

ついでに，貨幣の発行・管理業務を分業として行っている場合のサービス，すなわち中央銀行を含む銀行のサービスについて述べておこう。そのサービス活動の遂行に5人が従事しているとすれば，5人が生み出す貨幣所得の総額は¥10,800で，社会の総生産額の5％に相当する。この5％が市場経済における利子率である。言い換えれば，各家族が貨幣の発行・管理サービスを継続して受けるためには，年間の貨幣所得の5％を何らかの方法で，貨幣の取扱部門に渡す必要がある。そうしなければ（キャッシュフローが実現しなので），貨幣の発行・管理部門はサービスを継続して提供することが不可能になる。

バブル崩壊後，人々が預け入れるときの預金金利はゼロも同然になっている。以前は，そうではなかったので，落差が大きいのだが，銀行から預金利息として受け取るお金は，市場から製品やサービスを購入するときに，その価格の中に含めて企業経由で銀行に渡していたものである。右手で渡したお金の一部を左手で受け取っていたにすぎなかったのだが，現在は，その差額を手渡しているだけになったのである。

昔も今も，市場経済の中で銀行業が行われている限り，人々は給与所得の中から金利を支払って，銀行の再生産活動を成り立たせているのである。最近は金利収入だけでは足りないのか，預金先以外の銀行で両替するときも，手数料の支払いを求められるようになった。どういう方法でキャッシュフローを実現すれば，利用者にとっても銀行にとってもスムーズなサービスの授受ができるのか，検討すべきであるが，銀行が担う社会的分業について，銀行側も利用者側も明確な認識を持つ必要がある。

2. 賃金の下方硬直性

食料生産を基礎にし，その生産性の上昇によって社会的分業が多様化して行く様を，ケースⅠからⅣまで例示した。これらのモデルによって認識できることは，生産性の向上によって，社会的分業が多様化すると共に，働く人々の所得も増加するということである。これが市場経済の発展の内容である。それは市場経済で働く人々の努力の総合として生まれるのであり，バラバラに分かれて競争するからではない。モデルを簡略化するために省略しているが，機械を初めとする資本財の生産とその改良を考えれば，それらが1人の力で実現できないことは，明白である。

市場経済では，消費財の生産と平行して，機械などの資本財や道路などの公共財を作り出し，それを総ての生産部門が使用している。市場経済の生産能力は，正に，市場経済で働く人々の総合力であり，その総合力が増大すれば，所得も実質的に増加するのである。1年間に100人が協働して，1家族当たり2

トンの食料と4着の衣服しか生産できなかったケースⅡと、同じ人数で食料と衣服以外に、靴下も靴もさらにサービスも生産できるようになったケースⅣを比較すれば、1人が受け取る所得が増加していることは明らかであり、また当然なのである。

したがって、人々の所得を下げるためには、ケースⅣからⅢへ、さらにⅡへと後戻りしなければならない。ところが、生産性を下げずに、ケースⅣからⅢへ後退しようとすれば、個人の賃金は下がらず、その代わりに20人が余剰労働力になって失業するというように、市場経済が縮小することになる。なぜなら、ケースⅣの生産性をもってすれば、ケースⅢの生産量は80人で生産できるからである。経済学は、失業が増大して労働力の供給量が増加しても、容易に賃金が低下しないことを、賃金の下方硬直性と言っているが、賃金の下方硬直性は、市場経済の発展構造によるもので、最低賃金制度や労働組合の抵抗、労働者の移動に伴うコスト増、あるいは賃下げに伴う生産効率の低下などが本当の理由ではない。

とはいえ、市場経済を縮小させて失業者を作り出し、その失業を手段にして、無理やり賃金を引き下げ、所得格差を作り出すこともできる。しかし、それは市場経済をデフォルメすることだから、経済学が言うように、賃金低下によって雇用調整が行われて完全雇用が実現することはあり得ない。そのようなやり方は市場経済の仕組みに合わないのである。

3. 食料生産の再認識

次へ進む前に、来し方を振り返って、改めてケースⅣを見てみよう。

ケースⅣでは、食料生産に従事する人数は就業者総数の10％になっており、総生産額（国民所得）に占める割合も10％に低下しているので、食料生産部門は衰退産業のように見える。しかし、然に非ずである。

市場経済では、ある部門の生産能力が発展したとき、その総てを自部門の生産量の増大に用いるのでなければ、その部門が全体に占める割合は小さくなっ

て行く．それによって他部門の発展を生み出し，また支えているのである（製造部門の発展もサービス部門の発展を生み出し，支えている）．このような市場経済の発展構造を認識することなく，単に比率の低下だけを見れば，衰退しているように見える．

あるいは，食料生産を他国に任せ，工業製品と交換にその食料を輸入すれば，食料生産部門の生産活動は縮小する．このような国際分業を徹底すれば，国内の食料生産は不要だということにさえなるけれども，食料と工業製品を交換する二つの国を合わせて見れば，ある国の食料生産が他の国の工業生産を支えている関係になっている．したがって，農地に負担をかけすぎて地力が衰え，あるいは地球環境の悪化によって，収穫量が減少すれば，工業製品を輸出する国も食料不足に，当然陥ることになる．

食べなければ生活できないという単純な真理を忘れて，食料生産を3K労働と見なしているから，逆に食の不安が増大してくることになる．命の元を作り出す仕事を大切にせず，社会全体が我らのすることにあらずと軽視し，見下げている限り，食の不安と後継者難が続くのは当然の成り行きである．食べずに何日生活できるか，一度試してください，と食料生産に携わっている人々は言いたいのではないだろうか．

参考までに掲げると，宮崎義一著『国民経済の黄昏』に次のような箇所がある．ただし，文中にある引用文献は省略し，漢数字を算用数字に変えている．

　　国民経済の発展段階を実証する重要な経済指標の一つとしては，農林水産業就業比率の動きが考えられよう．かつてケンブリッジ大学のN. カルドア教授は次のごとく指摘したことがある．「国内用食糧供給に従事する人口の比率が，一国の経済発展段階を示す利用可能な最善の指標である」．後進国ではこの割合が80～90％，中進国では約40～60％，先進国では10％以下であると規定している[1]．
同書によれば，日本の農林水産業就業比率は1955年に40％を割り，1980年に10％に達したそうである．しかし，食料の質を考えれば，比率を一方的に低下させる経済発展が良いとは必ずしも言えないであろう．

4. 先進国と開発国の違い

　市場経済の発展モデルを示したが，このモデルを使えば，先進国と開発国の違いを認識することができる。ケースⅣを先進国の経済状態だとすれば，例えばケースⅡは開発国の状態を表すことになる。ケースⅡでは，食料200トンと衣服400着を生産するのに216,000時間が掛かるが，ケースⅣでは43,200時間で同じ量の食料と衣服を生産することができる。つまり開発国と先進国の生産能力（スピード）には5倍の開きがあるので，開発国の賃金は先進国の賃金の5分の1だということになる。言い換えれば，ケースⅡの開発国の人々は，先進国の賃金水準で表せば，時間当たり¥0.2（＝¥1÷5）で働いていることになるわけである。それゆえ，先進国の生産条件を開発国に移して生産すれば，賃金水準は低い（経済全体の生産スピードは遅い）にもかかわらず，衣服だけは先進国と同じスピードで作ることができるので，安く生産できることになり，先進国は，その安価な製品を輸入して販売できるわけである。参考のために計算例を掲げれば，次の通りである。

　　　　　先進国で衣服1,600着を生産したとき：
　　　　　40人×8h×270日×¥　1＝¥86,400・生産量1,600着　1着＝¥　54
　　　　　開発国で先進国の生産条件を用いて衣服1,600着を生産したとき：
　　　　　40人×8h×270日×¥0.2＝¥17,280・生産量1,600着　1着＝¥10.8
（注）　先進国の生産所得¥86,400－開発国の生産所得¥17,280＝¥69,120
　　　　先進国の消費者，1着当たりの節約額＝¥69,120÷1,600＝¥43.2

　開発国の低い賃金を利用すれば，先進国で1着¥54する衣服が，¥10.8で生産できるので，先進国の企業は安い値段で輸入して販売でき，消費者は安く買うことができる。しかし，工場を外国に移したために，国内でその生産に携わっていた人々は職を失うことになり，その人たちの所得が次のように他者へ移動したことになる。¥54の衣服を¥10.8で購入できれば，開発国からの輸入品を購入した人々には，1着につき¥43.2の余剰が生じる。この余剰の1,600着分の合計額と開発国で衣服生産に携わった人たちの所得を合わせれば，

国内で衣服生産に従事していた40人の所得額になる。つまり，その40人の所得が1着当たり¥43.2の余剰と，開発国で働く人々の所得に分かれたのである（注の計算参照）。今まで国内で共に働いていた人々40人を排除して，開発国の人々を仲間に組み入れたことによる結果である。

1着につき生じた¥43.2の余剰が新たな需要を作り出し，それに対応して企業で求人が増えれば，その求人数だけ失業者が雇用される可能性が出てくるが，すべての企業が残業で対応すれば，求人数は増えないし，新たな仕事をする能力がなければ職が得られず，あるいは低所得での就業ということになって，社会全体としては，問題を抱えることになる。農産物の場合も同じである。

各国における市場経済の発展水準の違いを利用して，利益を追求する企業活動が行われ，上述のように利を得る人と損害を被る人が生まれる。そして，それがグローバリゼーションの一つの内容になっているので，グローバリゼーションに対して，肯定する見方と否定する見方の二つが出てくるのである。

5. 経済統合の問題

もう一つ，別の問題をこれまで掲げたモデルを使って考えてみよう。それはケースⅡ・Ⅲ・Ⅳの状態にある3つの国が一緒になる経済統合の問題である。

ケースⅡとⅢとⅣを一緒にすれば，直ぐに全体がケースⅣの状態になるかと言えば，それは不可能である。ⅡからⅢへ，そしてⅣへと進むには時間が掛かったのである。この時間を飛び越えることはできないのである。

したがって，ケースⅡの状態にケースⅣの生産条件を持ち込んで，先ほどの開発国の例と同じようなことをすることができる。そうすれば，ケースⅣの国（地域）では産業の空洞化が生じ，失業問題が生じるであろう。他方，ケースⅡの国では新たな工場ができても，低賃金で働かされるので，ケースⅣの労働者と同じ賃金水準が実現するわけではない。仮に（東西ドイツの統合時のように），ケースⅡの労働者の賃金をケースⅣの労働者と同一にすれば，ケースⅡ

の生産物価格がケースⅣの生産物価格より高くなって，ケースⅡの企業が倒産して，失業者が急増することになるだろう。

経済発展を待たずに，ケースⅡの国の人々が高い賃金を得る方法として，ケースⅢあるいはⅣの国への移住がある。そのときは，ケースⅡの国で働き手が減少し，労働力不足に悩むケースも生じる。他方，移住先の国が特別の技能や知識を有する人や，高齢化社会へ向かっているために労働者を必要としていれば，その必要な人数は職を得ることができるが，職の得られない人々が低賃金でも働きたいと職を求めれば，賃金水準を下げることになり，移住先国の労働者との間で雇用摩擦が生じる問題を含んでいる。

このような事態が生じるので，経済統合は，生産能力が同等になるように協力し合った後に行う方が良い，というのが市場経済の発展モデルに基づく私の見方である。

6. 女性の家事労働

市場経済の構造を説明するために設けた仮定では，分業の直接的な担い手を男性にし，女性はいわゆる家事労働に従事することにした。女性の家事労働は，市場経済ではシャドーワーク（影に隠れた労働）と見なされ，正当な支払いがなされていないという問題提起があって，女性の家事労働を金額に換算する試みも行われていたのではないだろうか。

しかし，モデルで例示した市場経済では，男性が女性と子供の生活用品を生産していたのである。これは，女性の家事労働が私的な労働ではなく，社会的分業として組み入れられていることを意味している。ただし，男性が行うのが直接的な社会的分業であるのに対して，女性が担う家事は間接的な社会的分業になっているので，貨幣の受け取りも間接的で，男性が職場から得た給与の中から受け取ることになる。この方法では家事労働に対する給与を受け取っている実感も湧かず，またその金額がいくらなのかも分からず，さらに夫である男性が失業すれば得られないのだから，シャドーワーク同然になるわけである。

女性の家事労働は，間接的な社会的分業として行われているので，直接的な社会的分業に変えることができる。それゆえ，今度は，家事労働が社会的分業を構成していることを明らかにするため，先ほど用いたケースⅣ（サービスは運送サービスにし，それ）に，料理・育児・洗濯を組み込んだ場合を例示しよう。料理はレストラン・サービス，育児は保育サービス，洗濯はクリーニング・サービスとする。レストランのサービスには，食材を加工して料理を作る労働が入っているけれども，サービス労働に含めることにする。

ケースⅤ：家事労働の市場化
食　　料：10人×8h×270日×¥1＝¥21,600 ・生産量　200トン　1トン＝¥108
衣　　服：40人×8h×270日×¥1＝¥86,400 ・生産量1,600着　　1着　＝¥ 54
靴　　下：10人×8h×270日×¥1＝¥21,600 ・生産量1,200足　　1足　＝¥ 18
靴　　　：20人×8h×270日×¥1＝¥43,200 ・生産量　400足　　1足　＝¥108
運送サービス：20人×8h×270日×¥1＝¥43,200　　　＊下部の価格計算参照
レストラン：45人×8h×270日×¥1＝¥97,200 ・生産量　400人分　同上
保　　育：40人×8h×270日×¥1＝¥86,400 ・生産量　200人分　1人　＝¥432
クリーニング：15人×8h×270日×¥1＝¥32,400 ・生産量　400人分　1人　＝¥ 81

1人の年間貨幣所得：　　　　　　　　　¥2,160
　　　　年間支出：食事　　2人分　¥810　　＊料理の価格計算
　　　　　　　　　衣服　　8着　　432　　食料―素材　　¥ 21,600
　　　　　　　　　靴下　　6足　　108　　運送サービス　　43,200
　　　　　　　　　靴　　　2足　　216　　調理労働等　　　97,200
　　　　　　　　　保育　　1人分　432　　合計　　¥162,000
　　　　　　　　　クリーニング 2人分 162　大人の1人の負担額：
　　　　　　　　　　　　　　　　　　　　　¥162,000÷200人＝¥810

100人の女性のうち，45人がレストランのサービスを，40人が保育サービスを，15人がクリーニング・サービスを行うものとする。なお，子供の生活費に関する夫婦間の負担割合や，大人と子供の間の食料などの配分割合に関しては，計算を簡単にするために，平等の負担と配分割合にする。

分業の種類が多くなり見づらいかも知れないが，ケースⅣにレストラン・保育・クリーニングの各サービスが加わっただけで，その計算式も同じである。

まず食事に関して。以前は食料を市場から家庭に持ち帰って，女性が料理したが，今度は100家族400人がレストランで食事をする。レストランで働く女

性は，自分たちも含めて400人分の料理を作って提供することになったのである。レストランで働く女性は互いにそのサービスを提供し合い，子供は保育サービスの担当者あるいは両親がレストランへ連れて行って食事をさせる。その食事のために父親と母親は，自分と子供1人のために年間￥810の貨幣を使う（先の計算参照）。

保育に関しては，父親と母親がそれぞれ子供1人の保育サービスを得るために年間￥432の支出をする。

クリーニングにも，父親と母親は各自，子供1人分を含めて年間￥162を支出する。

衣服・靴下・靴は，ケースⅣの家族当たりの各支出額を夫婦で折半した金額の合計になる。したがって，親1人と子供1人の年間支出額は￥756である。

ケースⅤの1家族の収支状況は，モデルの下部に示した通りで，父親である男性も母親である女性も，同じ貨幣所得￥2,160を得たのだが，生活に必要なものを市場から入手するために，そのすべてを支出したのである。この結果に驚いているのは，男性の方であろう。

7. 男女平等の暮らし

男性だけが職場に行って働いていたとき，男性が，職場から受け取った貨幣所得は自分の力だけで得た，と思っていたとすれば，それは思い違いであったという結果になったのである。

家庭では食事ができないのでレストランへ行く。そのとき子供1人のためにも貨幣を使うことになる。子供の保育も保育所で代行してもらうために，子供1人分の貨幣を支出する。衣服の洗濯もクリーニング・サービスを受けることになり，子供1人分を含めて貨幣を使う。それでも妻と子供1人のために貨幣を使わなくても済むので，貨幣所得の半分が残ると思っていたのは大間違い。全く貨幣が残らないのである。以前は￥2,160の半分の￥1,080で自分と子供1人の生活ができたのに（食事・子供の保育・衣服の洗濯が行われていたのに），今

や，その倍の¥2,160 も掛かるとは，何ということであろう。

男性は，実質所得が2分の1に低下してしまったと嘆き，また怒りを感じるかも知れないが，以前は男性の1時間当たりの所得は，男性¥0.5＋女性¥0.5＝¥1 として計算されていて，妻の所得¥1,080 を妻の代わりに受け取っていたのである。ただし，今度は男性も女性も1時間当たり¥1 の所得になっているので，名目所得が2倍になっているのである。それゆえ，男性が錯覚することにもなるわけだが，実質生活は前と同じである。

他方，女性の方はシャドーワークに光が当たり，家事労働が社会化され，かつ正当に評価されたと喜ぶかもしれないが，その光は家事労働が本質的に社会的労働であったこと，言い換えれば市場経済は男女が協働する経済であることを，むしろ明らかにしたのである。

一般的には，家事労働は女性に機会原価を発生させていると考えられている。ケースVの金額を使えば，女性は得られるはずの貨幣所得¥2,160 を犠牲（原価）にして，家事をしている。したがって，企業で働けば，その犠牲を成果すなわち収入に変えることができる，というわけである。この見方からすれば，企業で働くことは，機会原価を掘り起こし，市場経済の中に貨幣を掘り当てたということになるだろう。

8. 子供の扶養

市場経済の発展を示すために設けた仮定は，社会に関するもので，100家族から構成されていて，1家族は夫婦と子供2人の4人であった。しかし，今度はその仮定を修正して，独身者が80人，夫婦と子供3人の5人家族が40家族，夫婦と子供4人の6人家族が20家族存在することにして，子供の扶養に関すする市場経済の仕組みを説明することにする。

```
独身者：                          80人    働き手  80人
5人家族（夫婦2人＋子供3人）：40家族    〃      80人
6人家族（夫婦2人＋子供4人）：20家族    〃      40人  合計  200人
```

今度は前記の通り，市場経済で働く人数は，独身者80人と夫婦120人の合計200人である．働き手が2倍になったので，1日の労働時間を4時間にし，年間270日働いて，大人と子供の消費財を生産することにする（サービスは省略する）．消費財の内容はケースⅢと同じ食料，衣服，靴下，靴にする．その分業モデルは下に示した通りであるが，子供の養育に焦点を合わせるために，1年間に大人は大人用の消費財を1セット，子供は子供用の消費財を1セット入手すれば生活できる，というように非常に簡単な形にしている．

```
大人用消費財：100人×4h×270日×¥1＝¥108,000 ・生産量200セット　＠¥540
子供用消費財：100人×4h×270日×¥1＝¥108,000 ・生産量200セット　＠¥540
    独 身 者：年間貨幣所得＝大人用¥540＋子供用¥540   ＝¥1,080
            支出＝大人用消費財1セット¥540         540
            余剰＝                              ¥540
    5人家族：年間貨幣所得＝大人用¥1,080＋子供用¥1,080＝¥2,160
            支出＝大人用消費財2セット¥1,080
                子供用消費財3セット 1,620    2,700
            不足                              ¥540
    6人家族：年間貨幣所得＝大人用¥1,080＋子供用¥1,080＝¥2,160
            支出＝大人用消費財2セット¥1,080
                子供用消費財4セット 2,160    3,240
            不足                              ¥1,080
```

　各人の労働能力は同等と仮定して計算した収支結果は上に示した通りである．独身者には1人当たり¥540の余剰が生まれ，5人家族の場合は逆に¥540の不足が，6人家族の場合は¥1,080の不足が生じているが，社会全体の必要量は生産されているので，過不足が生じたのは，独身者は子供用の消費財を入手する必要がなく，子供を持つ家族は子供の数に応じてその消費財を入手しなければならない，という条件の違いによるものである．

　子供の扶養に関して何よりも大切なことは，大人の能力に高低の差があるとしても，それを子供の責任にすることはできない．市場経済では，どのようにすれば，この問題を解決することができるであろうか．

　一つは，独身者の1時間当たりの賃金を下げ，子供を扶養する人の1時間当たりの賃金を増額して，所得を移転させる方法である．しかし，この方法に

は，所得の移転として理解せず，自分の能力が高いという誤解が生じる欠点がある。第二の方法は，扶養手当の支給である。独身者から余剰分を徴収して，それを各家族に扶養手当として支給する。この第二の方法では，3人目の子供から扶養手当が支給されるので，子供2人は夫婦の力で扶養しているという形になり，また独身者も不満が残るかも知れないので，第三の方法を考えよう。

市場経済で働く人々に貨幣を平等に分配すれば，社会的分業によって生産した子供用消費財￥108,000に対する所有権すなわち貨幣が，各自に￥540ずつ分配されている。この貨幣は子供のための貨幣であるから，子供のために提供するのである。ただし，市場から生産物を得るときは，貨幣を使うのが市場経済の方法である。この方法を直接用いる場合は，子供たちに貨幣を手渡すことになるが，子供には貨幣の管理能力が十分ないので，子供の代わりに子供の扶養者に手渡して使用してもらう方法を採用する。これが第三の方法で，市場経済の基本に合う方法である。

第三の方法によれば，独身者であれ子供の親であれ，市場経済の働き手は，自分の所得の中に含まれている子供の消費財を所有するための貨幣￥540を拠出する。そして，その中から子供1人につき￥540の貨幣を扶養手当として扶養者に渡す。これは市場経済で働く人々全員の義務である。

市場経済で働く人は，子供たちの扶養手当を拠出するという義務を果たすことによって，子供の生活を社会的に保障する。もちろん，市場経済で働く間，この義務を遂行することになるけれども，義務だけを一方的に遂行するわけではない。義務を果たすことによって，退職後の生活に必要な物を市場経済から得る権利を持つことになるわけである。

9. 子供教育の在り方

市場経済で働き生活する者は，扶養手当を生み出す市場経済の仕組みに基づいて，子供の教育を考えるべきである。この点に関する私見を述べれば，次の通りである。

9. 子供教育の在り方

　子供を金太郎飴にして競争させる学校教育は，市場経済の仕組みに合わない。競争するためには，同じことをしなければならないけれども，社会的分業は異なる能力を用いて異なる製品あるいはサービスを生産する活動である。また自分の子供だけが有能になれば良いとか，5％のエリートを養成すれば良いというのも，社会的分業＝協業に反する考えである。社会的分業は一部分が優れていれば良いという仕組みではないからである。さらに，競争は排他的だが，社会的協業は人々の協力関係である。多様な能力に基づく社会的分業であり，それらのつながりとしての協業，すなわち市場経済である。

　にもかかわらず，競争教育やエリート教育をすれば，友情や愛情がインフォメーションされず，その反対にデフォルメが生じ，いろいろな問題が子供の生活環境の中に，そして成人後の大人社会の中に広がる。現在の日本が教育に大きな問題を抱えているのは，市場経済の仕組みを誤解して，それに合わない教育を続けているからである。子供たちが社会の力で育てられ，成人後に市場経済で働くことを考えれば，利他的行動ができ，協力し合うことができるように教育しなければならない。教育する側にはその義務があると同時に，そのように教育する権利もあるわけである。

　私たちには時代のヒーローに憧れる心理があるが，社会的分業が多様化するほど，それを担う能力も多様化し，したがって多様な能力をすべて兼ね備える個人などは存在し得なくなる。そして，個人の力がいかに強力であっても，協業が生み出す巨大な力の前では，その力は無きに等しい。急病になったとき，100 m を 8 秒で走る驚異のランナーに抱えられて全速力で搬送されるより，普通の人たちが協力して作った救急車で搬送される方が楽で，安全である。また，高額所得者が市場経済から退いても，市場経済が機能不全に陥ることはないのである。

　もう一つは，世代交代に関することである。人は必ず老いを迎える。その時は自分の後に続く人々の力に支えられて暮らすことになる。それゆえ，企業においても，後継者を育てるために，従業員教育はもちろんのこと，子供の教育も行うべきである。

企業で働く人々は，得手・不得手はあっても，自分の体験を語るなど，未成年者に教育をすることはできる。後に続く世代に知識を継承してもらい，またその知識を高めてもらうためには，個々の企業を学校にすることである。

子供たちを職場に迎え入れて，自分たちの仕事を見せて解説すれば，子供たちにとっては大いに勉強になるはずである。本から知識を得ることだけが学習ではない。そのとき，職場が抱えている技術上の問題などを話せば，子供たちの中に問題意識が生まれ，それを解決しようという気持ちも生まれる。そういう意識がなければ，生活のどこにでも存在する偶然性の中に潜んでいる可能性を見出して，発明・発見をすることはできないであろう。

このように大人と子供が職場を介してつながるようにすれば，そのつながりが維持されて，職場から退いた後，教え子が生産した物を使用し，またサービスを受けて営む暮らしに心が通うのである。

子供の養育の話が退職後の生活の話になったので，そのことに関して改めて述べることにしよう。

10. 年金の仕組み

先ほど用いたモデルは，条件を少し改めれば，退職後に年金を得て生活する場合のモデルとして利用できるので，次のように修正する。すなわち，5人家族の場合の子供3人を〔子供1人＋高齢者2人〕，6人家族の場合の子供4人を〔子供2人＋高齢者2人〕にする。そして，200人が働いて，大人用・子供用・高齢者用の消費財を生産していることにする。

```
独　身　者                          ：80人　　働き手　80人
5人家族（夫婦2人＋子供1人＋高齢者2人）：40家族　　〃　　 80〃
6人家族（夫婦2人＋子供2人＋高齢者2人）：20家族　　〃　　 40〃　合計200人
```

大人用消費財：100人×4h×270日×¥1＝¥108,000・生産量200セット　@¥540
子供用消費財： 40人×4h×270日×¥1＝¥ 43,200・生産量 80セット　@¥540
高齢者用消費財： 60人×4h×270日×¥1＝¥ 64,800・生産量120セット　@¥540

１人年間貨幣所得：¥1,080　　年間支出：大人用消費財　¥540
　　　　　　　　　　　〃貯蓄：子供用消費財　　216
　　　　　　　　　　　　　　　高齢者用消費財　324 ◎

　上のモデルが示しているように，年金生活をする高齢者の消費財が生産されていて，その消費財に対する所有権すなわち貨幣は，働く200人の各所得の中に含まれている。その貨幣は１人当たり¥324である（◎の金額）。この¥324を働く人々が高齢者に手渡すというのが，年金の拠出で，その貨幣を高齢者が受け取るのが年金の受給である。したがって，各高齢者は年金として受け取った貨幣を使って，自分たちのために生産された消費財を市場から入手して，生活することができるわけである。これが年金の拠出＝受給の基本である。
　ところが，年金の拠出とは年金の積み立てだと思ったり，企業から受け取ると思ったりしているようであるから，まず積立方式から述べることにする。
　年金の積み立てに関しては，その内容を二つに区別して認識しておくべきである。一つは退職後に使用する消費財などを年々残して行くというもので，もう一つは単なる貯蓄である。
　市場経済で高齢者のための製品を生産した場合は，上のモデルで示した通り，その製品を入手するための貨幣が給与の中に含まれる。したがって，その貨幣を自分のために積み立てる場合は，貨幣と共に高齢者用の製品も市場に残すことになる。この方式を例えば40年間続ければ，確かに自分の年金とそれに対応する物が積み立てられる。ただし，退職後に年金を使うときは，40年間使わずに残して置いた物を使うことになる。
　自分の老後の生活品を自分で蓄えて使えば，退職者が多くなっても，働く人々の負担の問題は生じないけれども，別の問題が出てくる。貯蔵場所の確保も管理もできなくなるし，サービスを消費せずに蓄えて置くことはできないのである。したがって，貨幣と物を残して行く積立方式は用いないのである。40年前に作られた食品より，でき立ての食品を食べる方が美味しく，また健康にも良いのである。
　積立方式のもう一つの内容は普通の貯蓄である。これは資本財や公共財の生

産と関係しているので，名称は年金であっても，その中身は金融資産の購入あるいは証券投資ということになる。その運用に関して利得（リターン）の機会もあれば，損をする危険性（リスク）にも晒される。マネーゲームは年金の基本からはずれているから，基本からはずれたこと（すなわち博打）をして，生活の安心が得られるはずはないのである。アメリカのサブプライム問題に端を発する世界的金融危機が生じたが，それによって個人年金の原資が増大したと，働く人々は喜んでいるであろうか。

　次に，企業年金について。年金は企業からもらうものではない。企業が年金を一部負担して支給するというのは，従業員の給与から年金を徴収しているからである。製品やサービスを販売したときの価格の中に企業の負担分を含めて，消費者になった勤労者から徴収しているのである。人々が働かなければ，製品もサービスも生産されず，それらが生産されなければ，紙幣や硬貨を受け取っても，何も購入できないのである。

11. 利益の取得方式

　市場経済の仕組みを，モデルを使って説明してきたが，現実の資本主義経済は市場経済の上に私有経済があり，価格設定権を占有して利益を追求しているので，ここで，市場経済を手段にして利益を得る方法を示して置くことにする。そのモデルは次の通りである。

```
賃金財：60人×270日×¥1＝¥16,200 ・生産量　100個　@¥　162
利益財：40人×270日×¥1＝¥10,800 ・生産量　10個　@¥1,080
    1人の年間貨幣所得：¥270　　内訳：賃金財　1個　　¥162
                                     利益財 1/10個　　108
```

　経済学の辞典には賃金財という用語はあるけれども，利益財という用語は見当たらない。しかし，賃金で購入する消費財や耐久消費財があるのなら，利益で購入する財があって当然ではないかと思って，市場の生産物を見れば，賃金では購入できない高級品がある。それゆえ，それを利益財と表現することにし

た。もちろん，サービス（特別の弁護サービスや医療サービスなど）もその中に含めることができる。それに比べると賃金財は大衆品である。このように違いがあるにもかかわらず，賃金財も利益財も市場経済の生産物であるから，上のように，それらが社会的分業として生産されているモデルを作ることができる。

賃金財と利益財が社会的分業として生産されている場合は，働く人々の貨幣所得の中に賃金財の所有権も利益財の所有権も含まれる。ただし，上の例では賃金財は1人で1個購入できるけれども，利益財に関しては10分の1個の所有権があるに過ぎないので，1個購入するには10年も掛かることになる。

(1) 賃金財企業の価格設定

ところが，勤労者が賃金財を購入するときに，賃金財を生産して販売する企業は，次のように原価加算方式を用いて，その販売価格を設定する。

原価￥162 ＋ 利益￥108　＝ 価格￥270
あるいは　原価￥162 × 値入率 10/6 ＝ 価格￥270

その結果，勤労者が賃金財1個を￥270で購入したとき，各人の所得に含まれていた利益財の所有権￥108は，企業に吸収される。それが賃金財企業の利益になるのである。その利益は総額で￥10,800（＝￥108×100個）になる。市場経済では生産物と貨幣が再結合したとき，貨幣形式と合体していた所有権は行使されて無くなるが，原価を越える利益部分の貨幣に関しては，所有権が含まれたまま，企業に吸収される。

(2) 利益財企業の価格設定

賃金財企業と同様，利益財の生産企業も，利益を得るために，原価加算方式で販売価格を設定する。

原価￥1,080 ＋ 利益￥720　＝ 価格￥1,800
あるいは　原価￥1,080 × 値入率 10/6 ＝ 価格￥1,800

こうして，利益財の価格も1個￥1,080ではなく，￥1,800になる。その結果，賃金財企業の所有者が貨幣￥10,800で購入できる利益財は，10個ではなく6個になる。勤労者の手から賃金財企業に吸収された生きた貨幣￥10,800の

うち，利益財6個の原価額￥6,480（＝原価￥1,080×6個）に相当する貨幣は，所有権が行使されて消滅するが，その原価額を越える￥4,320の貨幣は，所有権を含んだまま利益財企業に吸収される。

利益財企業に吸収された貨幣￥4,320は，利益財4個の原価総額（￥1,080×4個＝￥4,320）になり，利益財企業の中で生産物と貨幣の再結合が実現したことになり，残っていた利益財4個も，利益財企業の所有者が私的に所有できる物に変わったのである。利益財企業の所有者は，その利益財4個を直接取得することもできるが，価格￥1,800と同額の貨幣を支払って購入するというのが市場経済の方法である。

その方法に従うために必要な貨幣として，利益財企業に入ってきた貨幣（形式）を使用することも可能であるが，それとは別に￥7,200（＝￥1,800×4個）の貨幣形式を用意して使う方がスムーズである。このときは，￥7,200のうち￥4,320が，利益財企業に吸収された生きた貨幣の役割を果たし，残りの￥2,880の貨幣は，所有権のない単なる貨幣形式のまま使用されるわけである。

次の損益計算書は，原価加算方式によって，勤労者が作り出した所有権＝貨

【損益計算書】

	賃金財企業	利益財企業
売 上 高	￥27,000	￥18,000
売上原価	16,200	10,800
利　　益	￥10,800	￥ 7,200

＊利益￥10,800＝利益財￥1,800×6個
　利益￥ 7,200＝利益財￥1,800×4個

幣の一部が企業に吸収された結果として，利益が実現したことを明らかにしている（もっとも，この利益を役員報酬＝費用として処理すれば，利益は隠れてしまう結果になる）。

上の損益計算書を利用して，先ほど述べた利益財の取得方法を説明すると，次のように行われる。

賃金財企業と利益財企業の所有者があらかじめ￥10,800と￥7,200の貨幣形式を生活のため所持しておき，それを使って利益財を購入する。勤労者が作り

出した所有権がその貨幣形式と結合する形で先取りされるのである。その結果，利益財企業では￥7,200の利益が出る。他方，各勤労者が￥270で賃金財を購入すれば，賃金財企業で￥10,800の利益が実現する。その後で，企業の所有者がそれぞれ，実現した利益を貨幣形式で受け取れば，初めに持っていた貨幣形式が所有者の手元に戻り，同じことを繰り返して行うことができるという次第である。これが，歴史的に行われている利益の取得方法である。

　原価加算方式に基づいて価格を設定すれば，価格を上げれば上げるほど，企業は勤労者の貨幣所得を生きたまま，より多く吸収することができ，企業の所有者や支配者がその全部あるいは一部を得ることができる。企業が本来の業務以外に，有価証券や土地を取得できるのは，価格を手段にしてその資金を消費者から吸収しているからである（次章も参照）。ボーナスに関して言えば，それは賃金の後払いではなく，価格を上げて，支払った給与の一部を吸収し，半年毎に払い戻すという方法である。先進国の中で日本の物価が高い一因である。経済学は，この方法を否定するために，等価交換が行われていると説くが，市場経済はすでに明らかにしたように，交換の経済ではなく，それをアウフヘーベンした経済である。

　　注　記
　1) 宮崎義一『国民経済の黄昏』朝日選書 朝日新聞社 1995年 12-3頁。

第4章

貯蓄の本質と市民的所有

1. 貯蓄の本質

　私たちは，金を使わずに残すことを貯蓄と思っているので，貯蓄とは所得のうち消費しなかった残りだとか，消費の先送りであるという経済学の説明に，直ぐに納得してしまうのである。確かに，市場に未使用のまま残されている消費財（の在庫）は，貯蓄の一部を構成しているが，このような常識的な見方では，貯蓄の本当の意味を知ることはできない。

　市場経済は，無理に消費を切り詰めなくても，貯蓄ができる仕組みになっているので，今日の消費を明日に延ばすことなく大量消費を続けてゴミの山を築いても，貨幣が手元に残るのである。それは，1年内に消費する食料などの消費財と共に，1年を越えて使用する耐久財を分業方式で生産しているからである。消費財を購入した後になお貨幣が残るのは，耐久財に対する所有分である。以下，耐久財を構成する自動車・住宅・資本財・公共財と，給与として得た貨幣との関係を通して，貯蓄の本当の意味を明らかにして行くことにする。

2. 耐久消費財の生産

　市場経済の発展を示すときは，食料や衣服やサービスなどを個別に掲げたが，これからは，子供の扶養に関する説明箇所で用いたように，それらをまと

めて消費財と表し，1人の1年間の必要量を1セットと仮定する。そう仮定した上で，消費財と耐久消費財を分業方式で生産しているモデルを示すことにする。耐久消費財としては自動車を用い，その生産に従事する人数は，部品等の製造を含めて自動車の生産に直接・間接かかわる総労働者数とする（他の耐久財の場合も同じ）。その他の条件は3章の初めに示した通りである。

消費財：70人×8h×270日×¥1＝¥151,200・生産量100セット　@¥1,512
自動車：30人×8h×270日×¥1＝¥ 64,800・生産量 20台　　@¥3,240
　　　　1人の年間貨幣所得：¥2,160　　消費支出：1セット　¥1,512
　　　　　　　　　　　　　　　　　　　貯　　蓄：　　　　　 648

　上のモデルは，社会的分業に従事した人の年間貨幣所得が¥2,160であること，その所得には消費財と自動車に対する所有権が含まれていることを示している。したがって，¥1,512を支出して消費財1セットを入手した後になお，各家族には¥648の貨幣が貯蓄として手元に残ることになる。これは自動車に対する所有分で，勤労者は分業によって生産した自動車に対して所有権を持っている，というのがこのケースの貯蓄の本質である。
　すでに明らかにした通り，市場経済は家事労働に従事する妻も給与を得る仕組みであるから，¥648を夫婦で折半すれば，夫も妻も自動車に対する所有権¥324を持つ。ただし，計算と説明を簡略化するために，家族単位で説明して行くことにする。
　各家族が持つ貯蓄としての貨幣¥648は，自動車に対する所有分であるが，自動車1台の価格は¥3,240であるから，どの家族も自動車を市場から入手することはできない。100家族に対して，1年間に生産された自動車が20台だからである。したがって，1家に1台の自動車を実現するには5年貯蓄をする必要がある。そうすれば，貯蓄総額が自動車1台の価格と同額の¥3,240になり，すべての家族が1台の自動車を所有することができる。しかし，この方法では，生産台数が100台になるまで，完成した自動車は市場に置かれたままになる。完成した自動車を順次使用するには，別の方法が必要である。

3. 消費者信用

その別法は，100家族を5グループに分けて順番を決め，第一グループから順次，完成した自動車20台を入手して行く方法である。もちろん，この方法を用いる場合も，1家族の貯蓄額だけでは1台の自動車を入手することはできない。そこで今度は，他の家族が貯蓄を提供して協力するのである。その結果，第一グループの20家族は次の通り，自動車1台の価格と同額の貨幣を得ることができ，その貨幣を使って完成した自動車を入手する。

貯蓄￥648×80家族＝￥51,840　￥51,840÷20家族＝￥2,592／家族
1家族の貯蓄額￥648＋資金提供額￥2,592＝￥3,240＝自動車1台の価格

第一グループが自動車の所有を実現すれば，貨幣すなわち社会的所有権は消失するので，2年目も，1年目と同じことを繰り返し，貯蓄を第二グループに提供して，自動車の所有を実現して行く。3-5年目も同様である。

この方法は貯蓄の相互利用であり，市場経済で働く人たちの協力関係によるものである。そして，自動車ローンや住宅ローンと言われる消費者信用の内容である。しかし，どうして協力関係がローン（貸付，借入）に変わるのだろうか。それは，市場経済を私的所有関係が覆っているからである。私企業である銀行が私的個人の間に介在して信用を仲介する形になるため，貯蓄の相互利用が貨幣の貸借関係に変わるのである。貯蓄を提供する人が銀行に貨幣を預け入れ，銀行はその貨幣を（販売金融会社を介して）貸し付け，自動車の購入者が借り入れる。それゆえ，第一グループの人は4年掛かって，やっとローンを返済したと一息つき，第五グループの人は5年間貯蓄をして，自助努力で自動車を購入したという意識になる。残念ながら現在もなお，働く人々が自分たちの協力関係を自覚する形にはなっていないのである。

しかし，自動車を生産し所有する市場経済の仕組みを認識することができれば，自動車はステータス・シンボルではなく，先を争って買う必要もなければ，耐用年数を短くして買い替える必要もないということが分かる。モデルチ

ェンジを繰り返すのは，利益を継続的に得るための私有経済の方法で，資源と時間の浪費である。地球環境の劣化を防ぎ，また働く人々の自由時間を増やすために，自動車を初めとする耐久消費財の耐用年数を延ばして，毎年の生産量を削減するだけでなく，生産を一時中止して，資源の消費と総労働時間を減らすべきである。それが可能なことを上のモデルは示している。

(注) 今日では，わが国だけでなく先進資本主義諸国のすべてにおいて，消費者信用の広範な普及が認められる。しかしその発展の歴史的系譜をたどってみると，今世紀初頭（20世紀初頭―引用者）から20年代にかけての，アメリカにおける自動車産業の勃興とそれが分かちがたく結び付いていた事実が明らかとなる。もちろんその他の耐久消費財，たとえばラジオやピアノ，ミシンなどの家庭用品についても，その当時からすでに消費者信用の利用がみられ，また1930年代以降には住宅購入のための消費者金融が商業銀行の手によって大規模に開始される[1]。

4. 住宅の生産

市場経済で住宅を生産している場合も，自動車生産のモデルを応用すれば，働いている人々の所得に，住宅に対する所有分が含まれていることが分かる。

消費財：70人×8h×270日×¥1＝¥151,200 ・生産量100セット ＠¥ 1,512
住　宅：30人×8h×270日×¥1＝¥ 64,800 ・生産量 4軒　　＠¥16,200
　　　1人の年間貨幣所得：¥2,160　　消費支出：1セット　¥1,512
　　　　　　　　　　　　　　　　　　貯　　蓄：　　　　　　648

上のモデルは自動車と住宅を入れ替え，生産量を4軒に変えただけで，他の条件は先ほどと同じであるから，各家族の貯蓄額も¥648である。ただし，今度は，住宅に対する個々の家族の所有分を意味している。自動車を所有するときの二番目の方法を用いれば，住宅も私的に所有できるが，自動車に比べて生産量が少ないため，高価格になっており，この例では25年も掛かる。とはいえ，人間の生活にとって非常に大切な住宅も，市場経済では，働く人々の協力関係によって所有する仕組みになっている。この仕組みを認識して，質の良い住宅建設へ切り替えて行くべきである。耐震構造偽装事件などは，市場経済の

仕組みに反したマンションの建設と販売である。

5. 住宅と街並み

マイホームという言葉は，私たちが住宅を私的所有物として見ていることを表しているが，建物の中から一歩外に出れば，他の住宅が目の中に入り込んでくる。住宅は一個人の生活環境を越えて，地域や社会全体の生活環境を構成しており，住宅から社会性を排除することはできない。とはいえ，住宅は個人の心安らぐ私的空間であるべきだから，私的所有を否定してしまうこともできないのである。では，社会的な生活環境と私的な生活環境という矛盾を解決する方法があるだろうか。

市場経済で生産した住宅を，自動車の場合と同じ方法で所有すれば，住宅は私的所有物に変わるが，別の方法を用いれば，住宅は社会的資産のまま管理することができる。その方法は次の通りである。

住宅メーカーは，建設した住宅を社会的資産のまま保有するために，所有証券を発行し，それと引き換えに個々人の貯蓄としての貨幣を得るようにする。そうすれば，貨幣形式が還流して住宅の再生産ができるだけでなく，住宅は社会的分業として住宅建設をする人々の管理下に置かれ，計画的にメンテナンスをすることができるようになる。

他方，貨幣を提供した個人や家族は，その貨幣と引き換えに住宅の所有証券を受け取るので，住宅に対する所有権の保障を得る。このようにすれば，住宅は社会的資産として維持されながら，その内部は個人や家族の私的生活空間として使用することができる。これは住宅に関して成立する，後述の市民的所有である。サブプライム問題で使われたローンの証券化，すなわち金融商品の売買との違いを認識すべきである。

美しい住宅地を通れば，そこに自分の住宅がなくても気持ちの良いものであるから，住宅を社会的資産に留めて，地震・台風に対して十分な強度を持ち，美しい街並みを形作るように，社会的観点から設計するのが，市場経済の仕組

みに合う方法である。もちろん，住宅の内部に関しては，個人の私的生活空間であるから，青年期に独りで住むときの広さ，子供のいる家族に必要な空間，老後の生活条件を組み込んだ住環境として建設すべきである。

次に，住宅の取得は自助努力でという考えについて言えば，(35頁の答の通り) 住宅は自助努力では所有できないのである。市場経済では住宅は社会的分業によって，つまり社会の力で建設されている。山から木材を切り出し，それを柱や板に製材する仕事も，さらに建築時に使うノコギリやカンナなどの道具を製造する仕事も，住宅の取得者個人の力ではできないのである。鉄筋コンクリートの高層住宅の場合も同じで，皆，他人の協力を得て家に住んでいる。自助努力という私的個人の狭い枠を越えて，社会の力で質の高い住環境を作って働く人々が暮らすのが，市場経済の精神であり，発展である。地震で倒壊した家屋は，社会の力で再建して行くのが市場経済の方法である。この共通認識に立脚して，その方法を実現する制度を確立するように進むべきである。

6. 資本財の市民的所有

ここで言う資本財は，各企業で用いる機械を初めとする労働手段である。

市場経済で貨幣を生産しているのは働く人々である。勤労者こそ貨幣を生み出す資本であるが，自分たちの身体だけで製品やサービスを生産することも，また生産性を上昇させて市場経済を発展させることもできず，どうしても労働手段が必要である。人々は労働手段に助けられて，自分たちの資本性を実現しているので，労働手段を資本財と表現するわけである。

その資本財が，労働する人々の身体の一部分になって，肉体が持つ力よりも強大な力を発揮すればこそ，現在の私たちの生活がある。そして，資本財は人々が生み出した貨幣に対して，その分け前をよこせとは言わないので，市場経済で働く人々は，協働して生み出した貨幣を，安心して自分たちの間で分け合うことができるのである。

資本財としては，工場の機械設備やそれを包む建物，鉄道やトラックなどの

運送手段，デパートやスーパーなどの店舗，ホテルの建物を含むサービス施設など，色々だが，ここではそれらを個別化せずに，資本財と一括する。資本財を実際に使用するときは電力等のエネルギーが必要だが，資本財の所有に認識の目を向けるために，エネルギーに関しては省略し，資本財を消費財と共に分業で生産している場合をモデルで示すことにする。と言っても，それは先ほどのモデルと基本的に同じで，単に住宅と資本財を入れ替えただけのものである。ただし，生産量はX台にしている。

消費財：70人×8h×270日×¥1＝¥151,200・生産量100セット　＠¥1,512
資本財：30人×8h×270日×¥1＝¥ 64,800・生産量　X台
　　　1人の年間貨幣所得：¥2,160　　消費支出：1セット　¥1,512
　　　　　　　　　　　　　　　　　貯　　蓄：　　　　　　648

　自動車や住宅と違って資本財は，私的所有物として人々が自宅で使用するものではなく，労働手段として企業で使用する。これは常識であるが，その所有権を持っているのは，社会的分業に従事する人々である。これは非常識であるけれども，上のモデルは，そうなっていることを表している。

　各家族には，今度も¥648の貯蓄ができる。この貯蓄¥648は資本財に対して，各家族がその所有権を持っているという意味である。貯蓄¥648を夫婦で折半すれば，¥324になる。資本財を直接生産している人も，消費財を生産している人も，家事労働を担当している人も含めて，各個人は資本財に対する所有権を貯蓄¥324という形で持つのである。資本財の生産モデルは，市場経済では，働く人々一人一人が資本財に対する所有権を持つ形が成立することを明らかにしている。これは，私的所有物の交換では実現しない所有関係である。

(1) 所有の二面性と市民的所有の内容

　ここで資本財と個々の勤労者の所有関係を改めて示すことにするが，この所有関係を，（私は）働く人々の「市民的所有」と呼ぶことにしている。

　　　資本財¥64,800＝社会的所有権（貨幣）¥64,800＝貯蓄¥324×勤労者200人

　上の式は，資本財¥64,800と共に，その社会的所有権＝貨幣¥64,800が生産されたこと，そして，その所有権が200に分割され給与に含まれ，市場経済で

直接・間接働く人，一人一人に手渡され，それが貯蓄になっていることを表している。この式は，社会的所有とは同時にその社会を構成する個々人の所有である，という重要事を明らかにしている。

社会的所有は同時に個人的所有だというのは，所有の二面性であるが，別に不思議なことではない。社会は個々人に分かれ，個々人は社会を構成しているからである。現実の資本主義経済で，この当たり前の所有関係が実現していないことこそが問題である。

所有の二面性は市民的所有を特徴づける。それは第一に社会的所有である。これは先に表した等式における資本財の金額と社会的所有権＝貨幣の金額の結び付きによって示されている。第二に，それは離れた関係である。樹木が大地を所有するように，資本財の特定部分を排他的（私的）に所有する関係ではない。資本財と貨幣は離れており，そして誰もが¥64,800のうち¥324を持っているという関係，すなわち全体の一部を所有しているという関係である。第三に，それは個々人による所有であり，国有でも，公有でもなく，また，各人に持分権の分割請求が認められている共有でもなく，各人に持分権が認められていない総有とも異なる所有関係である。

資本財に対する市民的所有こそ，働く人々を労働手段の所有者にする市場経済の核心である。リストラによる失業という不安を取り除き，安心して働くために，そして良い職場環境を作るためにも，資本財（や後述する公共財）に対する市民的所有を認識して，労働に基づく所有制度を確立すべきであると，市場経済は働く人々に歴史的使命を提起している。

(2) 貨幣から所有証券へ

資本財に関する市民的所有は，資本財と貨幣が分離した状態において明確に現れる関係であるけれども，両者は分離したまま放置されるわけではない。資本財は労働手段として企業で使用されるものであり，企業は市場経済の方法に従い，貨幣を使って資本財を入手しなければならないので，人々に貯蓄の提供を求める。貯蓄を持つ各個人も資本財が職場で使用されるものであることを認識しているので，その求めに応じて提供する。

人々から貨幣を受け取った企業は，その貨幣で資本財を入手する。そのとき貨幣と生産物は再結合することになるが，消費財の場合と異なり，社会的所有権は消滅せず，単に貨幣形式と別れ，資本財と結び付いて，資本財の生産企業からそれを使用する企業へ移動する。それによって資本財は社会的資産のまま企業が所有する形になる。この形が実現してから，資本財を使用する企業はその所有権を証券化して，貯蓄を提供した人々へ渡すのである。それによって，資本財に対する所有関係は固定する。他方，社会的所有権から離れた貨幣形式は，資本財の生産企業に戻り，資本財の再生産を支える。

　ただし，上の方法よりも，貯蓄を持つ人々が所有証券と引き換えに貨幣を企業に渡し，企業がその貨幣を使って資本財を入手する方が手短で，分かりやすい形になる。

　いずれにしても，企業と働いている人々の間には，次のような形ができる。

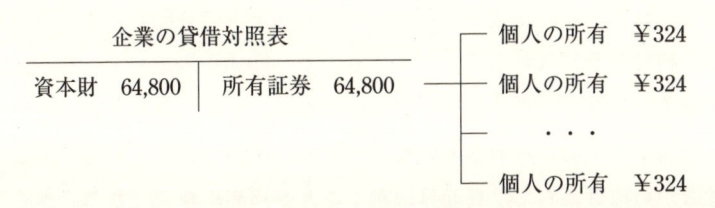

企業の貸借対照表			
資本財　64,800	所有証券　64,800	──	個人の所有　¥324
		──	個人の所有　¥324
			・・・
		──	個人の所有　¥324

　上の貸借対照表の左側に記載されている資本財に金額が付いているのは，生産物に価格が付いている形であり，資本財が社会的に所有されている資産であることを表している。企業は社会的生産組織であるから，その貸借対照表に掲げられた資産は，当然，社会の資産なのである。

　他方，右側の所有証券は資本財に対する社会的所有権の全体である。そして，その全体の部分を個々人が持っている形になっている。資本財に対する働く人々の市民的所有は，このように一方では社会的所有として，他方では市場経済で働く個々人の所有として二重に現れるのである（95頁参照）。

　資本財に対する所有関係が明確に認識できるようになれば，ショッピング・センターなどを，どこに，どの程度の規模で作るのかに関して，地域住民でもある働く人々が考えて決定できるようになる。また，企業の労働環境を整える

場合も，職場を子供や青年たちの教育のために使う場合も，従業員が自分たちの考えを組み込み，また活用する方向へ進むこともできるようになる。

(3) 資本主義経済での現れ方

しかし，現実の資本主義経済では，個々人の貯蓄としての貨幣が企業に提供されるとき，所有証券は用いられてはいない。私的所有によって市場経済が覆われているからである。間接金融方式の場合は，貯蓄の提供者と企業の間に銀行が介在した形の資金の貸借関係になる。直接金融方式では，企業が社債や株式を発行して人々から資金を調達する。社債は貨幣の貸借関係を表すものだから，むしろ市民的所有の否定である。株式は，株式会社の社員としての地位を表すものであり，資本財に対して用いるべきものではない（10章参照）。

さらに資本主義経済では，企業が発行した社債や株式を再び貨幣形式に戻す仕組みが組み込まれていて，株式等を流通させる証券市場が整備され，分業方式で運営されている。株式が売買されて株価が上下に変動し，その変動を利用すれば，利得を手に入れることができるので，株式市場をマネーゲームの場にして，ハイリスク・ハイリターンを合い言葉に，貯蓄の争奪戦がステークホルダーの間で日常的に行われている。そして一度儲けると，社会的分業の遂行など意識から抜け落ちて，真面目に働くことが馬鹿馬鹿しくなる。かくて市場経済が作り出す市民的所有は，株価が上がるか下がるか，つまり丁か半かの賽の目崩れになって行くわけである。

日本では1985年から1989年までの間に銀行の貸出残高は140兆円ほど増加し，それによって作られたバブルが1990年に崩壊したが，その熱狂の中で行われていたのは，貯蓄を奪い合うマネーゲームだったのである。バブルが膨張して行くときは，その中にいる人々は自分の資産が増加したように思い，したがってユーフォリア（euphoria：根拠のない幸福感）に酔うわけである。しかし，それが根拠のない幸福感であったことを，バブルが弾けてから知ることになる。バブル化したマネーゲームの勝負は，価格が下落していくときに決まる。その結果，他人の貯蓄を得て大儲けした人と貯蓄を失った多数の人々が生み出され，敗者の消費支出の減少を勝者の消費支出が埋めることができなけれ

ば，市場経済はデフレに転じて行く（2008年にアメリカのバブルが弾けて，世界がデフレの危機に直面したのである）。

（注）100万円の国債に付く1年間の利息が2万円で，市場の一般利子率が2％だとする。このとき，仮に，1株＝100万円の株式の持ち主に対して，5万円の利益配当が行われたとすれば，その株式は（5万円÷0.02＝）250万円の国債を持っているのと同じ価値を持つことになる。その株式を250万円で売却できたとすれば，150万円の利得が手に入るわけである。年々5万円の利益配当を150万円になるまで積み立てるとすれば，30年掛かるが，株式市場でうまくやれば，それがあっという間に実現する。株式を使って莫大な利得が得られることは，オーストリア生まれのマルクス経済学者で政治家でもあったヒルファディングが，1910年に出版した『金融資本論』の中で，創業者利得として，明らかにしている。IPO（株式新規公開）もストックオプションも，創業者利得を手に入れる方法である。真面目に物作りをし，それを手段にして利益を得るより，損益計算書の利益を操作して，株式を使って市場から利得を得る方が，手っ取り早く大儲けできるので，経済がマネーゲーム化する。そして，そうなるほど製造業が衰退することをアメリカ経済が教えている。

(4) 減 価 償 却

市場経済は勤労の経済であり，勤労に基づいて市民的所有が実現する経済であるにもかかわらず，人々にはこのような認識がないので，将来の生活のために貯蓄を殖やそうとして，ついつい目先の利益を求めて，マネーゲームに手を出すことになる。ところが，資本主義経済では，マネーゲームで失わずとも，資本財に対する貯蓄＝所有権は，次の方法で徐々に企業へ吸収されて行く。

例えば先のモデルで，消費財の生産企業は，資本財の取り替えに必要な貨幣を消費者から徐々に吸収して行くために，消費財1セットの価格を¥1,512ではなく，例えば¥72値上げして¥1,584で販売する。その結果，働く人々の貯蓄¥648は¥72だけ減少する。つまり個人の貯蓄が企業に移転して行く。これが減価償却といわれる方法である。

消費者の手を離れて企業に流入したその貨幣額は，減価償却費という衣装を着て，隠されたのも同然になる（6章の139頁の複式簿記参照）。こうして，毎年¥72が企業に吸収されると9年で個人の貯蓄はなくなる。ただし，資本財にも寿命（耐用年数）があり，寿命が尽きれば，それと共に働く人々が持っている所有権もなくなるから，結果的には同じことになるが，知らぬ間に貯蓄が

消えて行くのと，寿命が尽きたとき自ら所有権を消去するのとでは，意味が違うのである。

　個人が貯蓄として持つ資本財に対する所有権は，減価償却によって企業に吸収されて行くが，資本財は毎年生産されおり，その生産額が増加すれば，貯蓄の増加が生じる。また，資本財以外に公共財が生産されている場合は，その所有分も貯蓄に加わることになる。賃金の削減とは，これらの貯蓄部分を減らして，企業が取り上げることである。企業に吸収された個々人の貯蓄は，有価証券や土地の取得などに使われ，あるいは企業を支配する人々の報酬として流れて行く。

　市場経済の発展過程で，資本財を増産し，さらに社会資本を整備するために公共財を積極的に作り出して行くと，それに伴って個々人の貯蓄も増大して行くので，豊かになった感じがしてくる。しかし，資本財の所有から切り離されている限り，生活の不安は残るのである。その不安が明確に現れるのは，失業したときである。

　失業すれば，生活のために貯蓄を取り崩さなければならず，たちまち貯蓄は減り，生活の不安が現実のものになる。それとは逆に，資本財に対する個々人の所有権が確立していれば，住宅を所有している場合と同様，貯蓄が再び貨幣形式に変わらなくても，安心して暮らすことができる。それだけではなく，経済成長という名の自転車操業を続けて，大量生産→大量消費→大量廃棄→ごみの山を作る悪循環を回避することもできるのである。

　資本財の生産モデルで，資本財と土地を入れ替えれば，造成された土地に関しても市民的所有が成立することが分かる。また研究開発活動によって新しい知識を生み出した場合，その知識に関する所有権に関しても市民的所有が成り立つことになる。

7. 市民的所有と経済学

　市場経済では，資本財に対して市民的所有という独特の関係が成立すること

を明らかにしたが,経済学はまだこの認識に達してはいない。しかし,実在する関係がまったく認識されていないわけではなく,マルクスの見方や,ケインズが明らかにした投資＝貯蓄の恒等式は,市民的所有にかかわるものである。

(1) マルクスの見方

マルクスは,『資本論』の中で,次のように述べている。

> 資本主義的生産は,自然過程の必然性をもって,それ自身の否定を生み出す。これは否定の否定である。この否定は,私的所有を再建するわけではないが,しかし資本主義時代の成果—すなわち協業と,土地の共有ならびに労働そのものによって生産された生産手段の共有—を基礎とする個人的所有を再建する[2]。

マルクスが個人的所有について述べている箇所は,確かに注目に値する。しかし,個人的所有の内容およびその実現形式は『資本論』の理論構成からは明らかにならない。エンゲルスは,「社会的所有にはいるのは土地その他の生産手段であり,個人的所有にはいるのは生産物すなわち消費対象である」[3]と述べている。しかし,資本主義経済の土台である市場経済は,貨幣の形をとり,そして貯蓄の形を取って,マルクス・エンゲルスの認識よりも明確な形で,その所有関係を表している。市場経済が正常に発展するほど,資本財に対する社会的所有権が働く人々に分配されて貯蓄ができる。それゆえ,企業に対する私的支配を維持するために,働く人々に分配された所有権を取り上げるべく,バブルを作って貯蓄の移動を図るのである。そのときは,IT王国だとか金融立国というフィクションがバブルを仕組むためにマスメディアから流され,その大波に乗せられて持ち上げられた後,船酔いが始まるという次第である。

(2) ケインズの見方

ケインズは投資＝貯蓄という恒等式を次のようにして導き出している[4]。

所得＝生産物価値＝消費＋投資
貯蓄＝所得－消費
したがって,貯蓄＝投資

資本財の生産モデルを使って上の関係を表せば,次のようになる。

```
消費財  ¥151,200  →  消費
資本財  ¥ 64,800  →  投資あるいは貯蓄
合計    ¥216,000  →  所得
```

市場経済では，資本財とその社会的所有権＝貨幣が分離する。そのとき，資本財の方を見て投資と表現し，社会的所有権＝貨幣の方を見て貯蓄と表現した上で，投資の金額と貯蓄の金額は等しいと言っているわけである。

資本財の生産モデルを使って，「投資＝貯蓄」の本質的内容を明らかにしたついでに，乗数効果について述べておこう。

乗数効果とは，一定額の支出がそれよりも大きな所得を生み出すことである。この乗数効果を資本財の生産モデルを使って説明するために，企業が生産設備を増やすものとし，働き手も100人ではなく，外にもいることにする。

資本財を増産するに当たって，資本財部門では新たに人を雇用することにし，その人数を3人と仮定する。

新たに働き始めた3人は給与として貨幣を受け取り，その貨幣で消費財を購入するから，消費財の需要が増える。しかし，消費財は100人分しか作られていないので，3人分の需要に対応するために消費財も増産することになる。

消費財部門でも，残業して労働時間を増やすのではなく，新たに人を雇用することにすれば，その人数は7人になる。

資本財部門の雇用の増加が消費財部門の雇用を増加させるのは，分業＝協業だからであり，資本財の生産モデルを使って図解すれば，次の通りである。

消費財：70人	＋7人	＋¥15,120
資本財：30人	＋3人	＋ ¥6,480

¥21,600 ← 所得の増加

資本財部門と消費財部門の上のつながりを前提にして，次の計算が成り立つのである。ただし，ここで用いているモデルでは，貨幣所得の70％が消費財の購入に使われているから，平均消費性向は70％である。そして，新たに雇用された人たちの場合も，（社会全体に追加された）貨幣所得の70％が消費財

の購入に支出される，すなわち限界消費性向は70％であると仮定しておく．

 投資額：3人が1年間に生産する資本財の金額
    = 3人×8h×270日×¥1 = ¥6,480
 限界消費性向= 0.7（70％）→ 限界貯蓄性向= 1 − 0.7 = 0.3
 所得の増加= ¥6,480（投資額）÷ 0.3（限界貯蓄性向）= ¥21,600
 全体の雇用者数の増加= ¥21,600 ÷（8h × 270日）= 10人

 資本財部門における生産額の増加，言い換えれば新たな投資額¥6,480が，消費財の生産を¥15,120増加させ，合計で¥21,600の所得の増加を生み出した．すなわち投資額の3分の10倍の所得増加が生じたという計算結果になったわけである．

8. 公共財の市民的所有

 国家あるいは地方公共団体が財政支出によって建設する道路などの有形資産を公共財ということにして，社会的分業によって公共財が生産されている場合のモデルを，次に示すことにする．ただし，国家や地方公共団体の財政支出は税金と関係しているので，モデルの中に公的サービスを追加する．

消　費　財：75人×8h×270日×¥1 = ¥162,000 ・生産量108セット　@¥1,500
公的サービス：15人×8h×270日×¥1 = ¥ 32,400 ・生産量 X
公　共　財：10人×8h×270日×¥1 = ¥ 21,600

  1人の年間貨幣所得：¥2,160 消費支出：1セット   ¥1,500
             税　金：社会保障（消費財分）　120
                 公的サービス　　　　324
             貯　蓄：公共財　　　　　　　　216

 今度のモデルでは，消費財が108セット生産されている．就業できない人を仮定して，その社会保障のための供給量を8セットにしている．公的サービスは公務員が社会に提供するサービスである．公共財の内容は初めに述べた通りである．
 このような市場経済の中で働き暮らしている家族の場合，消費財1セットを市場から入手した後，手元に貨幣が¥660残る．しかし，その中から社会保障

のための貨幣を提供し，また公的サービスの支払いもする必要がある。それらの金額合計は¥444で，国家（や地方公共団体，以下では単に国家とする）に税金を納める形で渡すことになる。その後に残る貨幣¥216が個人の貯蓄になるが，その内容は公共財に対する働く人々の市民的所有である。

公共財に対しても，このように働く一人一人がその所有権を持つ形が生まれる。資本財と同様，公共財も社会的分業として生産されているからである。したがって，公共財の場合も，その生産を継続するためには，事業主になっている国家に貨幣形式を還流させて，キャッシュフローが実現するようにしなければならない。その方法として，資本主義経済では，税金として手渡すのでなければ，国債と引き換えに渡すことになる。国債と引き換えに渡す方法を毎年繰り返せば，国債の発行残高が増大して行くことになるわけである。

(1) 国家の累積債務の原因

日本国の借金は，09年6月末に860兆円を越えたそうである[5]。国民1人当たりでは約674万円の借金である。この膨大な借金の中に含まれる普通国債は554兆円で，国民1人当たり434万円になる。どうしてこんなことになるのであろうか。

一つは，社会保障や公的サービスを継続するのに必要な貨幣（や貨幣形式）を全額，課税方式で国家が得るのではなく，税収不足を補うのに，国債などを発行して借り入れるからである。社会保障は国家を介した援助であるから，社会保障のための貨幣（先の例では1家族当たり¥120）を提供する国民が，国家との間に貸借関係を作ったのでは，援助したことにはならないのである。公的サービスは，民間のサービスと同様，貨幣で得るもので，通常，公的サービスは時間の経過の中で使用・消費されていることになり，貨幣形式を税金として渡すことになる。しかし，国債を発行して借り入れれば，前述の通り債務が発生することになる。

もう一つの理由は，公共財の所有関係を貸借関係に変えているからである。公共財は，国民生活に役立つ公共の財として，国民が作り出している。その際，外国から借金をするわけではないから，日本国家が借金で困るようになる

はずがないのである。にもかかわらず，困った状態になるのは，市民的所有を貨幣の貸借関係にすり替えるからである。公共財に関して付言すれば，ダムや高速道路を作っても，反対に，破壊された山河を美しく再生しても，貨幣が生まれ貯蓄ができるのである。

税収不足に関して言えば，高額所得者や企業に減税をするからである。今まで税金として得ていた貨幣を借り入れる形に変えれば，財政赤字になるのは当然であり，その借入金に対して利息を支払えば，利息という形での税金の還付であるから，さらに赤字が増大することになる。その赤字を減らすために，地方への資金提供を減額すれば，地方の衰退の原因になるだろう。愛国精神が大切だと言いながら，日本の国土を大都市に限定して，地方は外国として関知しない政治は，国家の論理からも外れている。また赤字を埋める方法として国有財産を売却すれば，財政赤字は，国有財産を富裕者層に私有化させるための政治的演出だったということになる。

(注) 日本郵政の保養宿泊施設（「かんぽの宿」）のオリックスへの売却問題が，09年になって浮上してきた。土地代と建設費を含めて2,400億円の70施設が，109億円でオリックス不動産へ一括売却されるという話。その他，1万円で買い取られた鳥取県岩美町のかんぽの宿が半年後に6,000万円で転売された話[6]。デフレにしておけば，国有財産を安く購入できるのである。

小泉政権のときに，民営化，民営化と言われたが，「民営化」はprivatizationの訳語として使われている。privatizationの意味は，政府が所有している企業や事業を私企業に売ることである。国有財産を私的な財産に変えるのだから，勤労者は利益追求のために働かされるだけで，民である勤労者が経営側に回ることではない。

(2) 国の債務と国民の債権は同額

国の債務額がいかに多額であっても，外国からの借り入れがなければ，国民全体の債権額と同額である。したがって，相殺すればゼロになる。

先の公共財の生産モデルでは，市場経済で働く人々の所得は同じで，負担する税金も貯蓄額も同額である。その合計額は¥660であったから，国家が再生産のために，その全額を国債の発行によって得るとすれば，各人は国家に対し

て債権（¥660）を持つことになるけれども，国債の発行によって生じた国家の債務は，働く人々の債務になるから，1人当たりの債務額は先程の債権額と等しくなる。労働する人々の右手には債権額があって，左手には同額の債務額があるという関係になるので，相殺すればゼロになるのである。

　もしも債権の金額が所得格差のために個々人の間で異なる場合は，債権額に応じて国家の債務を負担することにすれば，これまた，債権と債務は相殺されてゼロになる。しかし，郵貯銀行や他の銀行に預け入れた貨幣が国債の購入に使われているのを知らずに，国債の保有額＝債権額と国家の債務額を相殺する国会決議により，あなたの貯金（預金）はゼロになりました，と通知を受けた日には，頭の中が真っ白になることだろう。もっとも，この方法を使えば，公共財に対する市民的所有もなくなってしまうことになる。公共財に対する市民的所有もまた意識の暗闇の中に沈んだままである。

　公共財に関する説明を終えるに当たり，これまでのモデルをまとめた形を示しておくことにする。数字は仮定のもので，平等な所得分配にしているので，各生産額を100人に等分した所得額の内容にしている。そして，1日の労働時間は省略し，1日＝¥1で計算している。

```
消 費 財：20人×270日×¥1＝¥ 5,400   100人分   @¥ 54
サービス：40人×270日×¥1＝¥10,800      〃       @¥108
耐久消費財：15人×270日×¥1＝¥ 4,050    〃       @¥ 40.5
資 本 財：10人×270日×¥1＝¥ 2,700      〃       @¥ 27
公 共 財：15人×270日×¥1＝¥ 4,050      〃       @¥ 40.5
1人の年間貨幣所得：¥270     消費支出：消 費 財  ¥ 54
                                      サービス   108   ¥162
                            貯　蓄：耐久消費財  ¥ 40.5
                                    資 本 財    27
                                    公 共 財   40.5   108  ¥270
```

　この最後のモデルに基づいて実現した個人の所得を見ると，社会の力で生産された消費財とサービスは，個々人の私的所有物として使用・消費される。他方，耐久消費財と資本財と公共財に関しては，市民的所有（この裏面は社会的所有）が成立している。市場経済は私的所有を総て否定する経済ではない。

人々は社会を構成する個人として，社会的性質と私的な性質を持っているから，その二つの性質が生産物の所有に表れるのである。

9. 労働の低賃金化

　社会的分業のまとめとして最後に掲げたモデルに，労働の低賃金化を組み込んでみよう。各生産部門において低賃金で働く非正社員の数は単なる仮定で，その合計数は30人，賃金は2分の1にしている。

```
消 費 財：14人×270×￥1  ＝￥3,780
          6人×270×￥0.5 ＝   810  計￥4,590  100人分  ＠￥45.9
サービス：28人×270×￥1  ＝￥7,560
         12人×270×￥0.5 ＝ 1,620  計￥9,180  100人分  ＠￥91.8
耐久消費財：10人×270×￥1  ＝￥2,700
           5人×270×￥0.5 ＝   675  計￥3,375
資 本 財：7人×270×￥1  ＝￥1,890
          3人×270×￥0.5 ＝   405  計￥2,295
公 共 財：11人×270×￥1  ＝￥2,970
          4人×270×￥0.5 ＝   540  計￥3,510
```

```
正 社 員70人：1人の年間貨幣所得＝￥270   支出：消 費 財  ￥ 45.9
                                             サービス      91.8
                                        貯蓄：           132.3

非正社員30人：1人の年間貨幣所得＝￥135   支出：消 費 財  ￥ 45.9
                                        残額            89.1
```

　上に示した通り，正社員の年間所得は￥270である。そして，消費財とサービスを購入した上に，耐久消費財（この中に住宅が入っていて）も，ローンを利用して購入することができ，さらに，貯蓄もできる。他方，非正社員の年間所得は￥135に過ぎず，消費財￥45.9を購入すれば，サービスを正社員と同じだけ購入することはできない有様である。正社員と同じだけサービスを購入すれば，今度は消費財の購入を一部断念せざるを得なくなる。耐久消費財（例えばパソコン）を購入しようとすれば，消費財やサービスの購入を減らさなければ

ならなくなる。住宅を購入する余裕はなく，親と同居して生活するか，安価な住居を借りることになるが，住居を賃借すれば，それだけ消費財とサービスの購入に使う貨幣は少なくなる。年間所得が低下するほど，非正規労働を続けるよりも，自衛隊（軍隊）に入る方が良い，あるいは刑務所に入る方が良いということになりかねない状態である。

では，財やサービスを生産する企業の方はどうなるであろうか。消費財やサービス部門は，正社員が購入するだけでは，支出に見合う売上収入は得られず，非正社員の購入も当然必要になるが，非正社員の所得総額が総て消費財とサービスに使われても，需要不足になる（それを補う正社員の支出は期待できないのだから）。所得を家賃の支払いに回せば，消費財やサービスの需要はさらに減少し，低所得者向けの低価格品を作るようにしなければならなくなる。

耐久消費財に関しては，それを購入する所得を十分得ている正社員が100人から70に減少し，70人の正社員が30人の非正社員の分を追加購入しなければ，非正社員の購買力の喪失は，耐久消費財の販売量を減少させる原因になり，その影響は資本財部門にも及ぶことになる。そして，国家の税収も減る。働く人々の非正社員化は，購買力をデフレ化（縮小）するので，その影響を企業側も当然受けるのである（9章14節参照）。

高度経済成長の中で生まれた日本人の総中流意識は，発展する市場経済の可能性，すなわち最後にまとめとして掲げたモデルを反映したものであったと考えれば理解しやすいはずである。ところが，それが非正社員化，低賃金化によってデフォルメされ始めたのであるから，当然，中流意識が崩れ，個人単位の競争を強いられるほど，人々は弱い個人に陥り，不安を抱えることにならざるを得ないのである。

注 記
1) 川合一郎編『現代信用論』下 有斐閣 1973年 34頁。
2) K.マルクス，資本論翻訳委員会訳『資本論』第4分冊 新日本出版社 1983年 1306頁。
3) F.エンゲルス，村田陽一訳『反デューリング論』(1) 国民文庫 大月書店 1971年 203-4頁。

4) J. M. ケインズ『雇用，利子および貨幣の一般理論』上　間宮陽介訳 2008 年 88 頁。
5) 日本経済新聞 2009 年 8 月 11 日。
6) 読売新聞 2009 年 2 月 6 日。

第5章

市場経済と複式簿記

1. 複式簿記の存在理由

　市場経済には，経済学よりも先に生まれ，経済学よりも実務に優れていて，神の御名の下に活動し始めた無口な申し子がいる。中世のイタリア生まれ，と史実に基づいて語られている申し子の名は，複式簿記である。

　社会的分業を協業として営む市場経済の方法は，2章で説明したように，貨幣と生産物の結合→分離→再結合である。この方法を認識の方法として転用しているのが，複式簿記である。それゆえ，企業は複式簿記を使うのである。市場経済を構成する企業数が数百万あるとしても，また，その仕組みを経済学が解明してくれなくても，企業は，市場経済の方法に従って活動しているか否かを，複式簿記によって確認して行くことができる。

　ただ残念なことに，働く人々が営利活動の手段として使役されているように，複式簿記も企業の損益計算の手段として用いられ，そういうものとして理解されている。かつて与謝野鉄幹は「簿記の筆取る若者に　まことの男君(おのこ)を見る」と詩(うた)ったけれども，簿記を学ぶ現代の若者はどうなのであろうか。と思いつつ，市場経済の方法が複式簿記として現れ，それが個別の企業で損益計算の手段として用いられる形，すなわち市場経済の会計的現象形式を述べて行くことにする。

2. 複式の意味

　複式簿記の「複式」は，目に見えない所有関係を見える形にしたものである。その1例を1章の冒頭で示したが，それ以外にも使用されている。ホテルのクロークルームに手荷物を預けたとき，預けた人と手荷物に同じ番号札を付けて複式の形を作り，荷物と所有者が離れても，双方が所有関係にあることを表すようにしている。コインロッカーの場合は，ロッカーと鍵に同じ番号が付く複式になっている。自家用車の（プレートの）番号は，持ち主の姓名と共に陸運局に届けられている番号と同じである。あるいは，番号ではなく自分の姓名をノートやスーツに付ける複式の形もある。結婚した男女の場合は，夫婦同姓という複式の形を用いている（複式の形にしないのが夫婦別姓である）。

　（注）　自然は英語で nature であり，人間は human nature である。女性は woman であり，男性は man である。いずれも複式の形が含まれている。

　上にいくつか例示したように，複式は所有関係を表す形として利用されている。しかし，例示した複式と，複式簿記の複式には異なる点がある。前者は私的な所有関係を表す複式であるのに対して，後者の複式は金額を用いて社会の所有関係を表すのである。円・ドル・元などの単位が例示しているように，金額は市場経済を営む社会を表している。金額を用いた複式は，市場経済が生み出す社会の所有関係を表す形式である。

3. 複式簿記の基本

(1) 仕訳の意味

　市場経済の方法が複式簿記であることを説明して行くために，次の4点をあらかじめ仮定しておくことにする。

　① 市場経済を営む協働社会が所有している貨幣形式＝現金は￥900である。

② 社会的労働が作り出した生産物の総額は¥900である。
③ 労働に従事した構成員へ貨幣¥900を分配する。
④ 貨幣¥900と引き換えに生産物¥900を渡す。

①**開始**　一つの社会が市場経済を営む場合，2章で述べたように，一定量の貨幣形式を所有していることが前提であり，基本である。それゆえ，市場経済を始めるときに，貨幣形式＝現金¥900を協働社会が所有している関係を示すと，次のようになる。所有関係を表すときは，左に所有対象を，右に人を置く。複式簿記の一般的な説明は，この形を前提にしているからである。

貨幣形式¥900 ―所　有―協働社会

協働社会の所有関係を認識することを会計と言う。それゆえ，社会を代表して会計活動を行う人を，会計担当者と言うことにすれば，会計担当者は上の所有関係を認識した上で，それを次のようにして複式の形で表す。

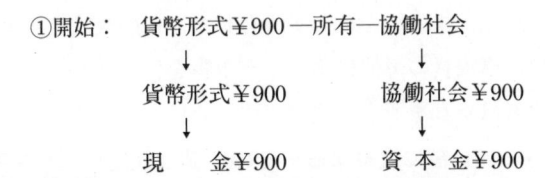

①開始：　貨幣形式¥900―所有―協働社会
↓　　　　　　　　↓
貨幣形式¥900　　　協働社会¥900
↓　　　　　　　　↓
現　　金¥900　　　資　本　金¥900

会計担当者は，所有関係の両端にあるものに同じ金額，この場合は貨幣形式の金額¥900を付けて，複式の形を作る（2章1節の図解も参照）。と言っても，社会に直接金額を付けるのではなく，その複式の形を帳簿に記入するので，複式簿記（double entry bookkeeping）と言うのである。

貨幣形式を現金，協働社会を資本金と言い換えたのは，日本では，そう表現しているからである。現金については問題ないであろうが，資本金という表現は，初心者の誤解の元になっている。資本の後ろに「金」を付けているため，現金とは別に，資本金という現金があると解釈するからである（借入金，売掛金，買掛金などもそうである）。

協働社会を資本金と表現するのは，協働社会が貨幣と生産物を生み出す母体だからである。その性質を資本と定めて，社会的分業を協業として行う責任を表すのである。これは個人の場合も同じである。単に個人の姓名だけでは，そ

の人が何をする人なのか分からないが，学生と表現すれば，学生としての性質を有し，学生として行動しなければならない責任がそれによって表明されているのである。

前記の社会的所有関係を表す複式の形を，等号は付けていないけれども，所有等式と呼ぶことにする。所有等式は複式簿記で必ず出てくる「仕訳」の内容である。複式簿記の最初の手順は，この所有等式を仕訳と称して，帳簿（ノート）に記入することである。それゆえ，その帳簿を仕訳帳と言う（帳簿に記入するときは金額欄を設けて記入するので，¥の記号は省略する。以下，同じ）。

仕訳帳に記入した所有等式「現金 900　資本金 900」は，現金と資本金すなわち協働社会が所有関係で結ばれた一対のものであることを表している。つまり仕訳は，社会的所有関係の存在証明であり，協働社会に現金に対する所有権（正当な所有者としての性質）があることを，証明しているのである。

②**結合**　今度は，生産物を社会が所有したときの複式簿記を示そう。

協働社会は，構成員の労働によって有用物を作り出し，その生産物を所有する。会計担当者はそれを所有等式で表すために，所有関係の実現に要した時間を計算し，さらに金額に換算する。その金額は仮定により¥900であるから，次の所有等式を作って，仕訳帳に記入する。

②生産：　生産物 900　　資本金 900

上の記録は，生産物と協働社会が所有関係で結ばれた一対のものであること，したがって，生産物に対する所有権が協働社会にあることの証明である。そして，こうして記録され証明されている生産物に対する所有権が貨幣であるから，②の所有等式は，生産物と貨幣が結合して生み出されたことを表しているのである。

③**分離**　貨幣を分配したときの複式簿記を示すと，次の通りである。

協働社会の構成員へ生産物を分配するときは，生産物と所有権＝貨幣を分離して，貨幣を先に分配する。分配の際，貨幣の授受を証明するために，所有権と貨幣形式を合体させて渡すので，協働社会（の金庫）から，貨幣形式である現金が流出する。つまり現金に対する所有関係が社会から個々人へ移る形で消

滅する。会計担当者は，次のように，現金を所有しているときの等式を逆にして，その消滅を表す所有等式を作成する。

　　　　　　　③貨幣の分配：　資本金 900　　現　金 900

　上記の所有等式を仕訳帳に記入した形は，現金と所有権の消滅を証明すると同時に，貨幣が生産物から分離して流出したことを表している。

　④再結合　最後に，生産物を渡したときの複式簿記を示すことにする。

　個々人が給与として得た貨幣を使って生産物を入手するとき，いったん分離した貨幣と生産物が再結合する。そのとき，生産物に対する社会の所有関係は個々人へ移る形で消滅する。しかし，現金が流入し，協働社会は再生産活動に必要な現金＝貨幣形式を再び所有する。したがって，会計担当者は生産物に対する所有関係の消滅と，現金に対する所有関係の実現を表す等式を作る。前者の等式は，生産物の所有を表す等式を逆にすれば良く，後者の等式は，最初の等式と同じであるから，次のようになる。

　　　　　　④生産物の分配：　資本金 900　　生産物 900
　　　　　　　現金の還流：　現　金 900　　資本金 900
　　　　　　　　　　　　　　　　　↓
　　　　　　　　　　　　　　現　金 900　　生産物 900

　上記二つの所有等式を仕訳帳に記入した形は，生産物と所有権が消滅したかわりに，現金と所有権を得たことを証明している。二つの等式を合算すれば，資本金 900 が消えて，矢印で示した等式になるが，それは貨幣と生産物との再結合を表す形である。

(2)　転記＝勘定記入

　仕訳帳に記入した①～④までの所有等式を続けて見ると，次の二つのことが明らかになる。一つは，異なる認識対象が現れること。もう一つは，同じ認識対象が現れては消えて，その金額が増減することである。社会的分業が作り出す生産物の種類が増えるほど，認識対象の数が増加し，また生産活動を反復すると，同じ認識対象の増減が繰り返し生じる。そのため，会計担当者は認識対象とその変化を個別的に把握する必要に迫られる。その方法として会計担当者

が仕訳の次に行うのが、転記すなわち勘定記入である。

仕訳帳とは別に帳簿をもう一冊用意して、所有等式＝仕訳に基づきながら、認識対象とその変化を別々に記録して行くのである。その合理的な流れを図解して示すことにする。

下に掲げた図の上部のTフォームと言われる形は、帳簿を見開いた形、あるいは1枚の紙面を中央から左右に分けた形を表している。したがって、最初のTフォームは仕訳帳を見開いて、①の所有等式を記入した形である。そのTフォームを矢印の通り二つに分けた形は、左に現金900、右に資本金900を記入した形を維持したまま、それらを2枚の紙面に別々に書いた形である。

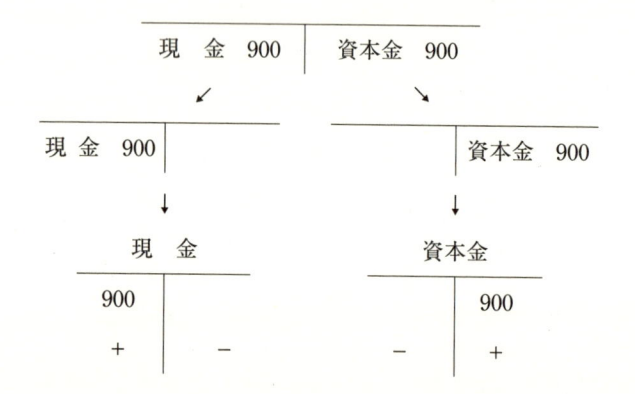

現　金　900	資本金　900

現　金　900			資本金　900

現　金		資本金	
900			900
＋	－	－	＋

その形をさらに矢印で示した形に変えると、現金勘定と資本金勘定が現れて、仕訳の結果を複式簿記に特有の勘定へ記入した形に変わる。こうして仕訳の形が勘定記入の形に転化するので、転記と言うのである。

上の展開図の最後に出てきた形を勘定と言ったが、それは1枚の紙面を中央から左右に分けた形を使って、（例示の通り）増加額と減少額を左右に書き分け、増加総額から減少総額を差し引いて差額＝残高を計算する形式として用いているからである。勘定形式に記入する認識対象、現金や資本金などを勘定科目と言っている。

現金勘定と資本金勘定とでは、増加額と減少額を記入する場所が逆になっているが、それは仕訳の形を図解した通りに展開したからである。現金勘定と資

本金勘定の増加・減少の記入法が，他の認識対象を勘定に記入する原則になる。現金と同じ所有対象の資産は，現金勘定と同じように記入し，資本金勘定の変形である負債勘定は資本金勘定と同じように記入する。なお，資本金勘定の記録を別紙に書いた形である収益・費用勘定の記入法は，次章で説明する。

このように，現金について記入する紙面を現金勘定，資本金について記入する紙面を資本金勘定と言い，仕訳帳とは別に用意した帳簿の中に別々に作る。この帳簿のすべての紙面は，色々な認識対象とその変化を記入する勘定形式として用いるので，総勘定元帳（略して元帳）と言う。

先に図解した通り，勘定形式を生み出す元は，所有等式を仕訳帳に記入した形であったにもかかわらず，仕訳帳の紙面には勘定という性質はない。したがって，展開図の上部の形からTフォームを消し去り，さらに作成しなくても良い中央の形を消し去ると，次のようにTフォームは勘定だけを現す形になる。上が仕訳帳に記入した形，下が仕訳の結果を総勘定元帳に転記した形である。一般には，仕訳と勘定記入をこのような形で表して，複式簿記を説明している。

```
仕　訳 →　　現　金 900　　資本金 900
転　記 →　　現　金　　　　資本金
（勘定記入）　　900　　　　　　　900
```

複式簿記で，先の②③④の所有等式を仕訳帳と総勘定元帳へ記入した形をまとめて示せば，次のようになる。

			生産物		資本金	
②生　　産：生産物 900　資本金 900						
③貨幣の分配：資本金 900　現　金 900			900	900	900	900
④生産物の分配：資本金 900　生産物 900			現　金			
現　金 900　資本金 900			900	900		

仕訳を転記した個々の勘定を見れば，金額の増加と減少が書き分けられているが，その理由は書かれていない。それゆえ，金額の前に理由を書くことにす

る。通常の複式簿記では，仕訳の相手勘定科目を記入するが，ここでは，金額を記入することになった活動を書いて，①〜④の勘定記入を下に掲げる。

現　金		資本金	
①開始 900	③分配 900	③分配 900	①開始 900
④還流 900		④分配 900	②生産 900
			④還流 900

生産物	
②生産 900	④分配 900

上の各勘定の左右に記入した金額をそれぞれ合計して，差額＝残高を計算し，残高のある勘定だけを取り出して示すと，次のようになる。

現　金		資本金	
④還流 900			①開始 900

この記入結果は，市場経済を営む協働社会のスタート時と同じ記入になっている。キャッシュフローが実現し，前と同じ再生産活動ができることを表しているわけである。

ところが，貨幣と生産物が再結合するとき，生産物の価格を引き上げれば，次のような状態が生まれる。仮に生産物の数量を90個とすれば，1個の価格は￥10である。それを￥15にすれば，貨幣と生産物が再結合したとき，社会から引き出された生産物の数量は60個＝￥600であるにもかかわらず，それが現金￥900の流入をもたらす。その差額￥300は所有権が行使されないまま流入した生きた貨幣を表し，生産物30個と社会の中で再結合した形になる。このとき，引き渡した生産物￥600と共に消滅した所有権を費用，かわりに流入した現金￥900に対する所有権を収益と言い，差額である所有権￥300を利益と言っている。利益は，3章11節で説明したように，市場経済を手段にして生産物を得る私有経済に吸収される。この社会の出来事が，各企業の損益計算として現れるのである。

4. 消費財と資本財の生産

　複式簿記の基本を説明するために用いた例では，生産物のすべてが構成員へ渡された。しかし今度は，消費財￥600と資本財￥300を分業方式で生産したと仮定して，生産物と共に生み出された貨幣が構成員へ分配された直後の，協働社会の状態を勘定形式で表してみよう。それは次のようになっている。

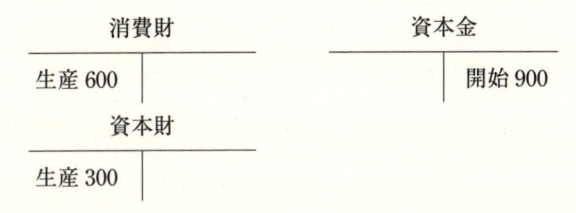

```
      消費財              |         資本金
  生産 600                |     開始 900
      資本財              |
  生産 300                |
```

　構成員が消費財のすべてを貨幣で入手したとき，協働社会に現金￥600が還流し，消費財の再生産ができるようになる。他方，資本財に関しては，現金は還流していない。資本財を（他国へ輸出するのではなく）協働社会で使用するときは，所有証券を発行して構成員から現金を得る。それによって，資本財と貨幣の再結合が実現し，資本財は協働社会の資本財として固定される。そして再生産ができるようになる。こうして，4章で説明した市民的所有，すなわち資本財を協働社会が所有すると共に，構成員個々人も所有する形が実現する。

　以上の成り行きの結果を勘定で表せば，次のようになる。

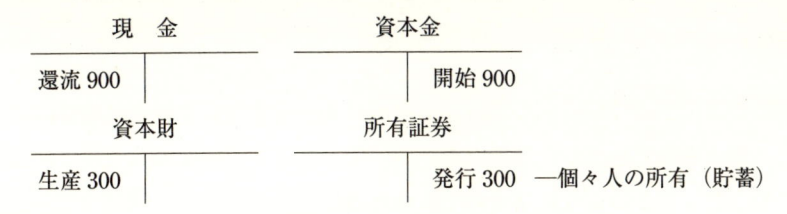

```
      現  金              |         資本金
  還流 900                |     開始 900
      資本財              |        所有証券
  生産 300                |     発行 300  ——個々人の所有（貯蓄）
```

5. 資本金勘定の分化

複式簿記で記入した資本金勘定の②③の記録は，貨幣＝所有権の生産と分配，つまり構成員の給与の生産と分配を表している。この給与に関する記録を資本金勘定から分離して，別の勘定で表し，その勘定科目を「給与＝所有権」とすれば，資本金勘定は次のように二つに分かれる。

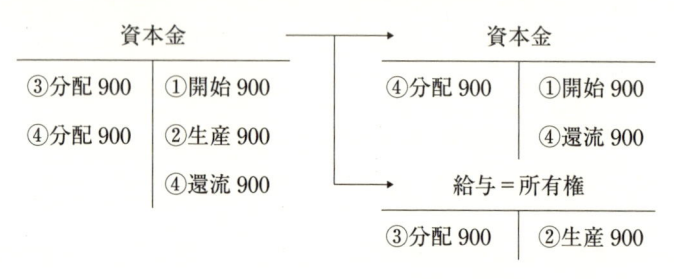

```
         資本金          →        資本金
 ③分配 900 │①開始 900      ④分配 900 │①開始 900
 ④分配 900 │②生産 900              │④還流 900
          │④還流 900    →   給与＝所有権
                          ③分配 900 │②生産 900
```

資本金勘定をこのように二つに分けると，現金・生産物・資本金・給与＝所有権の四つの勘定ができる。この四つの勘定を横に並べ，しかも現金勘定と資本金勘定で表される枠組みの中で，給与＝所有権と生産物が生み出される形にすれば，次のようになる。ただし，紙幅の都合で複式記入の順序を金額の前の番号だけで表すことにする。

現　金	給与＝所有権	生産物	資本金
①900 │③900 −分配−	③900 │②900 −生産−	②900 │④900 −分配−	④900 │①900
④900 ←·· 還　流 ··→			④900

四つの勘定を横に配列した形は，社会的分業を協業として行う市場経済の方法を，複式簿記で認識した形である。言い換えれば，市場経済の方法は複式簿記の形を取ってこのように勘定の上に現れる。

6. 水平的分業の勘定記入

　市場経済の方法が複式簿記になって帳簿の上に現れ出ることを示すために，社会的労働が作り出すものを単に生産物と一括した。しかし市場経済では，各企業が社会的分業を遂行して，異なる生産物を作り出している。それゆえ今度は，市場経済全体を部分すなわち企業に分け，各企業が特定の製品を同時並行的に生産する水平的分業の複式簿記を示すことにする。

　それは，次のように全体を部分に分けた形になる（数字は仮の金額である）。

現　金		給与＝所有権		A 製品		資本金	
①400	③400	③400	②400	②400	④400	④400	①400
④400							④400

現　金		給与＝所有権		B 製品		資本金	
①300	③300	③300	②300	②300	④300	④300	①300
④300							④300

現　金		給与＝所有権		C 製品		資本金	
①200	③200	③200	②200	②200	④200	④200	①200
④200							④200

　三つに分けた一連の勘定記入は，社会的分業としてA製品を生産する企業，B製品を生産する企業，C製品を生産する企業の活動を，各企業の会計担当者が先ほど説明した複式簿記で，勘定の上に写し出した形なのである。

　先に全体を示してから，その後で各部分を示したが，それは説明の仕方であって，全体と部分が別々に存在するわけではない。社会と個人の関係と同様，市場経済も個別企業の単なる集まりに過ぎないように見えながら，その全体性（貨幣性）は個々の企業の存在根拠をなす同一性として実在している。それゆえ，各企業は自己を資本金と規定し，同じ貨幣形式と複式簿記を使う同一性を

表すのである。市場経済の複式簿記は個別企業の根底に潜む見えない本質をなし，見える形で存在するのは，個別企業の複式簿記だけになる。

　その個別企業の複式簿記に関して，注意すべきは，企業の資本金は，私的所有権ではなくて，社会の所有権の受け持ち部分を表しているという点である。私企業という用語が広く使用されているから，特に注意を要するのである。

　確かに，現実の企業に目をやれば，企業の製品には企業名が記入され，企業敷地の門や建物に同じ企業名が表示されて複式の形を作っている。そして，製品に金額は付いても，企業名に金額が付いた形を見ることはなく，(資本主義経済の二重構造のために) 製品は私企業の所有物になっている。しかし，企業活動は複式簿記で記録されている。このことは，企業は本質的に私企業ではないという意味である。したがって，企業の社会的責任が問われるのである。

　各企業は，市場経済の部分として社会的分業を遂行し，社会的所有関係の一部を受け持ち，また作り出している。もしも，社会的分業を遂行できなければ，その企業は社会的所有関係の網の中から抜け落ち，市場経済の中に存在し得なくなる。それゆえ，市場経済を手段にして私的利益を追求する資本主義経済の企業で，複式簿記が羅針盤の役割を果たすのである。仮に，A 製品を生産する企業において，④の現金の還流 (売上による現金の流入額) が￥300 に止まれば，A 製品￥100 が残る。再生産活動が￥400 から￥300 へ縮小する方向へとズレ込む状態を，複式簿記は勘定に写し出す。アダム・スミスの「見えざる手」とは貨幣であると述べたが，貨幣の形式である現金の循環量が再生産活動の大きさを左右し，それを複式簿記が表すのである。

7. 垂直的分業の勘定記入

　垂直的分業とは，ある企業の製品が他企業の原材料になり，その他企業が原材料を加工して別の製品にし，消費者に渡すという社会的分業である。この複式簿記を示すことにするが，その前に，垂直的分業を企業内分業として行う場合の複式簿記の形を，A 製品の生産企業を用いて示すことにする。次頁の図の

①～⑦は一連の活動の複式記入を表す（数字は仮の金額である）。

現　金		給与＝所有権	材料（生産）		製　品		資本金
①400	⑥400	⑥400	②200	②200 ③200	③200	⑦400 ⑦400	①400
⑦400			④150	―材料加工活動― ④150			⑦400
			⑤ 50	―販　売　活　動― ⑤ 50			

　一つの企業の中で，材料を生産する分業，その材料を加工して製品にする分業，そして製品を販売する分業を行ったとき，それらの分業は協業を形作り，給与＝所有権を生み出す。そして給与の支払いと製品の引き渡しが行われる。その一連の活動を複式簿記で勘定の上に写し出した形である（工業簿記で用いる仕掛品勘定は紙幅の関係で省略している）。

　上の企業内分業を社会的分業に変えると，材料を生産する企業，材料を加工して製品を生産する企業，そして製品を消費者に渡す小売企業が別々に存在することになる。今度は，それらの企業の活動を複式簿記で写し出した形を示すことにする。

〈材料生産企業〉

現　金		給与＝所有権		製品（材料）		資本金	
①200	③200	③200	②200	②200	④200	④200	①200

受託証券（受取手形）	
④200	

表の右端に：④200（資本金欄）

　材料生産企業の活動を複式簿記で写し出したときの勘定記入は，水平的分業で示した形とほぼ同じだが，違うのは，材料を加工企業に渡したにもかかわらず，現金を受け取らずに，受託証券を受け取っている点である。市場経済では貨幣を持っている人は，社会的分業に従事した人たちで，材料を求めているのではなく，製品を求めているので，材料を生産しただけでは，現金は還流しないのである。そのために，材料の生産企業は加工企業に材料の加工を委託すると共に，（消費者から）現金を受け取って渡してくれるよう委託する。加工企業

はそれを受託したことを表す証券を作成して渡すのである。

ただし，資本主義経済では，市場経済を構成する企業間の委託・受託の関係が，単に支払いの約束をした手形の受け渡しとして現れるので，受取手形と括弧書きにしている。手形という支払いの約束書を用いない場合は，（売上債権を表す）売掛金になる。材料以外の生産物を他企業から入手して製造に使用したときも，材料の記入に準じた複式記入をする。

続いて，材料を加工する企業の活動を複式簿記で写し出した形を示そう。

〈加工企業〉　受託義務（支払手形）　材　料　　製　品

　　　　　　　　　　　200 ⋯ 200　200 →　200

　現　金　　　給与＝所有権　　　　　　　　　　　　　　　資本金

①150　③150　③150　②150　　　　②150　④350　④350　①150

　受託証券

④350　　　　　　　　　　　　　　　　　　　　　　　　　　④350

加工企業は，現金のかわりに受託証券を渡して，材料を受け取る。そのとき，材料の加工と現金の引き渡しを受託したことを受託義務として勘定記入する。ただし，資本主義経済では材料の受取時に，現金の支払いだけを約束した手形を作成して渡すので，括弧書きで支払手形としている。手形なしに支払いの約束をしたときは，（仕入債務を表す）買掛金の記録をする。

このようにすると，材料に関する社会的所有関係が材料生産企業から加工企業へ移る。加工企業はそれに基づいて材料に自企業の労働を結合させ，再度分離して次の企業へ製品を引き渡す。

加工企業が製品を小売企業へ渡すときも，消費者である協働社会の構成員から，現金を受け取ってくれるよう委託する。したがって，材料生産企業と同様，加工企業は小売企業から受託証券を受け取って製品を渡すので，受託証券（受取手形）と受託義務（支払手形）の二つが，加工企業の勘定に現れる。

最後に，加工企業のかわりに製品を消費者に渡す社会的分業を担当する小売企業の活動を，複式簿記で写し出した形を掲げることにする。

〈小売企業〉

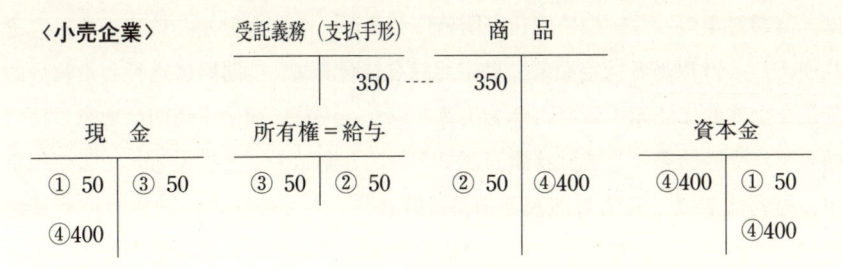

受託義務（支払手形）	商　品
350 ┄┄	350

現　金		所有権＝給与		商　品		資本金	
① 50	③ 50	③ 50	② 50	② 50	④400	④400	① 50
④400							④400

　小売企業も加工企業と同じように受託証券を渡して，製品を受け取る。そうすると，製品の社会的所有関係が加工企業から小売企業に移る。小売企業はそれに自企業の労働を結合して，製品を消費者へ渡す。この段階で，貨幣と生産物が最終的に再結合して，貨幣形式である現金¥400を小売企業が受け取る（記入④）。その中から現金¥350を受託証券と引き換えに製品の生産企業へ渡すと，その現金の中から¥200が，さらに材料の生産企業に渡されて，各企業で再生産ができるようになるわけである。企業内の分業が社会的分業として行われるときは，委託・受託の連鎖ができる形になるが，それは企業が互いに能力を所有し合って協業を形作っていることを表しているのである。

　次に進む前に，各企業の販売・管理活動について補足しておく。製造企業では，製造活動以外にも，生産物の販売を促進し企業活動全体を管理するために，他企業から生産物を入手して消費する。それら他企業の労働も協業を形作るので，その消費金額も材料と同様，製品勘定に記入すべきであるが，実際には，その記入を省略し，単に営業費用の発生を勘定に記入するだけである。小売企業で生まれる給与に関する記入も同じで，実際には，②の記入は省略している。しかし，②の記入をしたのと同じ結果が出るように，商品の価格を設定する。

8. 財　務　諸　表

　社会的分業の遂行に伴う所有関係の変化を，複式簿記で記録したときの個々の勘定は，会計担当者の分析的な認識結果を表している。分析的に認識すれ

ば，認識対象の一つ一つの変化が明確になるが，全体が分かりにくくなる。それゆえ，会計担当者は定期的に勘定記録を総合して，1期間に遂行した社会的分業を全体的に認識する。これを決算と言う。決算に関する説明は次章以後に回して，その結果として財務諸表ができることを示すことにする。ここで例示する財務諸表は，貸借対照表と損益計算書，そしてキャッシュフロー計算書（CF計算書）の3表である。社会的分業の遂行活動が複式簿記を介して，財務3表の形で現れてくることを，4節の例を用い，次の二つのケースを段階的に踏まえて示すことにする。

ケース1は市場経済の活動の記録である。社会的分業で生産した消費財￥600のうち，構成員が入手したのは￥400分で，￥200分は残っていると仮定する。資本財に関しては，所有証券を発行して構成員から現金を得たことにする。

〔ケース1〕

現　金		資本金	
①開始 900	③分配 900	③分配 900	①開始 900
④還流 400		④分配 400	②生産 600
⑤還流 300			②生産 300

消費財		資本財	
②生産 600	④分配 400	②生産 300	

所有証券	
	⑤発行 300

〔ケース2〕

現　金		資本金	
①開始 900	③分配 900	③分配 900	①開始 900
④還流 600	④分配 400		②生産 600
⑤借入 300			②生産 300
			④還流 600

消費財		資本財	
②生産 600	④分配 400	②生産 300	

債務証券	
	⑤発行 300

ケース2は市場経済を手段にして利益を得る活動の記録である。消費財￥400を￥600で販売したと仮定する。資本財に関しては，債務証券を発行して現金￥300を借り入れたことにする

上記の仮定に基づく各ケースの勘定記入は，上の通りとする。

いずれのケースも，五つの勘定を見るだけでは全体の様子は分かりにくいの

で，記録を総合し，1期間に行った社会的分業の全体を表すようにする。

ケース1は次の通りである。

実績表1		実績表2		責任能力表	
分配 400	還流 400	消費財の生産 −200		現　金 700	所有証券 300
		資本財の生産 −300		消費財 200	資 本 金 900
		所有証券の発行 +300		資本財 300	
		現金の減少 −200		1,200	1,200

　実績表1は，ケース1の資本金勘定から波線部を抜き出した形で，実現した生産物と貨幣の再結合を表している。

　実績表2は次の三つのことを表している。消費財を生産して現金¥200を支出したこと（将来に持ち越された再結合），資本財を生産して現金¥300を支出したこと，所有証券を発行して現金¥300を得，その資本財を協働社会の資本財として固定したことである。したがって，二つの実績表を合わせると，協働社会が遂行した1期間の活動実績の全体になる。

　責任能力表は，実績表の通りに責任を遂行した協働社会の能力を表すと共に，過去の活動によって新たに生み出された責任と能力を表す。この責任能力に関して補足すれば，次の通りである。

　右側は，社会的分業を協業として行う協働社会（各企業）の責任を表す。資本金は，貨幣と生産物を生み出す責任を，所有証券はそれによって得た資本財を（資本財として）使う責任を，（100・101頁の個別の企業単位で現れた）受託義務は，その義務を遂行する責任を表す。

　その責任を果たすためには，権利と能力が必要であるが，協働社会は左側に並ぶ社会的資産に対する所有権を持ち，さらに，その権利を行使して，市場経済を営む方法を知っている。したがって，左側の社会的資産を手段にして，市場経済を営むことができるわけである。協働社会は資本財を用いて生産物と貨幣を作り出し，現金を使って貨幣を分配し，（資本財である）店舗内に製品を保管し，天候に左右されることなく構成員へ製品を渡すことができる，等々。つ

まり，責任能力表は協働社会に実在する能力も表しているのである。
　ケース2の場合は，実績表1・2と責任能力表が次のような表現になる。

損益計算書		CF計算書	貸借対照表	
費　用 400	収　益 600	利　　　益 ＋200	現　　金 900	債務証券 300
(売上原価 400)	(売上高 600)	消費財の生産 −200	消 費 財 200	資 本 金 900
利　益 200		資本財の生産 −300	資 本 財 300	利　益 200
600	600	債務証券の発行 ＋300	1,400	1,400
		現金の増減　　0		

　損益計算書は，ケース2の資本金勘定の波線部を抜き出した形で，生産物と貨幣を再結合させる活動を，利益¥200を実現する方法として用いたことを表している。
　CF計算書は損益計算書に掲げられていない活動を表しているが，利益に相当する現金の流入があったことを示している。
　損益計算書とCF計算書を合わせると，利益を実現する手段として行われた1期間の活動実績の全体になる。
　貸借対照表は，その活動を生み出した責任能力を表すと共に，またその活動によって生み出された（それゆえ，利益を含む），再生産に関する責任能力を表す。ただし，債務証券は現金の返済責任を表すが，資本金＝純資産という定義が責任を表し得ない点に，（企業の）社会的責任が外部から問われる問題を含むことになる。
　以上，ケース1とケース2に分けて，市場経済の方法である複式簿記の記録から，財務3表が生み出されることを示した。現実の資本主義経済の企業は，社会的分業に基づいて利益を得る活動をしているので，ケース2の財務3表を作成することができるわけである。それゆえ，次章以降の説明の一助として，その財務3表の基本形を改めて掲げ，一般的説明を簡単に付記しておくことにする。

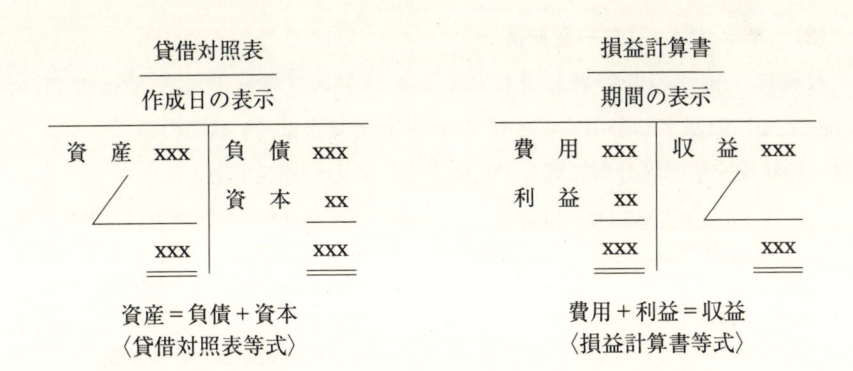

```
        貸借対照表                      損益計算書
       作成日の表示                     期間の表示
   ┌──────┬──────┐          ┌──────┬──────┐
   │資 産 xxx│負 債 xxx│          │費 用 xxx│収 益 xxx│
   │      │資 本  xx│          │利 益  xx│      │
   │      │      │          │      │      │
   │   xxx│   xxx│          │   xxx│   xxx│
   └──────┴──────┘          └──────┴──────┘
      資産＝負債＋資本              費用＋利益＝収益
      〈貸借対照表等式〉             〈損益計算書等式〉
```

(1) 貸借対照表

　貸借対照表という用語は理解しにくい専門語である。英語では Balance Sheet（残高表）と言う。Balance は勘定の残高を意味し，Balance Sheet の場合は，その作成日に実在する資産と負債と資本の各残高である。ただし資本は資産から負債を引いた差額，すなわち純資産であると説明している。

　左側に資産を右側に負債と資本を配置した貸借対照表は，決算日における企業の財政状態を表示している，というのが通説である。しかし，そう説明しても，貸借対照表（Balance Sheet）は，財政状態（financial position）という内容を表す適切な用語とは言えないので，国際会計基準では，財政状態報告書（Statement of Financial Position）という用語を使うように変わってきている。

　企業の財政状態とは資産と負債と資本（純資産）の関係で，その関係は「資産＝負債＋資本」という等式で表される。この等式は貸借対照表等式と言われ，通常は金額を省略して用いている。

(2) 損益計算書

　日本では損益計算書（Profit and Loss Statement）という用語を伝統的に使っているが，欧米では，所得計算書（Income Statement）と表現している。

　損益計算書は，企業の1期間の経営成績を表している，というのが通説である。そして収益と費用と利益の関係を「費用＋利益＝収益」という等式で表し，これを損益計算書等式と言っている。

(3) キャッシュフロー計算書

最後に，第三の財務表と言われるキャッシュフロー計算書（Cash Flow Statement）の基本形を示すことにする。CF計算書は，1期間のキャッシュフローの状況を活動区分別に表している，というのが通説である。

キャッシュフロー計算書 （損益計算書と同じ）期間の表示	
営業活動によるキャッシュフロー	xx
投資活動によるキャッシュフロー	xx
財務活動によるキャッシュフロー	xx
現金及び現金同等物の増減額	xx
現金及び現金同等物の期首残高	xx
現金及び現金同等物の期末残高	xx

キャッシュは現金という意味であるが，当座預金や普通預金に加えて，期間が3カ月以内の定期預金なども含めている。それゆえ，現金及び現金同等物という表現になっている。

上記の営業活動は，日々継続して行う社会的分業の遂行活動である。

投資活動は固定資産の購入と売却，有価証券の購入と売却などである。

財務活動は，資金調達のために行う株式や社債の発行および買い入れ，現金の借入と返済などである。

これら三つの財務表は，次のような関係になっている。

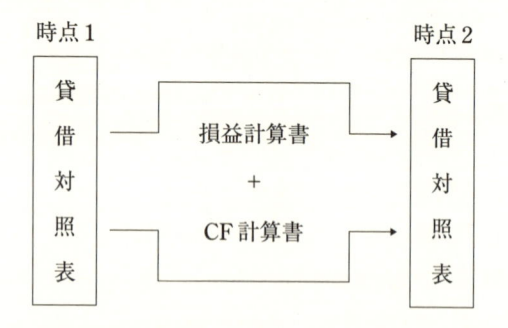

```
    時点1                        時点2
   ┌───┐                      ┌───┐
   │貸 │    損益計算書        │貸 │
   │借 │ ──────────→         │借 │
   │対 │       +              │対 │
   │照 │    CF計算書          │照 │
   │表 │ ──────────→         │表 │
   └───┘                      └───┘
```

時点1の貸借対照表が表わす状態に基づいて，損益計算書とCF計算書が表す活動を行い，時点2の貸借対照表が表す状態になったことを，財務3表は示している。したがって，損益計算書とCF計算書を合わせると，1期間の企業の活動実績の全体になる。その諸活動は，互いに無関係に行われているのでは

なく，相互に関連して経営方法を表している。その経営方法は当該企業の経営能力の現れである。市場経済の仕組みに基づいて言えば，経営能力とは社会的分業を遂行して生産物と共に貨幣を生み出し，その一部を利益として得る能力である。それゆえ，国際会計基準の会計概念の中で，次のように書かれているのである。

　財務諸表の利用者は経済的意思決定をする際に，現金及び現金同等物を生み出す企業の能力・タイミング・確実性を評価する必要がある。例えば，従業員や仕入先への支払い，利息の支払い，借入債務の返済，および配当は，結局のところ，企業の能力によって決定される。財政状態，経営成績および財政状態の変動を明らかにする情報が提供されれば，その利用者は現金および現金同等物を生み出す企業の能力を評価しやすくなる[1]。

9．借方と貸方

次章へ進んで行くに当たり，複式簿記の解説書で使われている借方と貸方という用語について，述べておくことにする。借方と貸方は，次のように仕訳と勘定に付けられている。

仕訳：　　（借方）現　金 900　　　（貸方）資本金 900
転記：　（借方）　現　金　（貸方）　（借方）　資本金　（貸方）
　　　　　　900　|　　　　　　　　　　　　　|　900

　この借方・貸方は簿記の専門語のように現在も使用されている。1枚の紙を左右に分けて，左に資産を，右に負債と資本を配置した表も，借方と貸方が左右に付いていることを前提にして，貸借対照表と言ってきたのである。
　ところが，借方と貸方は文字通りの意味をすでに失って，勘定形式の左側と右側を意味する記号に過ぎなくなっている。にもかかわらず，複式簿記の初心者の意識に借方・貸方という漢字が入り込み，そのイメージが災いして，躓きの石の役割を果している。借方は左だったか右だったか，と迷ったときに備

えて,「かりかた」の「り」は左はねで,「かしかた」の「し」は右はねである,という苦心の解説さえ生まれている。しかし,最善の方法は借方と貸方という用語の使用を止めることである。そうしても歴史的誤りになるわけではない。

複式簿記の歴史に関する研究は,貸借関係の記録から複式簿記が生成してきたことを明らかにしている。中世イタリアの銀行家は貸借関係を記録するとき,例えばAがBに¥500を貸し付けたとき,相手を主語にして「Bは¥500を与えなければならない (de dare)」と記録し,反対にAがBから¥500を借り入れたときは,「Bは¥500を受け取らなければならない (de avere)」と文章で記録した[2]。その後,文章の中から「de dare」と「de avere」が分離して,紙面の左側と右側を表す用語として使用されるように変わって行ったのである。

de dare	B	de avere	→	debitore	B	creditore
500		500		500		500

そしてさらに,de dare が debitore (債務者),de avere が creditore (債権者) と表現されるようになり,それが英語の debtor (debit),creditor (credit) になり,日本語で借方・貸方になったのである。確かに,「与えなければならない」「受け取らなければならない」と書くよりも,「借りた人」「貸した人」と書く方が分かりやすい。

しかし,貸借関係以外に,売買関係や資産の消費を同じ帳簿に記録するようになると,意訳が誤訳に変わったも同然の結果になって現在にいたっている。

簿記史の研究者によると,de dare = must give,de avere = must have である[3]。それゆえ,must を取り去れば,give と have になるが,give は have の反対であるから,行き着くところは「have (所有する)」になる。

複式簿記を生み出す働きをした貸借関係の元は所有関係である。所有関係に含まれていた貸借関係の記録が先に現れて,それに引き出される形で所有関係の実現と消滅が記録されるようになったわけである。貸借関係という特殊性は

所有関係という普遍性に含まれているので，借方・貸方を廃しても，複式簿記の歴史的発展に反するわけではなく，むしろ歴史的本質に合致するのである。

では，貸借関係の記録の歴史的意味は何かと言えば，それは人に金額を付ける形（人名勘定）を生み出し，組合企業や個人企業における資本金勘定を生み出したということである。

複式簿記史に関してもう一つ述べると，歴史的には勘定記入が先に行われ，その後，仕訳をするようになったのである[4]。これが，現在もなお，借方・貸方という用語が付いた勘定形式を前提にして，仕訳の説明をする理由である。しかし，次章で改めて説明する複式簿記の手順は，取引の成立を受けて，まず仕訳し，その結果を勘定に記入する。この順序関係からすれば，仕訳の形が勘定記入の形を生み出すのが論理的順序である。それゆえ，この章では，一般に使用されている借方・貸方を廃し，さらに仕訳の形が勘定記入の形へ転化することを，事前に明らかにしたわけである。

注 記

1) IASB, Framework for the Preparation and Presentation of Financial Statements, *International Financial Reporting Standards*, 2009, paragraph 15.
2) 泉谷勝美『スンマへの径』森山書店 1997年 33頁。
3) 泉谷勝美『複式簿記生成史論』森山書店 1980年 5頁。
4) 泉谷勝美『中世イタリア簿記史論』森山書店 1964年 8月, 332-43頁。

第6章 商業簿記
―仕訳と勘定記入―

1. 基本手順

　市場経済の方法の中間に位置し，貨幣と生産物の再結合の実現に努める商人の簿記として，複式簿記は歴史的に発展してきた。そのために複式簿記の説明は，個人企業家が小売業を営む場合の商業簿記から始めるのが伝統的な方法になっている。小売企業の複式簿記については，その簡単な形を101頁で示したが，改めて，個人が営む小売業の複式簿記を説明して行くことにする。市場経済で働く人々は，形式上は個人企業家ではないけれども，実質的には社会的分業の遂行者であり，その活動が複式簿記として現れるのである。

　複式簿記の手順を先に示せば，次の通りである。

　　企業活動＝取引の実現 → ┌─── 複式簿記の手順 ───┐
　　　　　　　　　　　　　　│ 仕　訳 → 勘定記入（転記）→ 決　算 │

　複式簿記の基本は，歴史的に使ってきた帳簿を用いる方が分かりやすい。基本となる帳簿は2冊で，1冊を仕訳帳，他を総勘定元帳と言う。大学ノートを2冊用意して，1冊は仕訳帳，他の1冊は総勘定元帳と名付け，それらを用いて上記の順序で企業活動を記録して行く，と理解すれば良いのである。歴史的には，日記帳が使用されたということだが，今日では日記帳は使用しない。その代役を務めているのは，取引を表す文章である。

2. 仕　　訳

　複式簿記を始めるには，認識すべき企業活動を先に行わなければならないので，企業活動をする人を，「日野本　光」氏にして，日野本氏が光商店を開業（創業）したときから始めることにする。企業活動は時間の経過の中で行われるので，活動を帳簿に記入するときは，その年月日も含める。しかし，年月日の記入は簡単であるから，以下では年月日のかわりに，活動の発生順序を①②③と番号で示すことにする。
　①　開業：現金￥800を元入れして光商店を開業した（現金￥800を持って開業した）。
　簿記学では，記録すべき企業活動を取引と言うが，火災による建物の焼失，現金や商品の盗難も簿記上の取引に含る。その共通項は社会的所有関係（以下，単に所有関係と言う）の変化である。それを取引と称して複式簿記で記録するのである。
　したがって，①の開業取引を複式簿記で記録するときは，前章で説明した通り，まず所有関係を確認する。それを図解すれば，次の通りである。

　　　　　　　　　現金￥800　―所有―　日野本　光

上の所有関係を所有等式で表す。そのときは，所有している現金の金額を日野本光にも付けて，次のように複式の形を作り，さらに「日野本光」を「資本金」と書き改める。

　　　　　現金￥800　日野本　光￥800　→　現金￥800　資　本　金￥800

これが複式簿記の最初の手順である仕訳の形である。
　「日野本光」を「資本金」と書き改める理由は，私的生活者としての日野本光と企業人としての日野本光を区別するためである。小売業を営む日野本氏は，消費者の代わりに，メーカーから製品＝商品を受け取り，それを消費者に手渡す社会的分業を遂行すると共に，貨幣を生み出す社会的協業＝総資本を構成する一員になる。それゆえ，自分を資本金と表すのである。現金も，私的生

活を営むための現金と区別する。ただし，市場経済を営む社会が用意すべき現金を，日野本氏は自己の私的な資産から転用する方法で用意したのである。社会的分業は消費者重視の意識を生むが，私的資産を転用して企業を営む仕方は（株式会社の場合も），倒産に伴う損失が自己責任になることと相まって，私的利益の追求意識を強め，企業活動をその手段にする。このことが複式簿記で使う用語にも現れれて，複式簿記の社会性が理解しにくいのである。

日野本氏は，光商店の開業時に存在する所有関係を所有等式，つまり複式の形にして仕訳帳に次のように記入する（ただし，金額に関しては前章の注記の通り¥の記号は省略する。一般的には，仕訳の下に取引を簡単に小書きするが，小書きは省略する。以下同じ）。

現　金 800　　資本金 800

3. 勘　定　記　入

複式簿記の次の手順は，仕訳帳に記入した仕訳を総勘定元帳へ転記することである。仕訳すなわち所有等式の左辺と右辺の認識対象を別々に記録するために，総勘定元帳を用いて，現金について記入する場所＝勘定と，資本金について記入する勘定を別々に作る。そして，次のように，仕訳の左側にある認識対象の金額は左側に，右側にある認識対象の金額は右側に転記＝勘定記入する。

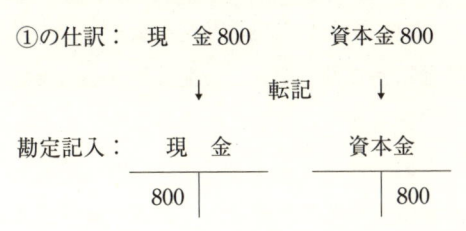

①の仕訳：　現　金 800　　　資本金 800
↓　　転記　　↓
勘定記入：　現　金　　　　　資本金
800　|　　　　800　|

ただし，上のように勘定記入しただけでは，なぜ，その金額を記入したのか分からなくなるので，次のように，その理由を書くことにする。左側は複式簿記の基本を説明して行くために作成した形であり，右側が一般的な形である。

114　第6章　商　業　簿　記

〔説明用の勘定記入〕　　　　　〔一般的な勘定記入〕

```
    現　金              資本金              現　金              資本金
開業 800          |          | 開業 800   資本金 800 |          |          | 現金 800
```

　一般な形は，金額の前に仕訳の相手勘定科目を書いている。相手勘定科目が複数あれば，諸口と書く。しかし，そうせずに説明用の形にしたのは，損益計算書やキャッシャフロー計算書が生まれてくる元が，一般的な記入法では理解できないからである。

4.　決　　算

　企業活動の成果である取引が成立する度に，仕訳帳で取引の仕訳をして，その結果を総勘定元帳に転記する作業を，一定期間，繰り返し行う。そして，その期末に記録を総合する決算をする。先の二つの勘定記入に基づいて決算すると，その要点が分かりやすくなる。下に掲げたのは，その図解である。

```
        現　金                                     資本金
開業 800 |                                              | 開業 800
        └──────→ 現　金 800 | 資本金 800 ←──────┘
```

　上の図は，別々の勘定に記入した現金と資本金を一つの勘定に集合した形を表している。これは仕訳から勘定記入へと進めた手順の反対で，勘定記入から仕訳の形へ戻る手順であるから，無駄な作業のように見えるけれども，これが決算の基本である。取引を仕訳するときに作った所有等式を，今度は一つの勘定の上に集合し，企業の所有関係を総合的に認識するのである。
　二つの勘定を一つに集合する順序をさらに図解すれば，次頁の通りである。
　Ⅰ：総勘定元帳の未記入の紙面を開き，上部に残高と書いて残高勘定を作る。

〔Ⅰ〕

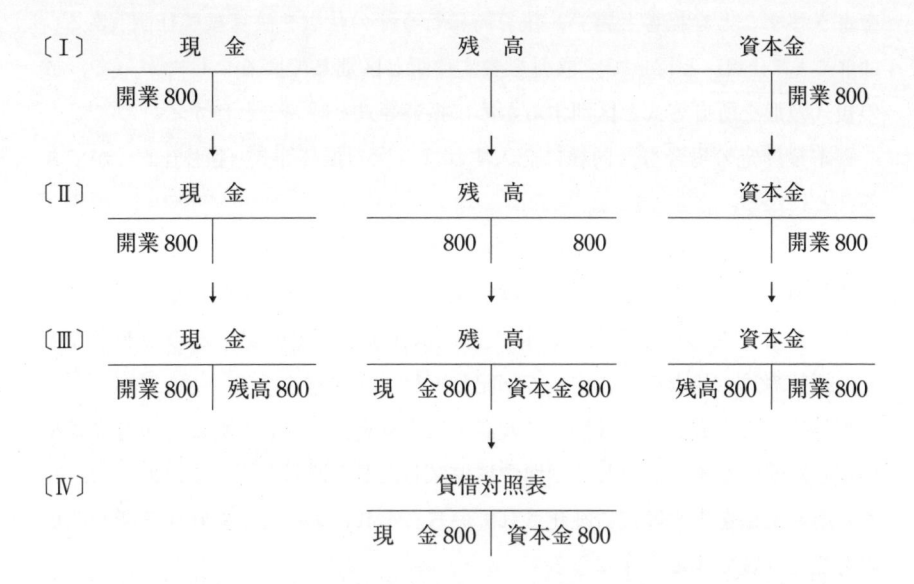

現　金		残　高		資本金	
開業 800					開業 800

↓　　　　　　　　↓　　　　　　　　↓

〔Ⅱ〕

現　金		残　高		資本金	
開業 800		800	800		開業 800

↓　　　　　　　　↓　　　　　　　　↓

〔Ⅲ〕

現　金		残　高		資本金	
開業 800	残高 800	現　金 800	資本金 800	残高 800	開業 800

↓

〔Ⅳ〕　　　　　　　貸借対照表

現　金 800	資本金 800

Ⅱ：その残高勘定に，現金勘定の残高（左右の金額の差額）と資本金勘定の残高を書き移す。現金勘定の記入金額は左側が800，右側はゼロである。したがって，差し引きした現金の残高は800で，左側にあるので，残高勘定の左側に書き移す。資本金勘定の残高も同様に残高勘定に書き移す。書き移せば，現金勘定の左側の金額と資本金勘定の右側の金額は消えることになるが，帳簿記入の誤魔化しをしないために，ペンで消えないように書いているので，それを消し去る工夫が必要になる。

Ⅲ：消えずに残っている金額を複式簿記で消去する方法である。現金勘定の左側の800を消去するために，右側に800と書く。そうすれば，左側は＋800，右側は－800になり，差し引きすればゼロになって記録が消えることになる。その結果，現金勘定の左側にある残高800が右側に出て残高勘定の左側へ移った形ができて，次の複式記入を成立させる。

　　　　　　残　高 800　　現　金 800

　この複式は，所有関係を表す所有等式ではなく，ある勘定の金額を他の勘定に書き移す等式の形になっている。簿記学では，ある勘定から他の勘定へ金額

を書き移すことを振替と言い、決算時に行うその仕訳を決算振替仕訳（あるいは単に決算仕訳）と言って、取引を表す仕訳と区別している。したがって、この複式の形を所有等式と区別するために振替等式と呼ぶことにする。

資本金勘定の場合も、同様に記入すれば、次の振替等式（振替仕訳）ができることになる。

資本金 800　　残　高 800

決算の要点を図解するために、勘定記入を先に示し、結果的に振替等式が成り立つことを明らかにしたが、複式簿記は仕訳をして転記するのが順序なので、振替等式＝仕訳を先に作って転記して行く。

振替等式を作成して、各勘定の残高を残高勘定に集合した形は、所有等式を再現した形になる。ただし、期間中に消滅した所有関係を除いて、期末に存在する所有関係を表す等式に純化されている。それによって、実在する所有関係の有様を一覧できるようになる。

Ⅳ：残高勘定に基づいて貸借対照表を作成したことを表している。つまり、貸借対照表（balance sheet）は残高勘定（balance account）に基づいて作成するのである。開業したときに作った貸借対照表を開業貸借対照表と言うが、単に貸借対照表と言う場合は、期間毎に決算をして作成した貸借対照表のことである。

決算は、一定期間（例えば1年、半年、四半期＝3ヵ月）の期末に行うが、いつの時点でも決算して貸借対照表を作成することができる。

5. 商品の仕入と売上

開業取引だけを用いて、複式簿記の基本を説明したが、光商店はまだ社会的分業を遂行していないので、その活動を行い、複式簿記による記入を続けることにしよう。次の②③は、社会的分業を遂行する取引である。前章では、メーカーから製品を得るときに受託証券を使ったが、この点に関しては、8章の負債の説明まで持ち越し、この章ではすべて現金を用いることにする。

②仕入：商品¥300（@¥10×30個）を仕入れ，同額の現金を支払った。

③売上：商品¥250（25個）を，¥450（@¥18×25個）で売り上げ，同額の現金を受け取った。

　メーカーと光商店の間で行われる企業間の分業は，排他的な競争ではなく，その反対の協業を形作るが，自分の資産を投じて企業を立ち上げた日野本氏からすれば，利益を得るための商品の仕入と売上（販売）という認識になる。

　②の取引が行われたとき，企業間で貨幣と生産物の再結合が実現した形になり，現金に対する所有関係が光商店から仕入先の企業へ移り，商品に対する所有関係が光商店に移ってくる。この変化を光商店では，現金に対する所有関係の消滅と商品に対する所有関係の実現として認識し，所有等式を二つ作る。現金に対する所有関係の消滅を等式で表すときは，現金の所有を表す等式を逆にすれば良い。ただし，金額は支出額の¥300を用いて，次のようにする。

　　　　　　　　　資本金 300　　　現　金 300

　もう一つの商品に対する所有関係の実現は，現金の所有を表す等式を応用する。このとき商品に付ける金額も，現金の支出額を用いる。そして資本金にも，その金額を付ける。したがって，次の所有等式になる。

　　　　　　　　　商　品 300　　　資本金 300

　（注）　商品に付ける金額は，仕入に要した支出額で，仕入原価と言う。運送業者に搬送してもらって払った運賃も仕入原価に算入する。社会的分業は，同時に協業すなわち労働の結合であるから，合算するのである。

　②の仕訳を転記するとき，新たに商品勘定が必要になるので，総勘定元帳に商品勘定を作る。各勘定への転記は，次の通りである。

現　金		資本金	
開業 800	仕入 300	仕入（現金）300	開業　　　　800
			仕入（商品）300

商　品	
仕入 300	

　各勘定の金額の前に記入した用語は，記入理由を表すメモである。資本金勘

定の左側の「仕入（現金）300」は，仕入活動によって，現金に対する（光商店が受け持つ）社会的所有権が消滅したという意味である。右側の「仕入（商品）300」は，仕入活動によって商品に対する社会的所有権を得たという意味である。

続いて，③の取引の仕訳をすることにしよう。③の取引の内容は，企業と消費者の間で実現した貨幣と生産物の再結合である。したがって，商品￥250に対する所有関係が消滅し，代わりに現金￥450に対する所有関係が実現する。その所有関係の変化を表す所有等式を二つ作る必要があるが，①と②に関する知識を使って，次のように作れば良いのである。

　　　　　商品の引渡：　資本金 250　　商品 250
　　　　　現金の受取：　現　金 450　　資本金 450

この仕訳を転記するときは，新たに設けなければならない勘定はないので，すでに作っている勘定に次のように記入する。

```
          現　金                          資本金
   開業 800 │ 仕入 300      仕入（現金）300 │ 開業        800
   売上 450 │               売上（商品）250 │ 仕入（商品）300
                                           │ 売上（現金）450

          商　品
   仕入 300 │ 売上 250
```

商品の売買が終わったところで，決算をしてみよう。総勘定元帳の頁を繰りながら，企業活動の結果を知ろうとしても，分かりにくいので，すでに説明した決算の方法を使って各勘定の残高を，残高勘定を設けて一カ所に集める。そのための振替仕訳は次の通りである。同じ側の残高の金額は矢印のように一括するが，転記するときは，諸口と書かずに相手勘定科目を一つずつ書く。

　決算（振替）仕訳：残　高　　 950　現　金　 950　→　残　高　1,000　現　金　 950
　　　　　　　　　　残　高　　　50　商　品　　50　　　　　　　　　　　商　品　　50
　　　　　　　　　　資本金　1,000　残　高　1,000　　　資本金　1,000　残　高　1,000

〔転　記〕

```
       現　金              　　　　　　　残　高              　　　　　　資本金
開業  800 │仕入  300      現金  950 │資本金 1,000    　　　  │仕入（現金）300    開業         800│
売上  450 │残高  950      商品   50 │    ／             　　 │売上（商品）250    仕入（商品） 300│
     1,250│     1,250          1,000│     1,000     　  残高 1,000           売上（現金）450│
                                                            1,550               1,550
```

```
       商　品
仕入  300 │売上  250
    ／    │残高   50
     300  │     300
```

　残高勘定に基づいて貸借対照表を作成すれば，次の通りである。光商店が決算時に所有している資産全体が良く分かるようになる。しかし，社会的分業の遂行活動は表されていないし，日野本氏にとっては，それによって実現したはずの利益も表示されていないのである。

```
            貸借対照表
       現　金  950 │資本金 1,000
       商　品   50 │    ／
              1,000│      1,000
```

　利益の金額を知るには，115頁の開業貸借対照表の資本金¥800と今度の貸借対照表の資本金¥1,000を比較する必要がある。2時点の所有権の金額を比較すれば，自企業が受け持つ所有権の増加額が分かる。しかし，比較して利益の大きさが分かっても，その利益を生み出す手段である社会的分業の遂行活動は，貸借対照表だけでは分からないのである。

6．損益計算書の作成

　光商店の企業活動を複式簿記で写し出したとき，資本金勘定には，それらの

活動がすべて記入されている。企業活動をする人（あるいは協働組織）を表す勘定であるから，その記録を見れば，利益を生み出す活動が分かるのである。

```
              資本金
          |  開業        800
 仕入（現金）300 | 仕入（商品）300
 売上（商品）250 | 売上（現金）450
```

それゆえ，再度，資本金勘定を上に掲げたわけである。ただし，活動を見やすくするために，資本金勘定の左の記録を1行下げ，右の記録と対照できるようにしている。

資本金勘定には，商品¥300を他企業から受け取り，そのうち¥250分を消費者に手渡す社会的分業を遂行したことが記録されているが，商品を消費者に渡すときに，価格を（¥250＋¥200＝）¥450にしたので，消費者が持つ¥200の貨幣が権利を行使されないまま光商店に流入したことも，実は表しているのである。しかし，日野本氏は資本金勘定の記録を次のように解釈する。

左側の最初の記入「仕入（現金）300」は，現金に対する所有権を犠牲にして，商品を仕入れたのだから，その記入は**原価**（コスト：犠牲，放棄）を表している。その右側の「仕入（商品）300」は，現金に対する所有権を犠牲にして得た商品に対する所有権だから，その金額も原価の大きさを表している。

左側の下の記入「売上（商品）250」は，消費者に渡した商品に対する所有権の消滅を表しているが，同時に，その商品を仕入れたときに生じた，現金に対する所有権の犠牲も表しているので，原価と区別して**費用**と認識する。費用には，現金に対する所有権の消滅と，現金を手放して得たものが使用・消費されて無くなり，その所有権も消滅したという二つの意味が含まれている。その右側の記入「売上（現金）450」は，商品の販売によって実現（し増加）した，現金に対する所有権を表している。これは利益を含む収入によって実現したので**収益**と認識する。

企業人としての活動を表す資本金勘定の記録を，日野本氏のように解釈した上で，その記録の一部を別紙つまり別の勘定に書くようにすれば，利益を計算

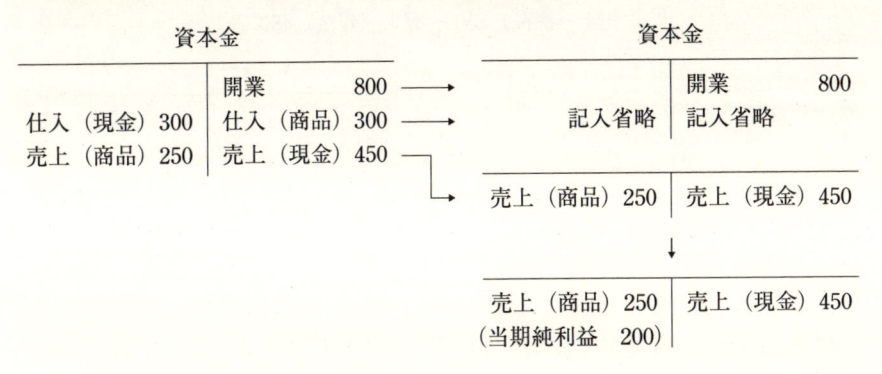

する形が現れる。下に掲げたのは，その図解である。

資本金			資本金	
仕入（現金）300	開業　　　800	→	記入省略	開業　　　800
売上（商品）250	仕入（商品）300	→		記入省略
	売上（現金）450	↘		
			売上（商品）250	売上（現金）450
			↓	
			売上（商品）250	売上（現金）450
			（当期純利益　200)	

　上の図は，資本金勘定の記録の中から，「売上（商品）250　売上（現金）450」を分離して別の勘定に書くようにしたために，資本金勘定が二つに分かれたことを表している。ただし，上部の資本金勘定は，仕入に関する左右同額の記録を省略して，開業の記入だけにしている。他方，分離した勘定では，費用と収益が左右に記入されていて，その差額として利益を計算できる形になっている。これが105頁の損益計算書の元になる形で，損益勘定と言う。しかし，資本金勘定から生まれ出た損益勘定は，原始的で洗練されていないので，垢抜けする工夫が必要になる。

7. 仕訳の工夫

　損益計算書の元になる損益勘定を資本金勘定から独立させれば，利益を生み出す活動が分かるようになるが，どうすれば，損益勘定を資本金勘定とは別に作ることができるのであろうか。損益勘定を作る前の形をあらかじめ作っておくのである。1枚の紙の左右に書いた記録を，2枚の紙を使って別々に記録するという方法を使えば，次頁のように損益勘定を作る前の勘定記入が現れる。

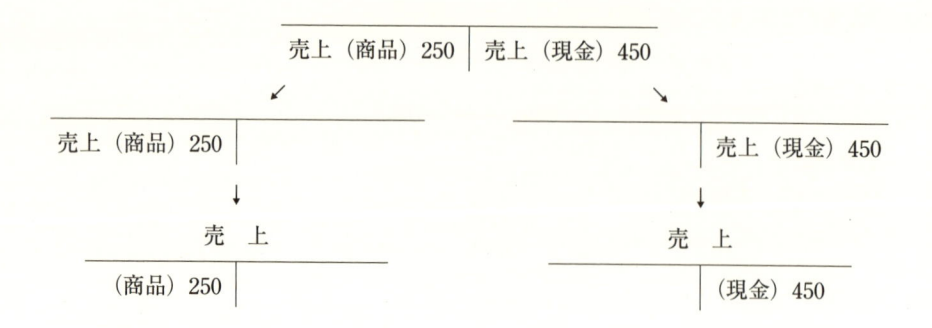

```
     売上（商品）250 │ 売上（現金）450
              ↙               ↘
売上（商品）250                          売上（現金）450
        ↓                                      ↓
       売  上                                  売  上
   （商品）250                              （現金）450
```

損益勘定の元になる形から二つの勘定を導き出したが，二つとも売上勘定では区別できないので，左の「売上」を売上原価と表現して区別する（その金額は費用になった原価を表す）。総勘定元帳の中に売上原価勘定と売上勘定を設けて記録し，決算のときに，売上原価勘定と売上勘定の各残高を一つの勘定に集合すれば，次のように洗練された形の損益勘定ができる。

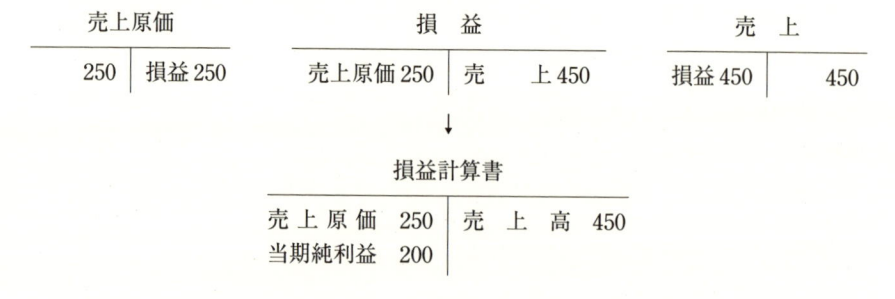

```
   売上原価              損     益              売   上
 250 │ 損益 250     売上原価250 │ 売  上 450    損益 450 │ 450
                            ↓
                        損益計算書
                    売 上 原 価 250 │ 売 上 高 450
                    当期純利益   200 │
```

そして次に，損益勘定に基づいて，当期純利益を示す計算書を別の用紙に作成すれば，損益計算書（光商店の所得計算書）ができるのである。

このように貸借対照表に加えて損益計算書を作るには，商品の売買を記録するときに，次のように所有等式を工夫しておく必要がある。

商品の仕入に関する所有等式（仕訳）
資本金 300 ＝ 現　金 300　－(a)
商　品 300 ＝ 資本金 300　－(b)
(a)＋(b) → 資本金 300 ＋ 商品 300 ＝ 現金 300 ＋ 資本金 300
↓

商 品 300　現 金 300

商品の仕入に関する二つの所有等式を合算すれば，等式の左右にある資本金300が消え去って，矢印で示した仕訳の形「商品300　現金300」になる。資本金300が消え去るということは，その記入を省略するということである。

今度は，商品を売上げたときの仕訳すなわち所有等式を工夫する。

商品の売上に関する所有等式（仕訳）
(c) 資本金 250　商 品 250　→　売上原価 250　商 品 250
(d) 現 金 450　資本金 450　→　現 金 450　売 上 450

(c) の所有等式の「資本金250」は，資本金の減少を表している。しかし，その理由が分からないので，売上原価という勘定科目に変えて資本金を減少させた活動（売上による原価¥250の商品の減少）を表すようにする。

(d) の所有等式における「資本金450」は，資本金の増加を表しているが，理由が分からないので，売上という勘定科目に変えて，資本金を増加させた活動を表すようにする。このように工夫した形にして転記すれば，先ほど見た売上勘定と売上原価勘定が生まれる。そして，それらの増加額（＋）と減少額（－）の記入場所も明らかになる。売上勘定の記入法は，収益に属する諸勘定の記入法を表す。他方，売上原価勘定の記入法は，費用に属する諸勘定の記入法を表す。ただし，費用勘定の増加は，資本金勘定の左側の記入額すなわち減少額が増加するという意味で，右側の記入はその取消を意味する。

売　上		現　金		商　品		売上原価	
	450	－売上－ 450	300	－仕入－ 300	250	－売上－ 250	
－	＋					＋	－

上掲の売上勘定と売上原価勘定の各残高を，損益勘定を新たに設けて，すでに説明した決算の方法を用いて書き移せば，前頁の損益勘定ができる。このときも，振替等式を作って（仕訳をして），振替記入をする。

決算（振替）仕訳：売　上 450　　損　　益 450
　　　　　　　　　損　　益 250　　売上原価 250

売上原価			損　　益			売　　上	
250	損益 250	売上原価 250	売　　上 450	損益 450	450		

損益勘定の左と右の金額の差額は，資本金の増加（あるいは減少）を表しているので，その残高を資本金勘定へ振り替える。元々，資本金勘定に記録されていた金額の差額であるから，資本金勘定に戻すわけである。このときも，決算の方法に従い，次の仕訳をして転記すれば，矢印の通り損益勘定の右側にある残高を資本金勘定の右側へ書き移した形になる。

　　　　　　　決算（振替）仕訳：損　　益 200　　資本金 200

	資本金		損　　益
	800	売上原価 250	売　　上 450
	損益 200 ← 資　本　金 200		

損益勘定の残高を資本金勘定に振り替えた結果，資本金勘定の右側の金額は合計¥1,000になり，当然，119頁の貸借対照表の資本金と同額になる。しかし，今度は，社会的分業の遂行活動と，それを手段にして資本金が利益¥200だけ増加したことが，別に作成した損益勘定で明らかにされたのである。それゆえ，損益勘定に基づいて損益計算書を作り，（すでに掲げた）残高勘定に基づいて貸借対照表を作ると，次の財務諸表ができる。ただし，売上は売上高としている。そして，貸借対照表では資本金を「資本金 800 + 当期純利益 200」と二つに分けて表している。105頁に掲げた基本形の具体例である。

	貸借対照表			損益計算書	
現　　金 950	資　本　金 800	売 上 原 価 250	売 上 高 450		
商　　品 　50	当期純利益 　200	当期純利益 　200			
1,000	1,000	450	450		

この貸借対照表を見れば，資本金が利益を生み出した形になっているので，資本とは利益を生み出す元である，という解釈も可能になるわけである。

一般の簿記書では，資本金勘定から損益勘定を導き出す説明をせずに，収益は資本（金）の増加原因，費用はその減少原因と説明している。そしてまた，貸借対照表と損益計算書は初めから別々に存在していることにして，貸借対照表では財産法で利益を計算し，損益計算書では損益法で利益を計算している（そして，その二つの利益が一致する）と説明している。しかし，資本金勘定から損益勘定が出てき，その残高を資本金勘定に振り替える複式簿記の方法を素直に見れば，「二つの異なる方法を使って利益を計算しているのではない」ということが，明確になる。

8．商品売買の記入法 ―3分法―

　先ほど，資本金勘定の記録から，売上原価勘定と売上勘定を導き出したが，この二つの勘定を使用すると，商品の仕入と売上は，商品・売上原価・売上という三つの勘定を使って記入することになる。この記入法は，工業簿記を学習するとき，商品を材料や製品に変えるだけで用いることができる。
　ところが，現在の簿記書では，商品の売買に関して，仕入勘定と売上勘定と繰越商品勘定を使って記入する3分法を説明している。3分法で用いる三つの勘定のうち繰越商品勘定は，商品勘定を繰越商品勘定と表現したものであるが，決算時に売れ残った商品を確認して記入するところが異なっている。売上勘定はすでに示したのと同じである。それゆえ，仕入勘定を再び資本金勘定の記録から導き出すことにしよう。次に掲げたのは，その図解である。

126 第6章 商 業 簿 記

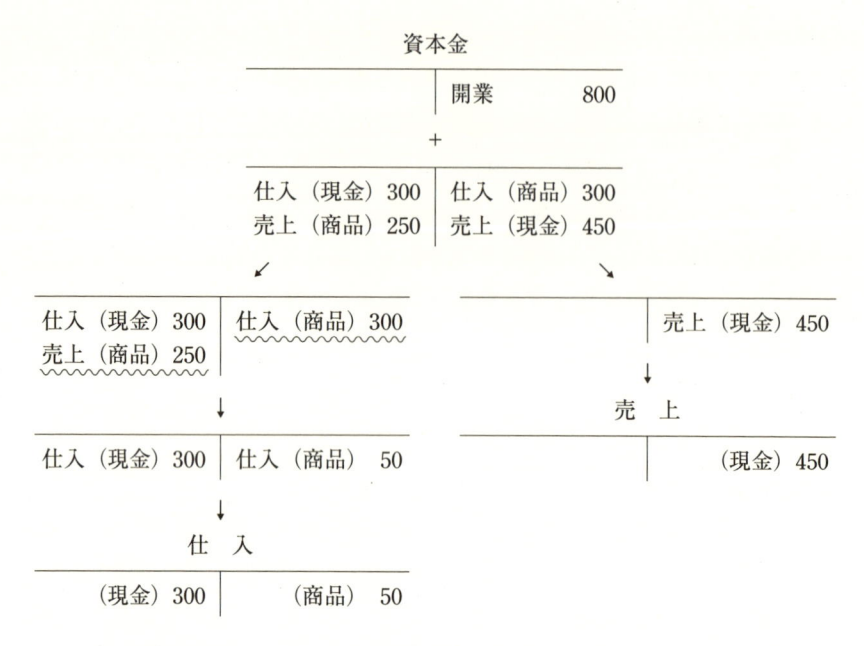

```
              資本金
             |  開業    800
             +
  仕入（現金）300 | 仕入（商品）300
  売上（商品）250 | 売上（現金）450
         ↙              ↘
仕入（現金）300 | 仕入（商品）300           売上（現金）450
売上（商品）250 |
         ↓                                ↓
                                        売　上
仕入（現金）300 | 仕入（商品）50                      | (現金）450
         ↓
       仕　入
 (現金）300  |（商品）50
```

　121頁の図解と異なるのは，左側の部分である。左側は，「売上（現金）450」を取り除いた記録から，仕入勘定を導き出す展開である。二つの波線部の記録は，購入した商品の仕入原価と販売した商品の仕入原価を表しているので，差し引きすれば，矢印の通り，売れ残り商品の仕入原価が右側に残る形になる。その形を，さらに矢印の通りに，「仕入」を勘定科目として上に出す形にすると，仕入勘定が現れる。この仕入勘定には，商品を（現金や後払いの約束で）仕入れる度に，その支出額を左側に記入して行き，決算時に，売れ残った商品を右側に記入する（と同時に繰越商品勘定の左側にも記入する）のである。

　3分法で商品の仕入と売上，そして売れ残り商品を複式簿記で記入するときは，次のように所有等式を工夫して，仕訳をすれば良いのである。

　　　商品の仕入の仕訳：資本金300　現　　金300　→　仕　　　入300　現　　金300
　　　　　　　　　　　　商　品300　資本金300　→　　　　省　　略
　　　商品の売上の仕訳：資本金250　商　品250　→　　　　省　　略
　　　　　　　　　　　　現　　金450　資本金450　→　現　　金450　売　上450
　　　売残り商品の仕訳：商　　品 50　資本金 50　→　繰越商品 50　仕　入 50

8. 商品売買の記入法

(注) 商品の仕入時に商品勘定に記録しないので，決算時に，売れ残り商品に対する所有関係を認識して記録するための所有等式を作る。

上記の仕訳を転記したときの勘定記入は，次の通りである。

```
    売  上           現  金           仕  入          繰越商品
  │450 －売上－ 450│300 －仕入－ 300│50  －決算－ 50│
```

そして決算のときに，上の売上勘定の残高と仕入勘定の残高を損益勘定に集合すれば，次のように損益計算書の元になる損益勘定ができる。

    決算（振替）仕訳：売 上 450   損 益 450
                    損 益 250   仕 入 250

```
    仕  入              損  益              売  上
  300 │繰越商品 50   仕 入 250 │売 上 450   損益 450 │ 450
      │損  益 250
```

損益計算書を作成するとき，損益勘定の仕入を売上原価と表現し，売上を売上高にすれば，122 頁の損益計算書と同じ損益計算書になる。

           損益計算書
    │売 上 原 価 250 │売 上 高 450 │
    │当期純利益 200 │   │

(注) 商品の売買活動に関する記入法として分記法と総記法がある。

・分記法による②の仕訳： 商 品 300   現 金 300
         ③の仕訳： 現 金 450   商 品 250
                             商品売買益 200

②の仕訳はすでに示した形である。③の仕訳で使われている商品売買益勘定は，(118 頁で示した) 商品の売上に関する二つの所有等式から出てくる。

         資本金 250   商 品 250
         現 金 450   資本金 450

上記二つの所有等式を合算すれば，資本金は右側に 200 が残る形になる。その資本金の増加理由を商品売買益（商品販売益）で表せば，③の仕訳になる。

・総記法は，商品勘定の右側に売上の金額を記入する方法で，③の仕訳は，「現金 450 商品 450」になる。総記法には，商品勘定の金額がマイナスになる問題があるが，貨幣と生産物の再結合を勘定で表わす特徴がある。

9. 商品勘定と補助簿

(1) 商品の返品・値引

仕入れた商品を破損などの理由で返品したとき，すでに勘定に記入済みであれば，取消の記入をする。その商品を仕入れたときに作成した仕訳の逆の形を作って転記し，取消記入をする。返品の場合と同じ記入をする例は，商品の値引である。商品の返品や値引は，商品の販売企業においても，返品であり値引である。したがって，売上の記入時に作成した仕訳を逆にした形を作り，転記して取消記入をする。商品勘定から売上原価勘定へ振替記入をしている場合は，その金額の取消記入もする（下の例示の数字は仮の金額である）。

(注) 取消記入の例示：左は仕入れた商品に関する，右は売上に関する取消記入である。後日，現金を受け取る約束で売買したときは，買掛金・売掛金の金額を取り消す。

商品（仕入）	現金（買掛金）	現金（売掛金）	売　　上
100　－返品－	100	100　－返品－	100
50　－値引－	50	50　－値引－	50

(2) 商品有高帳の作成

多種類の商品を仕入れて販売するときは，商品勘定を種類毎に分けずに，総勘定元帳とは別に，商品勘定の補助簿として商品有高帳を作成し，商品の種類毎に，その受入と払出（増加と減少）を記録する。商品勘定では，商品全体の増加額と減少額，そして残高が分かり，商品有高帳では，全体を構成する商品の種類毎の増加額と減少額，そして残高が分かる仕組みになる。したがって，商品有高帳に記入していれば，商品勘定と売上原価勘定への記入を，販売の都度行わずに，定期的にまとめて行うこともできる。

(3) 先入先出法と移動平均法

同じ商品でありながら，仕入価格が異なる場合は，商品有高帳の払出額すなわち商品の売上原価を，いつの仕入価格を用いて記録するのか，という問題が

出てくる。この問題に対応する記録法として，先入先出法や移動平均法（他に総平均法など）がある。先入先出法は先に仕入れた商品から販売したと仮定して記録して行く。移動平均法は，異なる価格で仕入れる度に，手持ち商品の加重平均単価を計算し，その平均単価で払出額を記録する（以下の例示参照）。

  5／1 A商品を＠￥10で10個仕入れた。
    4 A商品を8個販売した。
    5 A商品を＠￥15で8個仕入れた。
    7 A商品を5個販売した。
  先入先出法では，以下の通り，7日の払出額＝売上原価は￥65になる。
$$@￥10 \times 2 個 + @￥15 \times 3 個 = ￥65$$
  移動平均法では，以下の通り，7日の払出額＝売上原価は，￥70になる。
$$(@￥10 \times 2 個 + @￥15 \times 8 個) \div (2 個 + 8 個) = ￥14 \leftarrow 加重平均単価$$
$$@￥14 \times 5 個 = ￥70$$

(4) 仕入帳と売上帳

商品勘定や仕入勘定，そして売上勘定には，仕入取引と売上取引の内容を細かく記入しないので，それらの明細を記録するときは，仕入帳・売上帳という補助簿を別に設ける。

10. 固定資産の記入法

7・8節で説明した通り，商品の売買に関する複式記入法は，二通りある。一つは，まず商品という資産を所有したと認識する方法で，もう一つは，商品は販売して無くなるものだから，初めから仕入という費用を認識すれば良いという方法である。検定用の簿記書では後者すなわち3分法を解説しているが，前者を用いる財務会計の書物もある。この節と次節では，その優劣を論じるのではなく，二つの方法が商品以外のものを購入したときに，選択的に使用されていることを説明して行く。前者の方法は資産主義であり，後者の方法は費用主義である。

資産主義は，1年を越えて使用する労働手段などの固定資産を所有したとき

に用い，決算時に資産として残高勘定へ振り替える。下にまとめて例示したのは，商品勘定の記入法を応用した資産主義で，備品・建物・車両・土地を勘定に記入したときの形と，それらを決算時に残高勘定へ振り替えたときの形である。なお，土地を除くこれらの有形固定資産の減価償却費に関しては，12節で説明することにしている。

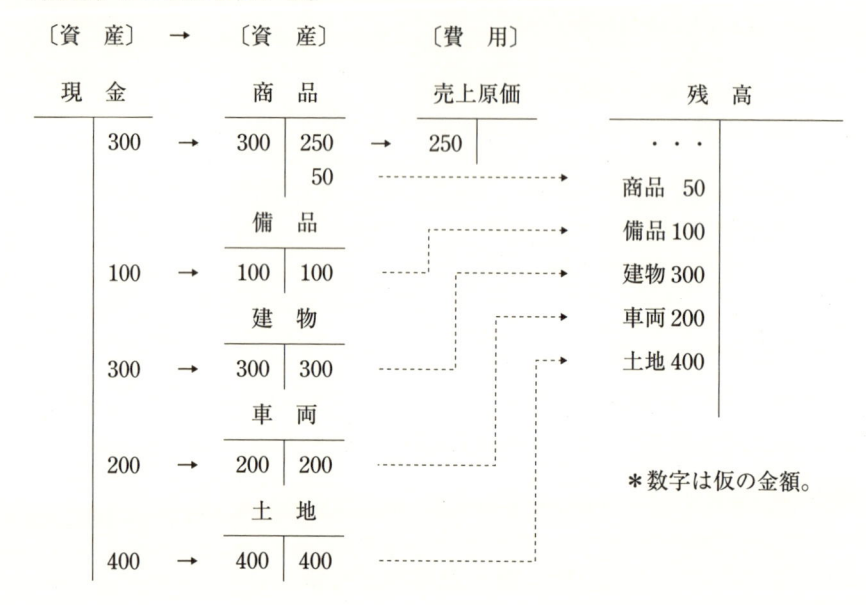

```
〔資 産〕 →  〔資 産〕    〔費 用〕
 現  金       商  品      売上原価        残  高
                                          ・・・
  300   →   300 │ 250  →  250 │        商品  50
                │  50                   備品 100
            備  品                      建物 300
  100   →   100 │ 100                   車両 200
            建  物                      土地 400
  300   →   300 │ 300
            車  両                    ＊数字は仮の金額。
  200   →   200 │ 200
            土  地
  400   →   400 │ 400
```

　光商店を経営するときに必要な店舗のことを述べずに，商品の売買を先に例示したが，ここで商品の売買よりも先に示しておくべき取引，すなわち日野本氏が店舗を購入し，商品の陳列棚などの備品を購入した取引を例示して，資産主義記入法を説明する。

　④　店舗として用いる建物¥300を購入し，同額の現金を支払った。
　⑤　備品¥100を購入し，同額の現金を支払った。

　建物と備品を日野本氏が一人で生産できないことは明白である。市場経済は社会的分業によってそれらを生産し，働く人々の資本性を実現するための労働手段として，企業へ提供する仕組みである。ただし，日野本氏の場合のよう

に，それを入手するときに必要な現金を自分の私的資産から転用したときは，複式簿記で記入する社会的資産であるにもかかわらず，どうしても自分の現金を犠牲にして私的資産を取得したという認識になる。

④の取引の内容は，企業間で実現した貨幣と生産物の再結合である。現金に対する所有関係が，他企業へ移る形で消滅し，店舗に対する所有関係が他企業から移ってくる形で実現したのである。したがって，次の二つの所有等式ができる。ただし，店舗や別棟の倉庫などは建物として記録する。そして建物には，商品の場合と同様，建物を所有するために支出した金額を付ける。それを取得原価と言っている

資本金 300　　現　金 300
建　物 300　　資本金 300

上記二つの所有等式を合算すれば，資本金 300 が消えて，次の一般的な仕訳と勘定記入になる。

仕訳：　　建　物 300　　現　金 300
転記：　　　建　物　　　　　　現　金
　　　　現金 300　｜　　　　　　　｜建物 300

今度は，仕訳の相手勘定科目を金額の前に記入している。損益計算書の元の形である損益勘定を資本金勘定から導き出したので，一般的な記入形式に改めることにする。

⑤の取引の仕訳と勘定記入は，④の記入を応用すると，次のようになる。

仕訳：　　備品 100　　現　金 100
転記：　　　備　品　　　　　　現　金
　　　　現金 100　｜　　　　　　　｜備品 100

備品としては，他にパソコンなどの事務用機器，椅子・机などがある。

自動車などの車両（車両運搬具）や土地を購入した場合も，建物や備品と同じ記入をする。

11. 費用の記入法

　今度は，費用主義による記入法を説明することにしよう。
　費用は，財やサービスの使用・消費に伴う所有権の消滅である。社会的分業を手段にして利益を得る企業活動は，営業活動と言われ，小売企業の場合の基本的な営業活動は，商品の売買とその管理活動である。
　　（注）　メーカーの場合は，原材料等の購入・製造・販売・管理活動である。
　利益を得る手段として商品を使用したときに発生する費用は，すでに述べたように，売上原価あるいは仕入である。しかし，販売を促進するためにも，そして売買活動全体を管理するためにも，商品以外の財やサービスを消費するので，販売費，一般管理費と言われる費用が発生する。これらの費用の発生を複式簿記で記録するときに，費用主義記入法を用いる。
　取引を例示して仕訳と勘定記入を説明して行く前に，費用主義の勘定記入を先に示すと，次の通りである。なお，決算時に商品や消耗品の未使用分があれば，資産として残高勘定へ振り替えるが，費用は損益勘定に振り替える。

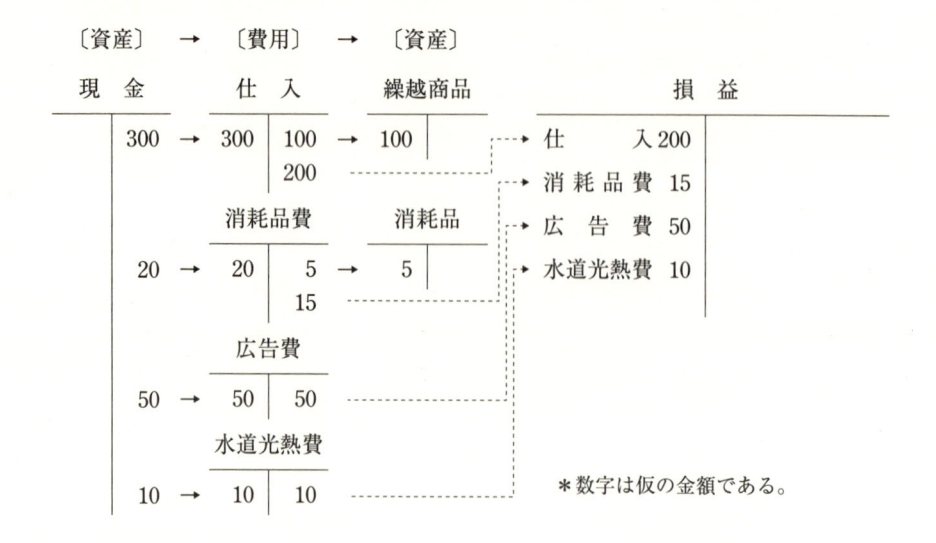

```
〔資産〕   →   〔費用〕   →   〔資産〕
 現　金         仕　入         繰越商品              損　益
  300   →   300 | 100   →   100 |          ┄→  仕    入 200
              | 200                         ┄→  消耗品費  15
                                            ┄→  広 告 費  50
           消耗品費        消耗品              ┄→  水道光熱費 10
   20   →    20 |  5    →    5 |
                | 15
            広告費
   50   →    50 | 50
           水道光熱費
   10   →    10 | 10               ＊数字は仮の金額である。
```

費用に関する勘定記入は，財やサービスの消費を表しているが，実はそれだけではない。社会的分業を遂行するために行われた諸企業の協業，すなわち労働の結合も表している。したがって，本来は，それらの金額を商品勘定に記入して，商品価格の構成内容であることを明らかにすべきであるが，商業簿記は，その記入を省略して，決算時に作成する損益勘定に集合し，収益に対応させる方法を用いている。そのために，売上高から差し引く費用が増えて，光商店でも先の純利益￥200が減少することになる。

　（注）　先の損益計算書では，売上高と売上原価の差額を純利益と表示したが，売上高から差し引く費用が他にもあるので，その差額を表示するときは，売上総利益と言って，純利益と区別している。

　それでは，光商店の費用に関する取引を追加して，費用主義記入法を説明して行くことにしよう。

　⑥　現金￥20を支出して消耗品を購入した。
　⑦　現金￥10を支出して水・電力・ガス料金を支払った。
　⑧　現金￥20を交通費として支払った。
　⑨　現金￥50を支払って，広告用チラシを作成し，配布した。

(1) 消耗品費の記入

　消耗品は，1年内に消費してしまう帳簿・筆記用具・コピー用紙などである。

　消耗品に関する所有関係の変化は，次の通りである。現金に対する所有関係が他企業に移り，代わりに消耗品に対する所有関係が光商店に移動してきて，消費によってその所有関係が消滅する。したがって，その変化を表す所有等式は三つになる。金額は，消耗品の購入に要した現金の支出額である。この点は他の費用に関しても同じである。

購入時：資本金 20　　現　金 20
　　　　消耗品 20　　資本金 20
消費時：資本金 20　　消耗品 20

　上の三つの所有等式を一つに合算すると，購入時の「資本金20　現金20」

だけが残る。つまり，消耗品の所有とその消滅の記入は省略できるわけである。省略した上で，購入時に消耗品を所有・消費したことを表すために，「資本金20」を「消耗品費20」と表す。そうすれば，消耗品の消費活動に伴う資本金の減少理由を表すことができる。消費して無くなった消耗品を再び購入するためには，その金額を商品の販売価格に含めて，消費者から現金の提供を受ける必要が生じる。この点も，他の費用に共通することである。

⑥の仕訳と勘定記入を改めて示せば，次の通りである。

```
        仕訳：   消耗品費20    現　金20
  転記：    現　金             消耗品費            消耗品
         | 消耗品費20    現金20 | (未使用額)   (未使用額) |
```

決算時に未使用分があれば，商品を3分法で記入する場合と同様，上記の通り消耗品勘定を作って振り替え，次期に消耗品費勘定に再び振り替える。

（注）　自動車に使うガソリンも消耗品と同じで，車を走らせれば，燃焼して無くなるものである。それゆえ，消耗品と同様，燃料費（車両費）勘定を作って記入する。未使用分は，燃料あるいは貯蔵品勘定に振り替える。

(2)　水道光熱費の記入

⑦の水・電力・ガスに関しては，水道局・電力会社・瓦斯(がす)会社から供給を受ける契約を結んで入手し，消費した後で現金を支払う。水・電力・ガスの三つをまとめて水道光熱費と言っている。水・電力・ガスは物理的に存在する物で，使用時に所有関係が実現し，次に消費によってその所有関係が消滅し，後日の支払いによって現金に対する所有関係が消滅する。この所有関係の変化を表す等式も三つになる。

```
     使用時：水光熱 10    資本金 10
             資本金 10    水光熱 10
     支払時：資本金 10    現　金 10
```

三つの所有等式を一つに合算すれば，「資本金10　現金10」になる。資本金の減少理由を水道光熱費とすれば，その仕訳と勘定記入は次のようになる。

```
仕訳：    水道光熱費 10     現   金 10
転記：       現  金              水道光熱費
            ─────────────    ─────────────
              水道光熱費 10    現金 10
```

(3) 交通費の記入

　JRや私鉄を利用して移動するときは，現金を支出して乗車券を購入し，その乗車券を使って目的地に降り立つ。乗車券は運輸業を社会的分業として行う企業の運送能力を使用する権利を表すもので，現金を支出して，その権利を所有し，権利の行使と共に所有関係が消滅する。したがって，この場合も所有関係の変化を表す所有等式は，次のように三つになる。

```
乗車券の購入時：資本金 20      現  金 20
                   乗車券 20    資本金 20
乗車券の使用時：資本金 20      乗車券 20
```

　上記の所有等式を一つに合算すれば，「資本金 20　現金 20」になる。資本金の減少理由は，タクシーなどを利用する場合も含めて，交通費として表す。一般的な仕訳と勘定記入は次の通りである。

```
仕訳：    交通費 20        現   金 20
転記：       現  金              交通費
            ─────────────    ─────────────
              交通費 20       現金 20
```

（注）　遠隔地へ出張するときの支出は宿泊費・日当も含めて旅費とし，交通費と区別するが，二つ合わせて，旅費交通費という一つの勘定にすることもできる。なお，従業員の出張時に旅費を現金で概算払いをしたときは，仮払金勘定に一時的に記入し，旅費の金額が確定したとき旅費（交通費）勘定に振り替える。仮払金勘定の反対は仮受金勘定で，現金を受け取ったときに，その理由が分からないときに一時的に用いる。

(4) 広告費の記入

　⑨の取引による所有関係の変化は，次の通りである。現金に対する所有関係が消滅するかわりに，チラシ（印刷物）に対する所有関係が実現し，チラシを配布＝消費したとき，その所有関係が消滅する。したがって，次のように三つの所有等式ができる。

136　第6章　商　業　簿　記

　　　　　　　チラシの購入時：資本金 50　　現　金 50
　　　　　　　　　　　　　　　チラシ 50　　資本金 50
　　　　　　　チラシの配布時：資本金 50　　チラシ 50

　今度も，三つの等式を一つに合算すれば，「資本金 50　現　金 50」になるが，新聞・テレビなどによる広告も含めて，資本金の減少理由を広告費として表す。

　　　　　　　　仕訳：　　広告費 50　　　現　金 50
　　　　　　転記：　　　現　金　　　　　　　　　広告費
　　　　　　　　　　　｜広告費 50　　　　　現金 50｜

(5) 使用権について

　交通費の説明で使用権という用語を使ったので，補足することにする。使用権に関する他の例としては，支払家賃，支払地代，支払利息がある。建物や土地あるいは現金を借りたときは，その使用権を購入して消費したと考える。したがって，家賃・地代・利息として現金を支払ったときに，資本金の減少を表す理由として支払家賃，支払地代，支払利息という勘定科目を使って記入する。

　使用権とは異なるが，火災保険の契約をして，保険料を現金で支払ったときに所有するのは，損失が発生したときに補償を受ける権利である。その権利は時の経過と共に消費される。したがって，保険料を現金で支払ったとき，「支払保険料 xx　現　金 xx」と仕訳する。

　運送業者に料金を支払って，商品を購入者に配送した場合は，交通費と同様に考えれば良いが，人間ではなく物を運送してもらったので，発送費（運送費）という費用勘定を設けて「発送費（運送費）xx　現　金 xx」と仕訳する。

　建物などの修繕を業者にしてもらい，その支払いをした場合は，一般に，サービスを購入して消費したと解釈するであろう。しかし，所有したのは修理業者の能力である。自分にその能力がないので，専門能力を所有して使用した（自分の代わりにその能力を発揮してもらった）のである。ただし，他人の能力を所有した形を作らずに，通常，現金の支出時に費用の認識をして「修繕費 xx

現　金 xx」と仕訳をする。

　国家からサービスを受ける（国家の能力を使用する）ための支払いである固定資産税や印紙税は，租税公課勘定（費用）に記入する。

(6) 給料について

　給料は社会的分業の遂行に従事した人々の労働の報酬である。日野本氏も商品を仕入れて消費者に手渡すという社会的分業を遂行する労働をしているので，給料を受け取ることになる。それを仕訳で表せば「給料 xx　現金 xx」になるが，個人企業の場合はその給料を個別に認識せず，利益として一括している。その利益が，他企業で働いて受け取る給料より多い場合は，それを越える額が実際の利益である。少なければ，給料の低下と同じになる。それゆえ，利益を増やさなければ，企業を経営する意味がないと考えると，社会的分業を遂行する責任よりも，私的利益の追求に意識が偏る。

　従業員の給料の記入に関しては，8章で改めて示すことにする。

　（注）　個人企業家が企業の現金などを私的に使用したときは，その資産を減額すると共に，資本金を減額するか，引出金勘定を設けて左側に記入し，決算時に資本金勘定へ振り替える。

12. 減 価 償 却 費

　費用に関してもう一つ，減価償却費を説明しておこう。減価償却の要点は市民的所有との関連で4章で説明したので，ここでは，主としてその仕訳と勘定記入を説明する。

　備品や建物などの有形固定資産は1年を越えて長期間使用するとは言え，土地と違って，使用期間＝耐用年数は有限で，使用できなくなれば取り替える必要がある。そのとき，取替に必要な現金はどうするのか，という問題が出てくる。その方法として用いるのが減価償却で，消費者から現金を得るのである。しかし，そう言わずに，有形固定資産の減価償却費を計上する，あるいは固定資産の取得原価を費用として期間配分する，と一般に説明しているので，理解

しにくいのである。特に，間接法のキャッシュフロー計算書では，減価償却費が現金の増加として示されるので，費用がなぜ現金の増加なのか，理解できないのである。

光商店で使用している有形固定資産は，備品と建物であるが，備品を例にして減価償却の方法を説明する。

減価償却は，備品や建物には価値があり，その価値は使用や時の経過と共に減ると仮定している。しかし，毎年どれだけ減価するのか分からないので，計算方法を仮定して減価を計算する。最も簡単な方法は次の定額法である。

$$定額法による減価償却費 = 有形固定資産の取得原価 \div 耐用年数$$
$$備品の減価償却費 = ¥100 \div 5 = ¥20／年$$

光商店の備品の耐用年数（使用期間）を5年とすれば，1年間の価値の減少額は¥20であると計算して出したのである。ただし，最後の年だけ¥19にし，減価償却が終わった備品に¥1を付けておく。それは依然として社会の資産として所有していることを示すためである。

光商店の備品が減価するとすれば，所有している価値の消失を表す所有等式は，「資本金20　備　品20」になり，その勘定記入は次のようになる。

備　品		資本金		→	備　品		減価償却費	
100	減価20	減価（備品）20			100	減価償却費20	備品20	

資本金勘定の減少理由を別の勘定を作って表すようにしたのが，右端の減価償却費勘定である。備品勘定と減価償却費勘定に複式記入する方法を直接法と言う。しかし，このように帳簿に記入しても，現金は得られない。減価償却とは価値の減少を現金で補うという意味で，その現金は商品（や製品）を購入する消費者から入手するのである。ただし，直接入手するのではなく，商品の価格に含めて，売上によって入手した現金の中から得るようにする。そのために，間接法と言われる方法を使って，売上高から減価償却費に相当する金額を除くのである。間接法の一般的な仕訳は次の通りである。

減価償却費 20　　減価償却累計額 20

12. 減価償却費

　上の仕訳を見ても，その実質的な意味が分からないのは，勘定を使った手品をしているからである。その手品の種すなわち元は，次の〔Ⅰ〕の記入である。

〔Ⅰ〕　売　上　　　現　金　　〔Ⅱ〕　売　上　　　売　上　　　現　金　　　現　金
　　　　｜450　　450｜　　　　　　　｜20　　20｜450　　450｜20　　20｜

　上の〔Ⅰ〕は，商品（製品）の売上によって現金¥450を得たという勘定記入である。〔Ⅱ〕は，売上勘定を新たに一つ設けて，その勘定へ複式簿記を使って¥20を書き移し，売上高を¥430と¥20に分けた形である。このとき，実際にそのように記入しなくても，現金勘定の記入も¥430と¥20に分けたことになる（参考のために，現金勘定も二つに分けた形にしている）。

　続いて，左に20右に450と記入している売上勘定を，次のようにさらに二つに分ける。1枚の紙に書いたことは，左右の記入を変えずに，2枚の紙に分けて書いても良いのである。その結果，売上勘定が三つになる。

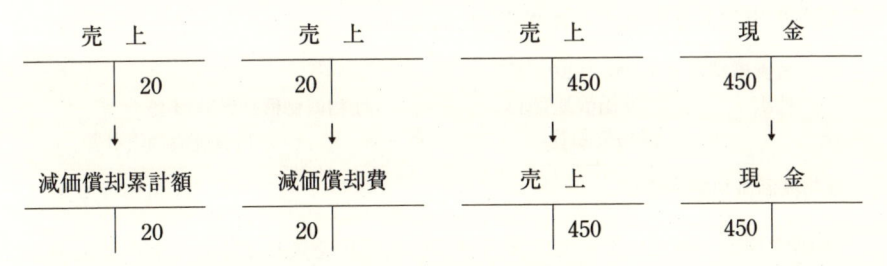

　　　売　上　　　　　売　上　　　　　売　上　　　　　現　金
　　　｜20　　　　　　｜20　　　　　　　｜450　　　　　450｜
　　　　↓　　　　　　　↓　　　　　　　　↓　　　　　　　↓
　減価償却累計額　　減価償却費　　　　売　上　　　　　現　金
　　　｜20　　　　　　｜20　　　　　　　｜450　　　　　450｜

　そして，二つの売上勘定の科目を矢印のように変更すれば，減価償却費と減価償却累計額（備品の場合は，備品減価償却累計額）になるわけである。

　上の展開は，減価償却累計額が売上勘定の別称であることを表しているが，売上勘定は資本金勘定の増加を表すから，資本金勘定の記入に戻って，改めて減価償却費と減価償却累計額の記入を示せば次の通りである。

　　　　　　　　　資本金　　　　　　　　現　金
　　　　　　　　　　　｜売　　　上 450　　450｜
　　　　減価償却費 20｜減価償却累計額 20

資本金勘定の記入は，売上によって増加した社会的所有権￥450のうち，減価償却費￥20に相当する金額を減額し，減価償却累計額という名称に変えたということを表している。この記入を資本金勘定から分離して，別個の勘定として表したのが，先に示した形である。

減価償却費は資本金の減少を表す費用として取り扱うので（非課税になり），決算時に損益勘定つまり損益計算書で売上高から差し引く形になる。減価償却累計額は資本金勘定の別称であるから，残高勘定では資本金と同じ右側に現れるが，貸借対照表では備品（有形固定資産）の取得原価から差し引く形で示す。

損益計算書		貸借対照表	
減価償却費 20	売上高 400	備　　品 100	
		減価償却累計額 20　80	

備品の減価償却の方法は建物に関しても用いる。

建物（耐用年数＝20年と仮定する）の減価償却費を定額法で計算して，その仕訳と勘定記入を示せば，次の通りである。

減価償却費＝￥300÷20＝￥15／年
仕訳：　　　　減価償却費 15　　　　建物減価償却累計額 15
転記：　　　　　減価償却費　　　　　　建物減価償却累計額

建物減価償却累計額 15		減価償却費 15

減価償却は，売上によって消費者から得た現金を残して行くことだと説明したが，売上が少なければ，残せなくなる。反対に，減価償却費に相当する現金が流入したとしても，毎年積み立てて行くわけではない。大企業の減価償却費は多額であり，それに相当する現金が流入すれば，毎年その現金を使って設備の拡大・更新をすることができる。税金を払わなくても，また返済しなくても良い現金が企業に生まれるのは，商品やサービスの販売を手段にして消費者すなわち市場経済で働く人々から市民的所有分の貯蓄を入手しているからである。減価償却が資本主義経済で広く利用されるわけである。

13. 収益の記入法

　社会的分業が実現したとき，貨幣と生産物が再結合し，企業は貨幣形式である現金を所有する。そのときの資本金すなわち所有権の増加理由を収益と言っている。売上は収益を実現する代表的な活動である。収益に関する勘定記入は次のようになる。そして，決算時に損益勘定へ振り替える。

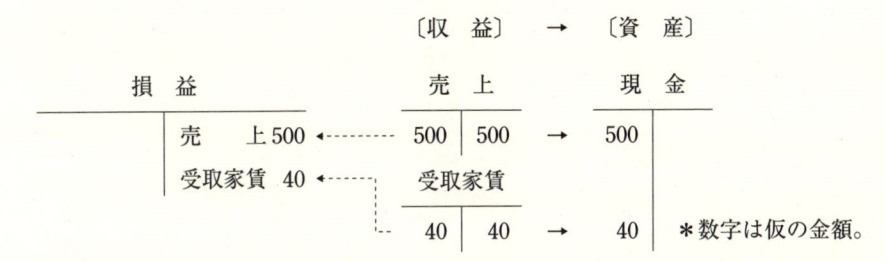

```
                    〔収 益〕  →  〔資 産〕
    損  益           売  上         現  金
  売  上 500 ←------ 500 | 500  →  500
  受取家賃 40 ←---   受取家賃
                ⌐--  40 |  40  →   40    ＊数字は仮の金額。
```

　収益は英語でrevenueと言うが，その語源は（発生地，現場に）戻ってきたもの，である。いったん支出した現金が，消費者の手から再び企業に戻ってくる。その収益の金額が費用より多い場合は，所有権と結合している貨幣が企業に流入し，それが利益として表示される。

　資本主義経済では，売上の外に，建物や土地あるいは余裕資金としての現金を貸し付けたとき，その使用権を販売して現金を得ることができるので，そのときも収益を認識する。受取家賃，受取地代，受取利息は資本金の増加理由を表す収益である。

第7章

決算と財務諸表の作成

1. 決 算 の 意 味

　複式簿記は，企業活動が生み出す所有関係の変化を分析的に記録するだけでなく，分析の結果を定期的に総合する。それによって，社会的分業を協業として遂行しているか否か，言い換えれば，市場経済全体の部分を構成するように，企業活動をしているか否かを認識するのである。ただし，資本主義経済の企業は社会的分業を手段にして，1期間にどれだけの利益を実現したのか，損益計算をするために勘定の記録を定期的に総合する。この知的作業が決算の意味である。

　決算に関しては，前章で要点を述べたが，改めて，その手順を説明して行くことにする。

　そのために，前章で例示した光商店の取引の順序を一部入れ替えて用い，その仕訳と勘定記入に基づいて決算手続を説明し，財務3表を作成することにする。なお，①〜⑨までの取引は，1年間の取引とする。そして，仕訳は一般的な形で示し，転記したときは，金額の前に相手勘定科目を書く形にする。紙幅の関係で，仕訳と勘定記入をそれぞれまとめて再掲する。

　　　　　【仕　訳】　①　現　　　金　800　　資　本　金　800
　　　　　　　　　　 ②　建　　　物　300　　現　　　金　300
　　　　　　　　　　 ③　備　　　品　100　　現　　　金　100

④	商　　　品	300	現	金	300	
⑤	現　　　金	450	売	上	450	
	売 上 原 価	250	商	品	250	
⑥	消 耗 品 費	20	現	金	20	
⑦	水道光熱費	10	現	金	10	
⑧	交　通　費	20	現	金	20	
⑨	広　告　費	50	現	金	50	
		2,300			2,300	

【勘定記入】

現　　金

①資 本 金 800　｜②建　　　物 300
⑤売　　上 450　｜③備　　　品 100
　　　　　　　　｜④商　　　品 300
　　　　　　　　｜⑥消 耗 品 費 20
　　　　　　　　｜⑦水道光熱費 10
　　　　　　　　｜⑧交　通　費 20
　　　　　　　　｜⑨広　告　費 50

商　　品

④現　　金 300　｜⑤売上原価 250

備　　品

③現　　金 100　｜

建　　物

②現　　金 300　｜

売上原価

⑤商品 250　｜

消耗品費

⑥現金 20　｜

水道光熱費

⑦現金 10　｜

交　通　費

⑧現金 20　｜

広　告　費

⑨現金 50　｜

資本金

　　　　｜①現金 800

売　　上

　　　　｜⑤現金 450

2. 決算予備手続

(1) 仕訳帳の締切

日常取引の仕訳を記入した仕訳帳をいったん締め切る。仕訳⑨の下に示したように，左側と右側の金額をそれぞれ合計し，二つの合計額が一致するのを確認して，その下に二重線を入れる。日常取引の記入をいったん終えるという意

味である。合計額が一致しないときは，間違いを探して（転記した勘定の記入も含めて）訂正する。

(2) 試算表の作成

仕訳の通りに勘定記入が行われているのを確認するために試算表を作成する。各勘定の左側の金額合計と右側の金額合計を別紙に集計した形を合計試算表と言う。それに対して，左右の各合計額の差額すなわち残高だけを別紙に集計した形を残高試算表と言う。前頁の勘定記入に基づいて，二つの試算表を例示すれば，次の通りである。

合計試算表

左側	勘定科目	右側
1,250	現　　　金	800
300	商　　　品	250
100	備　　　品	
300	建　　　物	
	資　本　金	800
	売　　　上	450
250	売 上 原 価	
20	消 耗 品 費	
10	水 道 光 熱 費	
20	交　通　費	
50	広　告　費	
2,300		2,300

残高試算表

左側	勘定科目	右側
450	現　　　金	
50	商　　　品	
100	備　　　品	
300	建　　　物	
	資　本　金	800
	売　　　上	450
250	売 上 原 価	
20	消 耗 品 費	
10	水 道 光 熱 費	
20	交　通　費	
50	広　告　費	
1,250		1,250

上の合計試算表と残高試算表を見比べたとき，違いが現れているのは現金勘定と商品勘定の二つである。他は，勘定の左側か右側に金額が一つ記入されているだけであるから，その金額が合計額であり，また残高になって，違いが現れない記入結果になっている。

試算表の左側，右側の記入金額をそれぞれ合計し，合計額の一致を確認する。一致しなければ，誤記入を見いだして訂正する。

合計試算表の合計額は，仕訳帳を締め切ったときの合計額と一致する。

残高試算表は損益勘定（損益計算書）と残高勘定（貸借対照表）を生み出す元

の形になっているので，(後述の) 精算表を作成する基礎として用いる。

(3) 棚卸表の作成

棚卸表は，決算時に総勘定元帳への追加記入を要する事項や，記入金額の修正を要する決算整理事項を一覧表示したものである。

光商店の棚卸表すなわち決算整理事項は，次の通りとする。

棚　卸　表

棚卸商品	A品　@¥10×5個	¥50
備　　品	耐用年数 5 年　取得原価 ¥100	
	定額法による減価償却費	¥20
建　　物	耐用年数20 年　取得原価 ¥300	
	定額法による減価償却費	¥15

棚卸表に基づいて行う仕訳を，決算整理仕訳（以下，単に決算仕訳）と言う。以下，上の棚卸表に基づいて決算仕訳と勘定記入を説明する。

棚卸商品とは期末に売れ残った商品である。商品を販売するたびに商品勘定から売上原価勘定へ仕入原価を振り替えたときは，商品勘定の残高が売れ残り商品の金額を，(記録上) 表しているが，そうでなければ，売上原価勘定を設けて，販売した商品の仕入原価を振り替える。3分法で記入している場合は，繰越商品勘定を設けて，売れ残り商品の仕入原価を振り替える。

〔商品勘定を使っている場合〕　　〔3分法を使っている場合〕

決算仕訳：売上原価 250　商　品 250　　決算仕訳：繰越商品 50　仕入 50

```
       商　品                 売上原価                    仕　入                 繰越商品
  300 | 売上原価 250     商品 250 |                  300 | 繰越商品 50     仕入 50 |
```

減価償却費を間接法で記入する仕訳と勘定記入は，次の通りである。

　　　決算仕訳：減価償却費　35　備品減価償却累計額　20
　　　　　　　　　　　　　　　　建物減価償却累計額　15

```
        減価償却費                      備品減価償却累計額
    諸　口 35 |                              | 減価償却費 20

                                      建物減価償却累計額
                                           | 減価償却費 15
```

3. 決算本手続

棚卸表に基づく追加記入をした後，総勘定元帳の記録が企業活動を正しく写し出していると判断して，決算本手続に入る。

(1) 収益・費用勘定の締切

損益勘定を設定し，収益と費用に属する各勘定の残高を損益勘定へ振り替える仕訳と勘定記入をして，収益と費用に属する勘定の記入を締め切る。

決算仕訳： 売　　　上 450　　損　　　益 450
　　　　　損　　　益 385　　売 上 原 価 250
　　　　　　　　　　　　　　消 耗 品 費　20
　　　　　　　　　　　　　　水道光熱費　10
　　　　　　　　　　　　　　交　通　費　20
　　　　　　　　　　　　　　広　告　費　50
　　　　　　　　　　　　　　減価償却費　35

【勘定記入】

売上原価		損　　　益		売　　　上	
250	損益 250	売上原価 250	売　上 450	損益 450	450
消耗品費		消耗品費　20			
20	損益 20	水道光熱費 10			
水道光熱費		交 通 費　20			
10	損益 10	広 告 費　50			
交通費		減価償却費 35			
20	損益 20				
広告費					
50	損益 50				
減価償却費					
35	損益 35				

(2) 損益勘定の残高の振替

損益勘定の残高を資本金勘定へ振り替える仕訳と勘定記入をして，損益勘定を締め切る。

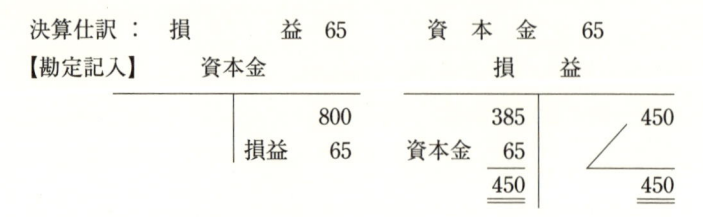

決算仕訳： 損　　　益　65　　資　本　金　65

【勘定記入】

```
         資本金                          損           益
              |   800           385  |   450
         損益 |    65    資本金   65  |
                         ─────    ─────
                           450       450
                         ═════    ═════
```

(3) 資産・負債・資本勘定の締切

残高勘定を設定して，資産・負債・資本に属する勘定の残高を振り替える仕訳と勘定記入をして，各勘定を締め切る。

決算仕訳： 残　　　　　高　900　　現　　　金　450
　　　　　　　　　　　　　　　　　商　　　品　 50
　　　　　　　　　　　　　　　　　備　　　品　100
　　　　　　　　　　　　　　　　　建　　　物　300
　　　　　　備品減価償却累計額　 20　　残　　　高　900
　　　　　　建物減価償却累計額　 15
　　　　　　資　　本　　金　865

【勘定記入】

```
        現      金                          残              高                   備品減価償却累計額
   1,250 |   800               現   金  450 | 備品減価償却累計額 20       残高 20 |    20
         | 残高 450             商   品   50 | 建物減価償却累計額 15             建物減価償却累計額
   ─────   ─────               備   品  100 | 資   本   金 865       残高 15 |    15
   1,250   1,250               建   物  300 |                                資本金
   ═════   ═════                              |                         残高 865 |   800
        商      品                       ─────   ─────                         | 損益 65
     300 |   250                           900     900                    ─────   ─────
         | 残高  50                       ═════   ═════                      865     865
   ─────   ─────                                                           ═════   ═════
     300     300
   ═════   ═════
        備      品
     100 | 残高 100
```

```
         建    物
      300 │ 残高 300
```

(4) 仕訳帳の再締切と開始記入

決算仕訳に関しても，左右の金額をそれぞれ合計し，二つの合計額の一致を確認して，合計額の下に二重線を引いて締め切る（締切の形は省略する）。

そして，次期の日常取引を記入する準備をするために，仕訳帳で残高勘定と同じ内容の仕訳をして，総勘定元帳へ記入する。

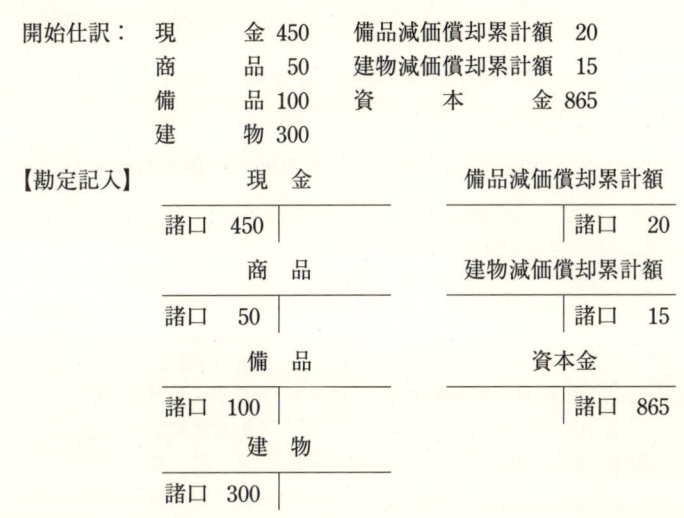

```
開始仕訳：  現     金 450    備品減価償却累計額  20
           商     品  50    建物減価償却累計額  15
           備     品 100    資     本     金 865
           建     物 300
```

【勘定記入】

```
        現        金                   備品減価償却累計額
   諸口 450 │                                │ 諸口  20

        商        品                   建物減価償却累計額
   諸口  50 │                                │ 諸口  15

        備        品                      資 本 金
   諸口 100 │                                │ 諸口 865

        建        物
   諸口 300 │
```

（注）総勘定元帳の中に残高勘定を設けて，資産・負債・資本に属する勘定の残高を集める方法を大陸式決算法と言う。それに対して，残高勘定を作らずに，残高勘定に集める勘定の一つ一つについて，次のように繰越記入を行う方法を英米式決算法と言う（現金勘定と資本金勘定だけ例示する）。

```
          現      金                         資 本 金
       1,250 │           800         次期繰越 865 │         800
            │ 次期繰越   450                     │ 損  益   65
       1,200 │         1,250                 865 │         865
    前期繰越  450 │                         前期繰越 865 │
```

決算本手続に関しては,注記したように,大陸式と英米式がある。英米式決算法では残高勘定を作らないので,繰越額を別紙に集計して繰越額の正しさを確認する。これを繰越試算表と言う。その形式はすでに掲げた試算表と同じである。繰越試算表で繰越記入の正確性を確認し,その合計額を仕訳帳に記入して大陸式と同じ記入額にする。また,繰越試算表に基づいて貸借対照表を作成する。どちらの決算法でも同じ結果になる。一般的には,英米式決算法が説明されているが,本書では,総勘定元帳の中に損益勘定と残高勘定を作るのが原則的方法と考えて,大陸式決算法を説明した。

4. 財務諸表の作成

決算の最後は財務諸表の作成である。例示の損益勘定と残高勘定に基づいて,別紙に作成した損益計算書と貸借対照表は,次の通りである(財務3表の時点と期間の表示は省略する)。

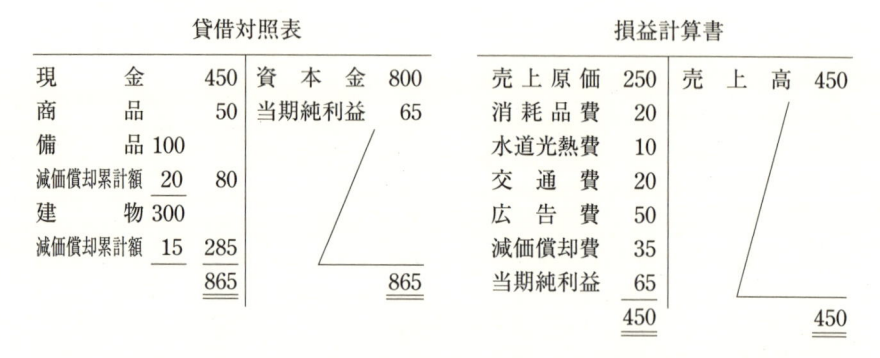

貸借対照表			
現　　　金	450	資　本　金	800
商　　　品	50	当期純利益	65
備　　　品	100		
減価償却累計額	20　　80		
建　　　物	300		
減価償却累計額	15　285		
	865		865

損益計算書			
売上原価	250	売　上　高	450
消耗品費	20		
水道光熱費	10		
交　通　費	20		
広　告　費	50		
減価償却費	35		
当期純利益	65		
	450		450

貸借対照表の資産は,市場経済の仕組みに基づいて言えば,社会的分業を継続的に行う能力を形成するために企業が所有している手段であり,その所有関係が貸借対照表等式の元である。しかし,企業が所有すべきではない有価証券なども,利益を得る手段として所有されており,企業の資産を構成している。したがって,社会的分業を遂行する手段として定義できない資産の広がりになっている。

貸借対照表に関してもう一点，資本について述べておこう。会計学は，貸借対照表等式を使い，資産から負債を引いた差額すなわち純資産が資本であると

資本＝資産－負債＝純資産

説明している。そして，資本のかわりに純資産という用語を使うようになってきているが，これは資本の本質を明らかにする説明方法ではない。

光商店の貸借対照表には負債がないので，資産＝資本になる。ところが，資本を純資産と定義すれば，資産＝純資産になって，同語反復の無意味な形に変質する。そのため，「社会的分業を協業として遂行すべし」という企業責任を「資本」は定立し得なくなる。資本を持分と表現しても，持分＝純資産と説明する限り，同じことである。所有関係を無視しているからで，所有関係から抜け落ちた資産は，廃棄物として処理されている。

(注) 国際会計基準の会計概念では，持分は残余資産に対する請求権 (residual interest) と説明しているが，請求権の実体は所有権である。

損益計算書は，1期間の経営成績を表している，というのが通説である。しかし，経営成績が利益を意味するのであれば，利益は貸借対照表に示されていて，損益計算書は利益を生み出した企業活動＝経営方法を表すのである。経営成績が売上高の意味であれば，それは損益計算書に掲げられている。

市場経済の仕組みから言えば，損益計算書は，利益を生み出す手段として行われた企業の1期間の社会的分業の実現，すなわち貨幣と生産物の再結合を表している。それが損益計算書等式の元である。

再結合が実現したとき，生産物に対する社会的所有権（販売・管理活動で消費した財やサービスを含む金額）が無くなり，代わりに貨幣形式である現金に対する社会的所有権を得る。前者が費用で後者が収益である。

費用の金額を商品の金額に加算せず，一つ一つ損益計算書に表示した形を見ると，消費されたものは他から入手したことが分かる。つまり，費用は他企業との協業を表しているのである。したがって，収益が費用を補う大きさであれば，その協業関係に基づいて再生産ができることを，損益計算書（所得計算書）は示している。

ただし、資本主義経済の企業は、先ほど述べたように有価証券なども所有して利益を得ており、その売買活動に伴う利得と損失なども、営業外収益・費用として損益計算書に掲げる。マネーゲームに参加するほど、その有様が財務諸表の上に広がり、社会的分業を協業として遂行する、という企業の基本が認識できなくなる。

次に、キャッシュフロー計算書（CF計算書）を掲げることにする。

〈直接法〉				〈間接法〉		
営業活動によるCF				営業活動によるCF		
営業（売上）収入	¥450			当期純利益	¥65	
商品の仕入支出	－300			商品の増加	－50	
その他営業支出	－100	＋50		減価償却費	＋35	＋50
投資活動によるCF				投資活動によるCF		
備品の購入支出	－100			以下の部分は直接法と同じ。		
建物の購入支出	－300	－400				
現金（及び現金同等物）減少額		－350				
現金（及び現金同等物）期首残高		＋800				
現金（及び現金同等物）期末残高		¥450				

CF計算書は、損益計算書に掲げていない、同一期間の企業活動を表示している。光商店の取引を思い出せば、売れ残っている商品¥50を仕入れた活動、そして備品と建物を購入した活動は、損益計算書には表示していないことが分かるであろう。しかし、それらの活動も、損益計算書が表す活動と共に行われたのである。それゆえ、光商店が行った1期間の実績を伴う活動全体を表そうとすれば、財務表をもう一つ作らざるを得ないのである。

ただし、CF計算書の「営業活動によるキャッシュフロー」の表示方法として、直接法と間接法の二つがあるので、補足しておくことにする。

二つの表示法は損益計算書と次のような関係になっているので、この関係を抜きにして見ると、非常に分かりにくくなる。

　　損益計算書の金額＋間接法の表示項目の変動額＝直接法の収支の金額

上の関係を表す形を作れば、次頁のようになる。このように、損益計算書と二つの方法の関係を表す形を作ると、光商店が行った営業活動全体が分かるよ

うになる。それに投資活動と財務活動を加えると，光商店が1期間に行った企業活動の全体になる。

	損益計算書	＋	間接法の営業CF	＝	直接法の営業CF
売 上 高	¥450				¥450
売 上 原 価	－250		商品の増加　－50		－300
消 耗 品 費	－20				－20
水道光熱費	－10				－10
交 通 費	－20				－20
広 告 費	－50				－50
減価償却費	－35		減価償却費　＋35		0
当期純利益	¥65		－¥15		
営業CF					＋¥50

参考のために下に掲げたのは，開業後の取引②〜⑨を，所有等式に現れる資本金を名称変更せず，そのまま記入したときの記録である。それを見れば，1期間の企業活動全体が整理されて，損益計算書と（間接法の）CF計算書で表されているのが分かるはずである。ただし，減価償却の記入は取り去っている。CF計算書では，損益計算書の減価償却費を取り去る表示をしているからである。つまり，消去しなければ本当のことが分からない，と言っているのである。

資　本　金

② 購　入（現　金）300	② 購　入（建　物）300
③ 購　入（現　金）100	③ 購　入（備　品）100
④ 仕　入（現　金）300	④ 仕　入（商　品）300
⑤ 売　上（商　品）250	⑤ 売　上（現　金）450
⑥ 購　入（現　金）20	⑥ 購　入（消耗品）20
消　費（消耗品）20	
⑦ 消　費（水光熱）10	⑦ 購　入（水光熱）10
支払い（現　金）10	
⑧ 購　入（現　金）20	⑧ 購　入（乗車券）20
使　用（乗車券）20	
⑨ 購　入（現　金）50	⑨ 購　入（チラシ）50
使　用（チラシ）50	

5. 精算表の作成

　以上説明した決算は手数の掛かる作業なので，その正確性を期すために，次頁に例示した通り，別紙を用意して精算表を作る。精算表は，残高試算表に基づいて，損益計算書と貸借対照表を作成する表形式である。キャッシュフロー計算書を作成するときの一方法である比較貸借対照表は，次章で例示する。

〔作成法〕
1. 残高試算表に基づいて残高試算表欄を作成する。
2. 棚卸表に基づく決算仕訳は，修正記入（整理記入）欄を使って複式記入する。そのとき，勘定科目欄に関連する科目が無ければ，勘定科目欄の下部の空白箇所に，必要な科目を追加する。

　修正記入をした後，修正欄の左右に記入した金額をそれぞれ合計し，二つの合計額が一致することを確認する。
3. 各勘定の金額を矢印で示したように移動する。そのとき，修正欄に金額があれば，同じ側の金額は加算し，反対側の金額は減額する。修正欄にのみ記入した金額を移動するときは，その勘定科目が損益計算書に表示される科目か，貸借対照表に表示される科目かを判断して移動する。
4. 損益計算書に移した左側の金額の合計と，右側の金額の合計とを比較し，その差額を合計額の少ない側に記入して加算する。左側（右側）に記入した場合の差額は，当期純利益（当期純損失）であるから，その金額を貸借対照表の右側（左側）にも記入する。その結果として，損益計算書欄も貸借対照表欄も，左側の記入額の合計と右側の記入額の合計が一致して，精算表が完成する。一致しなければ，誤りの箇所を見いだして訂正する。

精　算　表

勘定科目	残高試算表		修正記入		損益計算書		貸借対照表	
	左側	右側	左側	右側	左側	右側	左側	右側
現　　　　金	450						450	
商　　　　品	50						50	
備　　　　品	100						100	
建　　　　物	300						300	
資　本　金		800						800
売　　　　上		450				450		
売　上　原　価	250				250			
消　耗　品　費	20				20			
水　道　光　熱　費	10				10			
交　通　費	20				20			
広　告　費	50				50			
	1,250	1,250						
減　価　償　却　費			35		35			
備品減価償却累計額				20				20
建物減価償却累計額				15				15
当　期　純　利　益					65			65
			35	35	450	450	900	900

(注)　3分法を用いたとき，決算時に繰越商品勘定に記入した金額 (50) は次期の決算時に仕入勘定へ振り替え (a)，改めて決算時の繰越額 (例：80) を仕入勘定から繰越商品勘定へ振り替える記入 (b) をする。右に例示した勘定記入は，精算表では修正記入欄で行う。

繰越商品	
50	(a) 50
(b) 80	

仕　　入	
xxx	(b) 80
(a) 50	

第8章

負債の複式簿記

1. 信 用 取 引

　小売業を営む光商店を仮定して，複式簿記の基本を説明したが，決算をして作成した貸借対照表には，105頁の基本形にあった負債は現れなかった。それは現金で取引したからである。しかし，社会的分業を行う企業の間では，信用取引が行われる。メーカーは，小売企業の販売能力を信用して商品を先に渡して，現金を後日受け取る。小売企業はその商品を販売し，消費者から受け取った現金の中からメーカーに支払いをする。このような信用取引を行ったときに発生するのが負債である。負債に関しては，すでに5章の7節で支払手形や買掛金に触れたが，それ以外にも色々な負債があるので，この章で負債の複式簿記を説明する。なお，前章では光商店の取引を用いたが，この章で用いる取引は，光商店の取引に限らないことを付記しておく。

2. 手 形 の 利 用

次の取引は，手形を用いた取引の例示である。
① 光商店は「葵工業」という企業から商品￥500を仕入れ，現金のかわりに同額の約束手形を振り出した（約束手形を作成して渡した）。
・葵工業は製品（原価￥300）を￥500で販売し，同額の約束手形を受け取った。

②支払期日がきたので，光商店は①の手形金額￥500を現金で支払った。

・葵工業は約束手形の金額￥500を期日に現金で受け取った。

（注）　同じ物でも，それが置かれた関係が変われば，表現が変わる。製品を他の製品を作るのに使う場合は材料と言い，小売企業で販売するときは，商品と言う。

光商店は上記の通り商品を仕入れたが，今度は直ちに現金を渡すかわりに約束手形を渡したのである。約束手形は，支払いの約束を記した紙片（証券）で，下に掲げたのは，その簡単な例示である。

```
              約 束 手 形
葵　工業殿          支払期日　X年11月10日
    金額　￥500     支払地　　京都
    X年9月10日      支払場所　祇園銀行　錦支店
振出人　光商店　日野本光　㊞
```

①の取引の仕訳と勘定記入をする前に，光商店と葵工業の間で行われた，製品＝商品と手形の受け渡しの内容を見ることにしよう。

光商店と葵工業の間で行われる垂直的分業は，互いの能力を所有し合う協業である。葵工業は製品を消費者へ渡す光商店の能力を所有し，光商店は製品を作る葵工業の能力を所有している。両者は一体になって，製品を作り，それを消費者に渡すのである。とはいえ，別々の企業であるから，所有し合う関係は委託・受託という形をとる。葵工業は光商店に製品と，消費者からの現金の受取とを委託し，光商店はそれを受託する。このとき光商店が現金のかわりに受託証券を渡せば，それが一時的に現金の役割を果たし，両企業の間で貨幣と生産物の再結合が実現して，葵工業から光商店へ製品の所有関係が移る。ただし，資本主義経済では，単に支払いの約束をした手形を渡すのである。

光商店が葵工業に渡した手形は，現金の支払いを約束した紙片であるが，日野本氏の姓名が記入され押印されている。その手形を渡したということは，日野本氏は自分を葵工業に所有させたのである。もちろん，身体を直接所有させたのではなく，日野本氏が得た商品に対する社会的所有権￥500を葵工業にも所有させたのである。つまり，所有権が葵工業によって拘束されたのである。

(注) liability（負債）の形容詞 liable の原義は「しばる」である。

したがって，①の取引に関する所有関係は二つになる。製品＝商品に関しては，その所有関係が葵工業から光商店に移ったので，商品に対する所有関係を認識する。それを表す所有等式は，次の通りである。

商 品 500　資本金 500

他方，約束手形の振出に関しては，それによって移動してきた所有権が同時に拘束されたので，その変化を次の等式で表現する。

資 本 金 500　拘束された資本金 500

上記の等式は，拘束されていない所有権が拘束された所有権すなわち負債へ移行したことを表す所有等式である。

以上の二つの等式を，総勘定元帳に転記した形は，次のようになる。

拘束された資本金	資本金	商 品
手形振出 500 ｜ 仕入（手形による拘束）500	仕入（商品）500 ｜ 仕入 500	

上の資本金勘定の記入は，現金と手形の違いが一つあるが，現金で商品を仕入れたときの記入と基本的に同じである（117頁参照）。したがって，二通りの方法で記入を簡略化することができる。一つは資本金勘定の記入を省略する方法で，もう一つは，資本金勘定の左側の記入を仕入勘定として独立させ，その右側の記入と商品勘定の記入を省略する方法である。

・資本金勘定の記入の省略。

資本金勘定の記入を省略すれば，「拘束された資本金」勘定と，商品勘定の二つの記入になる。そのときの仕訳は，二つの所有等式を合算した結果として出てくる形である。

商 品 500 ＝ 資　本　金 500
資本金 500 ＝ 拘束された資本金 500
商 品 500 ＋ 資本金 500 ＝ 資本金 500 ＋ 拘束された資本金 500
商 品 500 ＝ 拘束された資本金 500
↓
商 品 500　支払手形 500

・商品勘定のかわりに仕入勘定を使う場合。

この方法は先の二つの等式から「商品 500　資本金 500」を省略して,「資本金 500　拘束された資本金 500」だけにし,資本金の減少理由を仕入として表す形である。

いずれの方法を使用しても,資本金が拘束された形を記録することになるが,資本金の増加と減少の理由を収益・費用科目として表したように,拘束された理由を勘定科目として用いる。この場合は支払いの約束をした手形の振り出しによる拘束であるから,「支払手形」とする。それゆえ,次の等式すなわち仕訳になる。これが,一般的な仕訳である。

商　品 500	支払手形 500	あるいは	仕　入 500	支払手形 500
商　品	支払手形		仕　入	支払手形
支払手形 500			商品 500　支払手形 500	仕入 500

商品の販売に関する記入はすでに説明したので省略して,今度は,取引②の複式簿記へ移ることにする。光商店が消費者から受け取った現金の中から,期日に葵工業へ現金￥500 を渡したとき,現金に対する所有関係が葵工業に移ると共に,拘束が解けることになる。したがって,現金に対する所有関係の消滅と,拘束の解除を表す等式を作る。拘束の解除（手形の回収）は,拘束を受けたときの反対の形にすれば良い。したがって,二つの等式は次のようになる。ただし,拘束された資本金は支払手形と表現している。

　　　　　　　　　資　本　金 500　　現　　金 500
　　　　　　　　　支払手形 500　　資　本　金 500

上の二つの等式を合算すれば,左右の資本金 500 が消えて,「支払手形 500　現金 500」になる。これが一般的な仕訳である。

仕訳：	支払手形 500	現　　金 500
転記：	支払手形	現　　金
	現金 500	支払手形 500

次に，取引①②に関する葵工業の複式簿記を示すことにする。

葵工業では，製品の所有関係が消滅するかわりに，手形に対する所有関係が生まれる。受取った手形は現金に対する債権（請求権）で，資産を構成する。他の債権も同じである。それを所有等式で表せば，次のようになる。

資本金 300　　製　品 300
手　形 500　　資本金 500

この二つの等式を勘定記入したのが，次の形である。

```
     製　品           資本金                 手　形
    │売上 300   売上(製品) 300│売上(手形) 500   売上 500│
```

上の資本金勘定の記入も，現金と手形の違いが一つあるが，手形が一時的に現金の役割をしたと解釈すれば，商品を販売して現金を得たときの記入と基本的に同じである。それゆえ，資本金勘定の記入は，売上原価勘定と売上勘定に分離して記入する形にすることができる。

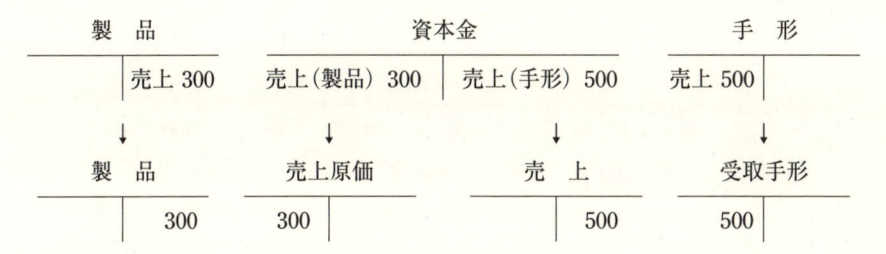

```
     製　品           資本金                 手　形
    │売上 300   売上(製品) 300│売上(手形) 500   売上 500│
      ↓              ↓              ↓              ↓
     製　品          売上原価           売　上          受取手形
    │ 300          300│             │ 500            500│
```

上の勘定記入で，手形を受取手形としているのは，支払手形と区別するためである。製品を販売するたびに，製品勘定と売上原価勘定に記入しないで，一定期間の終わりに，販売した製品の売上原価をまとめて記入する場合は，売上と受取手形の二つの勘定に複式記入するだけになる。上の記入は工業簿記の記入であるが，商業簿記と共通する販売時の一般的な仕訳は次の通りである。

仕訳：受取手形 500　　売　　上 500

葵工業が期日に手形金額を現金で受け取ったときは，現金に対する所有関係が実現し，手形を光商店へ返すので，その所有関係が消滅する。この所有関係

の変化を表す等式を作れば，次のようになる．

$$現　金\ 500\quad 資本金\ 500$$
$$資本金\ 500\quad 手　形\ 500$$

上記二つの等式を合算すれば，左右の資本金500が消えて，「現金500　手形500」になるが，手形は前記の通り受取手形と表現したので，次の形になる．これが一般的な仕訳と勘定記入である．

```
仕訳：    現　金 500      受取手形 500
転記：    現　金           受取手形
―――――――――――――    ―――――――――――――
受取手形 500 |           | 現金 500
```

先へ進む前に，負債を記録するときの複式簿記のポイントを述べると，資本金が拘束された理由を勘定科目として用いることである．支払手形に基づいて他の負債を例示すれば次のようになる（数字は仮の金額である）．

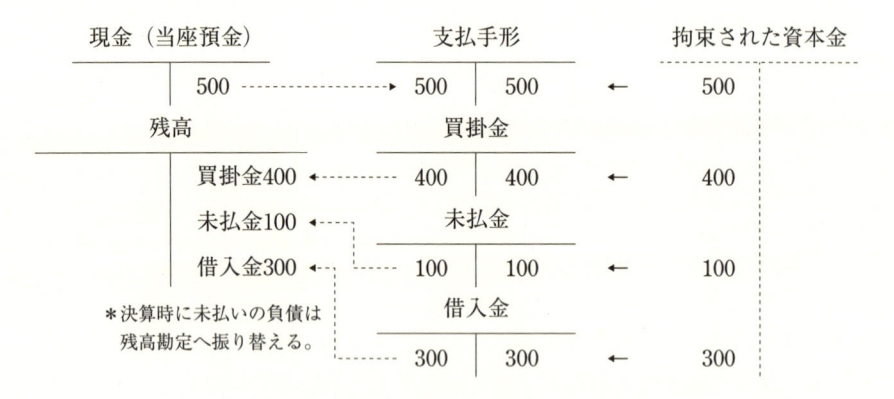

現金（当座預金）	支払手形	拘束された資本金
｜ 500 ┄┄▶	500 ｜ 500 ◀┄	500
残高	買掛金	
―――――――		
買掛金400 ◀┄	400 ｜ 400 ◀┄	400
未払金100 ◀┄	未払金	
借入金300 ◀┄	100 ｜ 100 ◀┄	100
＊決算時に未払いの負債は残高勘定へ振り替える．	借入金	
	300 ｜ 300 ◀┄	300

負債（債務）を生じさせる取引の相手企業は，債権（請求権）を資産として所有する．この債権・債務の連鎖は協業関係にある企業が，協力して能力を維持し，また増大させる方法でもある．

3. 買掛金と売掛金

　商品の売買の際に手形を用いる方法以外に，手形を省略する方法がある。互いに信用度が高い場合，言葉だけを受け渡しして（口約束をして）商品の信用売買をする。このとき，商品を仕入れた企業では，支払手形のかわりに買掛金（かいかけきん）という勘定科目を使い，商品を販売した企業では受取手形のかわりに売掛金（うりかけきん）という勘定科目を用いる。この方法は，手形による約束ではなく口約束であるが，総勘定元帳の買掛金勘定あるいは売掛金勘定という紙面に約束が記された形になる（「金」が付いているが，債務と債権を表す用語である）。

　信用取引をする相手先が複数ある場合，相手先毎に売掛債権・買掛債務を管理するためには，売掛金元帳（得意先元帳）・買掛金元帳（仕入先元帳）という補助簿を設けて記入する。

　　（注）　商品の販売先Sに対する売掛金と，仕入先Pに対する買掛金を相殺する方法として為替手形を用いることがある。このときは販売先のSは手形の支払人を引き受けたので，買掛金を支払手形に変える。仕入先のPは為替手形を受け取るので，売掛金を受取手形に変える。

4. 未払金と未収金

　商品以外の物，例えば消耗品や備品などを掛け（口約束）で購入したときは，買掛金と区別するために，未払金（負債）勘定を用いる。その反対に不用になった固定資産などを掛けで売却したときは，商品の販売によって生じた売掛金と区別するために，未収金（債権）勘定を用いる。

　なお，固定資産を売却したとき，その残存価額と売却額が異なる場合があるので，この複式簿記を述べておくことにする。

　③備品（取得原価￥50，減価償却累計額￥30）を￥40で売却し，現金￥40は月末に受け取ることにした。

　上の取引の一般的な仕訳は，次の通りである。

　　　　　　備品減価償却累計額 30　　備　　　　品 50
　　　　　　未　収　　金 40　　固定資産売却益 20

　この仕訳を所有関係の変化に基づいて導き出すことにしよう。
　備品減価償却累計額は，6 章で説明し通り，売上勘定の別称である。そして，売上勘定は資本金勘定の右側の記入を分離独立させた形である。その記録を取り消す上の仕訳は，備品減価償却累計額の金額を資本金勘定に書き移すという意味である。それを仕訳（振替等式）で表せば次のようになる。

　　　　　　　　備品減価償却累計額 30　　資　本　金 30

　次に，備品 50 に対する所有関係の消滅を表す等式と，月末に現金を受け取る権利（未収金）を所有したことを表す等式を作成すれば，次のようになる。

　　　　　　　　資本金 50　　備　品 50
　　　　　　　　未収金 40　　資本金 40

　上記の三つの等式を合算すれば，資本金 20 が右側に残る。この資本金の増加理由を固定資産売却益と表現すれば，一般的な仕訳になる。売却額が ¥5 のときは，左側に資本金 15 が残る。その資本金の減少理由を固定資産売却損と表現して，固定資産売却損勘定の左側に 15 と記入する。

5. 商　品　券

　手形売買と掛け売買では，商品を先に受け渡しし，その後で現金の授受をするが，これから説明するのは，現金を先に受け取って，後で商品を渡す商品券に関する複式簿記である。次の取引は，光商店が他の商店と協力して，商品券を発行した例である。
　④商品券 ¥100 を発行し，現金 ¥100 を受け取った。
　⑤商品（仕入原価 ¥40）を ¥60 で販売し，商品券 ¥60 を受け取った。
　この取引の内容は，現金 ¥100 を所有したけれども，後日，商品券と引き換えに商品を渡す債務を背負った，という内容である。現金の受け取りに関する所有等式は，次の通りである。

現　金 100　　資本金 100

他方，商品を渡さなければならない債務は，手形の振出と同様，社会的所有権が拘束されるので，次のように資本金を「拘束された資本金」に変える。

資　本　金 100　　拘束された資本金 100

上記二つの等式を合算すれば，左右の資本金 100 が消えて，「現金 100　拘束された資本金 100」なる。ただし，すでに述べたように，拘束の理由が商品券の発行であるから，「拘束された資本金」を「商品券」と表現する。したがって，一般的な仕訳と勘定記入は次のようになる。

仕訳：　　　現　　金 100　　商品券 100
転記：　　　現　金　　　　　　　商品券
商品券 500　｜　　　　　　現金 100　｜

⑤の商品を渡して商品券を受け取ったときは，商品に対する所有関係がなくなり，同時に拘束が解けるので，この変化を次のように所有等式で表す。

資本金 40　　商　品 40
商品券 60　　資本金 60

上の等式つまり仕訳をそのまま勘定記入すれば次のようになる。

　　商　品　　　　　　　　資本金　　　　　　　　商品券
｜売上 40　　売上(商品) 40｜売上(商品券) 60　　解除 60｜

この資本金勘定の記入は，商品券を受け取って，商品の売上が実現したことを表す記入であるから，左側は売上原価勘定，右側は売上勘定として分離させることができる。したがって，次のように記入することができる。

仕訳：売上原価 40　　商　　品 40　　← 3分法では省略
　　　商　品　券 60　　売　　上 60
転記：　売　上　　　　商品券　　　　　　　商　品　　　　売上原価
　　｜商品券 60 売上 60　　　100　　　｜売上原価 40 商品 40｜

（注）他店と連盟して商品券を発行し，他店の商品券を消費者から受け取ったときは，

「他店商品券」勘定を作って，受取手形と同様に記入しておく。後日，他店が所有している自店の商品券との差額決済をする。

6. 前受金と前払金

商品の販売に先立って，商品価格の全額または一部を受け取り，その後で商品を仕入れて引き渡す場合がある。商品価格の全額を現金で事前に受け取ったときは，商品券勘定のかわりに前受金勘定を作り，商品を渡す債務を記入する。その商品を引き渡したときは，前受金の金額を売上勘定へ振り替える。

受け取った現金が商品価格の一部で，商品を渡したとき，差額の現金を受け取る場合は次のようになる。後日受け取る場合は，売掛金勘定に記入する。

価格¥100（原価¥60）の商品につき，現金¥60を前受したとき。

```
受注時：　現　金 60　　前受金  60
販売時：　前受金 60　　売　上 100
　　　　　現　金 40
```

前受金の反対は前払金である。前払金は，企業が現金を前払いして商品を発注したときに用いる。このとき，発注した企業では，現金に関する所有関係はなくなるが，商品を請求する権利ができる。その権利を前払金として認識する。例えば，光商店が現金¥60を前払いして価格¥100の商品を注文し，商品の受取時に，現金40を支払ったときは，次のように仕訳をする。後日支払うことにしたときは買掛金勘定に記入する。

```
注文時：　前払金　 60　　現　金 60
受取時：　商　品 100　　前払金 60
　　　　　　　　　　　　現　金 40
```

3分法で記録するときは，商品勘定のかわりに，仕入勘定を用いる。

7. 給料と所得税預り金

　商品の販売量が増加するほど，売買活動に従事する人が必要になり，従業員を雇用して，月々給料を支払うことになる。ここでは，給料の支払いに関する記入を説明する。

　⑥従業員の給料￥80を，源泉所得税￥20を差し引いて，現金で支払った。

　従業員に給料として実際に渡した現金は￥60なので，次の所有等式を作る。

$$資本金\ 60\quad 現\ 金\ 60$$

残りの￥20は，従業員が渡すべき所得税を企業が預かって，税務署に支払うように拘束されているので，次の等式を作る。

$$資\ 本\ 金\ 20\quad 拘束された資本金\ 20$$

　上記二つの等式に基づいて勘定記入すれば，次のようになるが，資本金勘定の給料に関する記入は，一つにまとめて別勘定を作って記入する。そのときは，資本金が減少した理由として「給料」を勘定科目として用いる。また拘束された資本金は，拘束の理由を表す「所得税預り金」という勘定科目に変える。

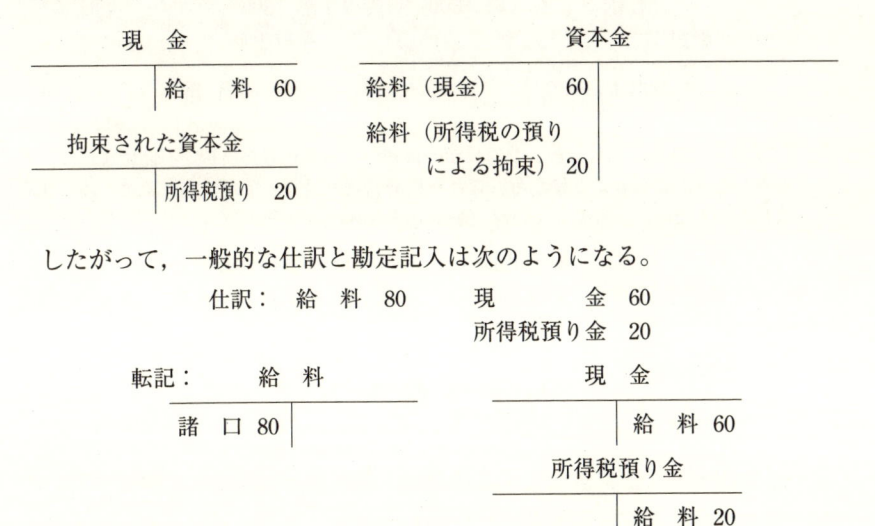

```
      現　金                    資本金
 │ 給　料 60           給料（現金）      60
拘束された資本金          給料（所得税の預り
 │ 所得税預り 20          　　による拘束）20
```

したがって，一般的な仕訳と勘定記入は次のようになる。

```
  仕訳：  給　料 80    現　　金      60
                        所得税預り金  20

  転記：     給　料                現　金
         諸　口 80               │ 給　料  60
                              所得税預り金
                                │ 給　料  20
```

所得税を現金で納付したときの仕訳は,「所得税預り金 20　現　金 20」になる。

8. 手形の裏書

受け取った手形は,支払期日がくる前に現金のかわりに使うことができる。そのときは,手形の裏に署名・押印して渡すので,手形の裏書譲渡と言う。

⑦葵工業は材料を仕入れ,その代金として光商店から受け取った約束手形¥300 を裏書譲渡した。

手形を裏書譲渡した結果,手形に対する所有関係が消滅し,材料に対する所有関係が実現するので,⑦の取引に関する所有等式は次のようになる。

　　　　　　　資本金 300　　受取手形 300
　　　　　　　材　料 300　　資 本 金 300

上の二つの等式を合算すれば,左右の資本金 300 が消えて,次のようになる。これが一般的な仕訳である。

```
         仕訳：　材　料 300　　受取手形 300
  転記：　　　　材　料　　　　　　受取手形
         受取手形 300 |            | 材料 300
```

(注)　手形を裏書譲渡したとき,手形金額の最初の支払責任者が支払い不能になれば,裏書きした人が支払うことになる。これを偶発債務と言う。手形の裏書譲渡に伴う偶発債務を表すために,次のように記入する方法もある。

　　　　材　料 300　裏書手形 300　← 手形を裏書譲渡したとき
　　　　裏書手形 300　受取手形 300　← 手形が決済されたとき

9. 手形の割引

手形の金額を期日前に現金化する場合は,銀行などに売却して換金する。ただし,手形に記入されている金額では売却できないので,手形金額よりも割り

引いた値段で売買する。それゆえ，手形の割引と言う。

葵工業が，光商店から受け取った約束手形を，銀行に売却して（割り引いて）現金を得た取引を⑧として例示する。

⑧葵工業は約束手形￥300を￥280で銀行に売却し，現金を受け取った。

上記⑧の取引内容は，受取手形￥300に対する所有関係の消滅と，現金￥280に対する所有関係の実現であるから，次のように二つ所有等式を作る。

資本金 300　　受取手形 300
現　金 280　　資 本 金 280

二つの等式を合算すれば，資本金20が左辺に残る。この資本金20の減少は手形売却によるものであるから，手形売却損（支払割引料）という勘定を作って別に表示すると，次のような一般的仕訳になる。

仕訳：　手形売却損　20　　受取手形 300
　　　　現　　　金　280

転記：　　　　手形売却損　　　　　　　受取手形
　　　受取手形 20　｜　　　　　　　　　｜諸口 300
　　　　　　　　　　現　金
　　　受取手形 280｜

（注）手形を売却したときも裏面に署名・押印するので，偶発債務が発生する可能性がある。それを表すために，次のように記入する方法もある。

手形売却損　20　　割引手形 300　← 手形を売却したとき
現　　　金　280
割引手形 300　　受取手形 300　← 手形が決済されたとき

10. 現 金 の 貸 借

企業活動の遂行に必要な現金を，一時的に借り入れることがある。次の取引は現金貸借に関する例示である。

⑨光商店（日野本氏）は借用証書を渡して，C店から現金￥200を借り入れ

た。

　現金を借り入れたときは，その現金に対する所有関係が実現するが，期日に返済する約束を記した借用証書を渡したので，手形を渡したときと同様，(資本金が) 拘束される。したがって，所有等式は次のようになる。

　　　　　現　　金 200　　資　　本　　金 200
　　　　　資　本　金 200　　拘束された資本金 200

　二つの等式を合算すれば，資本金200が消えて，「現金200　拘束された資本金200」になる。そして，拘束された理由を表す「借入金」を勘定科目として用いると，次の一般的仕訳になる（借入金は現金ではなく，債務を表す）。

　　　仕訳：　　　現　金 200　　借入金 200
　　転記：　　　現　金　　　　　　　借入金
　　　　　借入金 200　│　　　　　　　　　│ 現金 200

　返済期日がきて現金を返して借用証書を受け取ったときは，借り入れたときの仕訳を逆にした形すなわち「借入金200　現金200」にして，転記すれば良いのである。
　他方，貸し主の方は，現金に対する所有関係が無くなる代わりに，借用証書を所有するので，次の二つの所有等式を作る。

　　　　　資　本　金 200　　現　　金 200
　　　　　借用証書 200　　　資本金 200

　二つの等式を合算すれば，左右の資本金200が消えることになる。そして，借用証書を貸付金に変えると，次のような一般的な仕訳になる（貸付金は現金ではなく，債権を表す用語である）。

　　　仕訳：　　　貸付金 200　　現　金 200
　　転記：　　　貸付金　　　　　　　現　金
　　　　　現金 200　│　　　　　　　　│ 貸付金 200

　現金の返済を受けたときは借用証書を渡して，貸し付けたときの逆の形すな

わち「現金 200　貸付金 200」にして転記する。

（注）借用証書のかわりに手形を利用したときは，商品の売買時に用いる手形と区別して，手形借入金・手形貸付金という勘定を設けて記入する。

現金の貸借に関して，利息の支払いと受取が行われるが，これは，借り主においては，現金に対する所有関係の消滅であり，貸し主においては，現金に対する所有関係の実現である。ただし，資本金の減少理由を支払利息（営業外費用），その増加理由を受取利息（営業外収益）と表現する。その取引例として，⑩を付け加えることにする。

⑩光商店は利息￥10 を現金で支払った（C 店はそれを受け取った）。

　　　光商店：資本金 10　現　金 10　→　支払利息 10　現　　金 10
　　　C　店：現　金 10　資本金 10　→　現　　金 10　受取利息 10

〔光商店〕　　　　　　　　　　　　　　　　〔C 店〕

支払利息		現　金		現　金		受取利息
現金 10			支払利息 10	受取利息 10		現金 10

賃貸借契約を結んで，営業用の建物や土地の貸借をした場合は，建物や土地に対する所有関係は移動しないので，記入しないが，家賃や地代の支払いと受取は，利息の場合と同じ方法で記録する。そのとき，支払利息を支払家賃（賃借料）や支払地代に，受取利息を受取家賃（賃貸料）や受取地代に変える。ただし，支払家賃と支払地代は営業費用である。

（注）備品や機械などの固定資産を長期間にわたって賃貸借する方法をリースと（英語をカタカナで）表現して，建物や土地の賃貸借に関して説明したのとは異なる記入，つまり借り主がそれらを所有したように記入させている。それを合理化するために，所有ではなく支配という用語を使っている。しかし，物は逃げないのだから，ボールペンを支配していると言うのと同様，機械を支配していると言うのは可笑しいのである。所有は対等な関係にある人々の承認を伴っているが，支配は他の人や国を力で排除する，あるいは従属させることである。そのためであろうか，使用権を記録するという話に変わってきている。

11. 当　座　預　金

　多額の現金を企業で管理するのではなく，当座預金として銀行に預け入れて管理してもらう方法がある。今度は現金を当座預金として銀行に預け入れたときの複式簿記を説明する。

　当座預金は，（日本では）無利息の預金で，預金を引き出して使うときは，小切手という紙片に金額を記入して，その小切手を他の企業へ，現金同様に渡すのである。その小切手に記入できる金額は，もちろん預け入れた金額の範囲内であるが，当座借越契約を結べば，当座預金がゼロになっても，契約した金額の範囲であれば，小切手に書き込む金額にすることができる。

　日野本氏が光商店の現金を銀行に当座預金として預け入れ，そして使用した例示が⑪〜⑬の取引である。

　⑪日野本氏はB銀行と当座預金契約を結び，現金¥250を預け入れた。なお，同時に借越限度¥50の当座借越契約を結んだ。

　⑫商品¥300を仕入れ，同額の小切手を振り出して（作成して）支払った。

　⑬商品の一部を¥200で販売して，同額の小切手を受け取り当座預金とした。

　取引⑪を所有等式で表す場合は，まず現金に対する所有関係が消滅したことを表す。それは次のようになる。

$$\text{資本金 } 250 \quad \text{現　金 } 250$$

　光商店は現金に対する所有関係を銀行に移したかわりに，銀行が受け持つ社会的所有権を所有したのである。その債権の形を当座預金と言っている。小切手の振出とは，現金を渡すかわりに，銀行が持つ社会的所有権を小切手に書いて他企業に渡すことである。従業員の給与を銀行振り込みにしたときは，銀行の受け持つ社会的所有権が個人の預金口座に移され，現金で引き出したときは，社会的所有権と現金が合体して，生きた貨幣として使用されるのである。

　したがって，企業が当座預金をしたときは，次の所有等式を作る。

　　　　　　　　　当座預金 250　　資本金 250

　二つの等式を合算すれば，次の一般的な仕訳の形になる。

　　　　　　　　　当座預金 250　　現　金 250

　⑫は当座預金を使った例である。商品に対する所有関係が実現するが，当座預金￥250に対する所有関係が無くなる。ただし，小切手の記入金額￥300に対して当座預金は￥250で，全額使っても￥50不足している。その不足分を補うために働くのが当座借越契約で，一時的に銀行から￥50借り入れた形になる。したがって，作成する等式は次のように三つになる。

　　　　　　　商　　　品 300　　資　　本　　金 300
　　　　　　　資　本　金 250　　当　座　預　金 250
　　　　　　　資　本　金　50　　拘束された資本金　50

　三つの等式を合算すれば，資本金が消えて，左側は商品 300，右側は当座預金 250と拘束された資本金 50になる。そして，拘束された資本金を，拘束の理由を表す当座借越にすれば，次の一般的な仕訳になる。3分法の場合は商品勘定の代わりに仕入勘定を使う。

　　　　　　商　品 300　当　座　預　金 250　　商　品 300　当座預金 250
　　　　　　　　　　拘束された資本金　50　→　　　　　　　　当座借越　50

　⑬の取引で，商品を販売して得た小切手は，現金ではないが，現金同等物として現金扱いをする。その小切手を預け入れたときは，まず当座借越（債務）を返し，その残額が当座預金の増加になるので，次のように仕訳する。

　　　　　　　　　当座借越　50　　売　上 200
　　　　　　　　　当座預金 150

　以上まとめて勘定記入すれば，次頁の通りである。
　なお，銀行が現金￥250を当座預金として受け入れたときは，「現金 250　当座預金 250」と仕訳して勘定に記入する。当座預金は銀行では負債である。

現　　金		当座預金		商　品（仕入）	
	⑪当座預金 250	⑪現金 250	⑫商品 250	⑫諸口 300	
売　　上		⑬売上 150			
	⑬諸口　　200	当座借越			
		⑬売上 50	⑫商品 50		

（注）　現金を当座預金にして小切手で支払いをしても，一定額の現金を用度係に所持させ，日常の少額の支払いができるようにする（定額資金前渡法と言う）。この現金を小口現金と言い，小口現金勘定を設けて収支を記入する。用度係に定額の小切手を渡したときは（用度係が小切手を現金に変えて所持するので）「小口現金 xx　当座預金 xx」と仕訳する。用度係から（消耗品費 xx，交通費 xx というように）支出の報告を受けたときは，各費用勘定と小口現金勘定に複式記入する。そして，支出額に相当する金額を小切手で補給したときは，最初と同じように仕訳をする。

12. 株式会社の資本金

　資本主義経済では，人々は自分の私財を使って，企業を設立することができる。また，その規模を拡大したいとき，あるいは，企業を立ち上げるのに個人の私財では足りないときは，他の人と協力して組合（partnership）を作ることができる。日野本光氏と初音薫氏がそれぞれ¥800 ずつ現金を持ち寄って，組合を作ったとすれば，そのときの資本金に関する仕訳は次のようになる。

　　　　現　　　　金 1,600　　日野本　光資本金 800
　　　　　　　　　　　　　　　初　音　薫資本金 800
　　　　　＊一般には資本金ではなく，出資金という用語が使われている。

　こうして，他の人々と組めば，企業に投じることができる現金（やその他の資産）が増えて，企業規模を拡大することができる。しかし，組合を作っている人たちの意思統一ができなくなって，脱退する人が出ると，突然，企業の規模が縮小することになる。この問題を解決する方式が株式会社である。
　株式会社の場合は，個々人の持つ現金が結合すると共に，現金を出した人た

ちも一体化する。現金を拠出した人たちが一体化した形が法人である。同じ法人の構成員としての地位を表す株式を持ち，メンバーを離脱するときは，他者に株式を売って株主交替をする方式で，株主の離脱によって，企業規模が突然縮小することがない仕組みにしている。

株式会社を設立したときは，個人企業を設立したときと同じように，認識する。株式会社も会社企業であり，企業としての本質は同じだからである。次の例示に従って，設立時の仕訳だけを示すことにする。

⑭株式10株を1株￥100で発行して，株式会社を設立した。払込金は当座預金とした。

取引⑭の内容は，法人が当座預金を所有している形であるから，所有等式すなわち仕訳は次のようになる。

当座預金 1,000　　資本金 1,000

株式会社を設立するときに行う登記申請の際，株主になる人から現金が拠出されたことを証明する必要があるので，当座預金にして銀行からその証明書を得て添付書類にする[1]。そのため，現金ではなく当座預金にしているが，設立時の資本金に関する記入は，個人企業と基本的に同じ形になる。それは上記の通り，株式会社も社会的分業を遂行する企業だからである。ただし，新しい会社法では，出資額が￥1でも，株式会社を設立できるようになっている。人々が起業しやすいように，資本金の下限を撤廃したそうであるが，こうして法律が規制緩和をすればするほど，「会社とは何か」が分からなくなる。概念には内包と外延がある。内包すなわち概念の定義をゆるめるほど（曖昧にするほど），外延が広がり，区別がなくなるのである。負債の定義を実質的にゆるめて，収益を負債にすることができるようにするのと同じである。それゆえ，改めて，株式会社とは何か，考えなければならないのである。

　（注）　取引⑭は，次のように仕訳をすることもできる。

当座預金 1,000　　資　本　金 500
　　　　　　　株式払込剰余金 500

会社法は，株主が払い込んだ金額の2分の1を超えない金額を，資本金としないことができる規定を設けている（会社法445条2）。そのために，いわば例外規定が原則

になり，原則が例外になる。資本金の金額を減らすほど，法的に強制される利益準備金の金額を少なくすることができる[2]。あるいは，資本金の金額を外形標準にして課税する場合は，税金を減らすことができるからである。

株式会社が得た利益について言えば，利益が実現したときは，損益勘定から繰越利益剰余金勘定へ振り替える。これも資本金勘定の分化である。増加した社会的所有権をそのように表現しているのである。

13. 社債の発行

個人企業が，企業活動に必要な現金を借り入れるように，会社も現金を借り入れる。その一つの方法が社債の発行である。社債は会社の債務証券（借用証書）である。受け取った手形を割り引き，購入者に利益を与える形で売れば，現金を得ることができるように，会社の場合も借用証書に特定の金額を記入し，その金額が一定の利息をもたらすことを約束した形にすれば，売ることができる。社債の発行は，同じ内容の借用証書を多数印刷して，多数の人々に販売する形で，多額の現金を借り入れる方法である。現金を返済するときは，社債を買い戻す方法をとる。

⑮　額面総額¥2,000の社債を平価（額面¥100につき¥100の価格で）発行し，払込金は当座預金とした。利息は，年5%である。

上の社債発行時の仕訳は次の通りで，現金を借り入れたときの応用である。

当座預金 2,000　　社　債 2,000

社債を償還したときの仕訳の基本形は，発行時の仕訳の逆の形になる。

⑯社債の利息¥100を，小切手を振り出して支払った。

社債の利息を支払ったときは，支払利息を記入したのと同じ方法で記入すれば良いが，支払利息勘定よりも社債利息勘定が一般的に使われている。

社債利息 100　　当座預金 100

なお，社債を発行して得た現金¥2,000で機械（資本財）を購入すれば，次のような形になるが，これは資本財に対する市民的所有を否定する形である。

貸借対照表

| 機械（資本財） 2,000 | 社　　債 2,000 |

14. 有価証券の購入と売却

　資本主義経済では，株式や社債などの有価証券が証券市場で売買されているから，企業はそれらを購入することができる。
　⑯　株式を1株￥90で10株購入し，同額の小切手を振り出して支払った。
　⑰　上記株式を1株￥98で5株売却し，同額の小切手を受け取った。
　企業が有価証券を購入したときは，有価証券という資産を所有したと記録し，売却したときは，その所有関係の消滅を記録する。ただし，その有価証券の簿価（勘定に記入されている金額）と売却額の差額を，有価証券売却益（売却損）として記録する。したがって，⑯⑰の仕訳は次のようになる。

　　　⑯　有価証券 900　　当座預金 900
　　　⑰　現　　金 490　　有価証券 450
　　　　　　　　　　　　　有価証券売却益 40

　有価証券として所有している株式や社債に対して，配当金や利息を受け取ったときは（受け取った配当金領収書や，支払期日が到来した社債の利札は現金同等物として取り扱うので），現金勘定と，資本金の増加理由を記録する受取配当金勘定や有価証券利息（受取利息）勘定に複式記入する。
　⑱　配当金領収書￥10を受け取った（社債の利札￥10の支払期限が到来した）。

　　　　　現　　金 10　　受取配当金 10
　　　　（現　　金 10　　有価証券利息 10）

　売買目的で購入した有価証券を所有したまま決算をするときは，有価証券の金額を決算時の時価に変える。これを評価替えと言う。評価替えをするときは，簿価と時価の差額を評価益あるいは評価損として記録する。しかし，複式

簿記は，本来，未実現の所有関係は記録しないし，有価証券の売買自体，労働権や市民的所有の否定なのである。

15. 引 当 金

(1) 貸 倒 れ

商品や製品の信用売買で得た受取手形や売掛金は決済される限り，問題は生じない。しかし，約束が履行されなければ，その債権は貸倒れになる。

【例】売掛金¥100が貸倒れになった。

債権が貸倒れになったときは，債権に関する所有関係が消滅するので，所有等式は次のようになる。

資本金 100　　売掛金 100

上記の等式における資本金を，その減少理由を表す用語「貸倒損失」で表した形が，一般的な仕訳である。

貸倒損失 100　　売掛金 100

売掛金以外の債権（受取手形・貸付金など）が貸倒れになったときも，上記の売掛金を受取手形などに変えて，貸倒れを記入する。ただし，受取手形の金額が期日に現金化しなかったときは，不渡手形勘定を作って，一時的に振り替え，回収不能になったとき，貸倒損失勘定に振り替える。

(2) 貸 倒 引 当 金

債権に貸倒れの可能性がある場合は，決算時に存在する債権に関して，過去の経験に基づいて貸倒れの金額を見積もり，その見積額に相当する貸倒引当金を設定する。つまり，売上高の一部を別表示するのである。この方法は減価償却に関して説明したのと同じであり，勘定を使った一種の手品であるから，初心者は仕訳を見ても，何の記入をしているのか，理解しにくいのである。

【例】決算時の売掛金残高¥500に対して3％の貸倒れを計上した。

例示の貸倒れに関する一般の仕訳と勘定記入は次の通りである。

仕訳： 貸倒引当金繰入 15　　　貸倒引当金 15
転記：　　貸倒引当金繰入　　　　　　　　貸倒引当金
　　　貸倒引当金 15　|　　　　　　　　　　|　貸倒引当金繰入 15

　会計学では，上記の貸倒引当金繰入は費用勘定で，貸倒引当金は控除性評価勘定であると説明している。しかし，この仕訳と勘定記入は，減価償却の記入と同じで，売上高￥500の一部￥15を貸倒引当金という名称に変える複式記入である。それによって，実際に区別していなくても，売掛金を￥485と￥15に分ける効果を持つのである。

　次期になって貸倒れが￥10発生したときは，左下の勘定記入をするが，実質的には右下の記入をしているのである。

　　　売掛金　　　　貸倒引当金　　　　売掛金　　　　　売　上
　　500　|　10　　　10　|　15　　　500　|　10　　　10　|　15

　上記の貸倒引当金勘定の残高￥5は，貸倒れの可能性が現実化しなければ，収益として取り扱う。貸倒れによって無くなると予想した売上が，無くならずに残ったからである。ただし，売上と表示せずに，貸倒引当金戻入という名称で，改めて損益計算書に表示するのである。

　ただし，毎期の決算時に，売掛金があるということになれば，その売掛金（例えば￥600）に対して，新たに貸倒れ（例えば￥18）を見積もることになる。そのとき貸倒引当金に残高（￥5）があれば，貸倒引当金勘定に記入する金額は，その差額（￥13）で足りることになる（差額補充法）。このとき補充額を追加記入する限り，戻入という収益は損益計算書には表示されない。

仕訳： 貸倒引当金繰入　13　　　貸倒引当金 13
転記：　　貸倒引当金繰入　　　　　　　　貸倒引当金
　　　貸倒引当金 13　|　　　　　　　　　　　　　　　　|　　　　5
　　　　　　　　　　　　　　　　　　　　　　　　　　　|　貸倒引当金繰入 13

(3) 株主優待引当金

08年6月10日の日本経済新聞に「株主優待引当金計上企業が増加」という記事が掲載されていた。貸倒引当金と同じ方法で，株主優待引当金を設定すれば，次のようになる。

【例】株主を優待するために，¥200を引き当てた。
・株主に生活雑貨を購入して渡した。

株主優待引当金繰入		株主優待引当金		現　金		株主優待引当金	
200			200		200	200	

左上の複式記入も，売上の金額¥200を株主優待引当金として別表示するための方法である。この売上の別表示は，売上によって入ってきた現金のうち¥200が（そのように勘定に記入されていなくても），株主を優待するために用意されたことを意味している。右上の記入は，その現金で実際に物品（あるいは観劇券など）を購入して株主に渡したときの記入である。

(4) ポイント引当金

家電量販店などが顧客にポイントを発行しているが，そのポイントに関して，引当金を設定した場合も，その内容は売上勘定の別表示である。商品の購入時に得たポイントが次の購入時に値引きの役割を果たし，購入者は喜んでいるが，事前に現金を渡したので，後の支払いがそれだけ少なくなっただけのことである。ポイント引当金も売上の別表示になっているからである

ポイント引当金繰入		ポイント引当金	
xxxx			xxxx

（注）引当金が付いた勘定は，製品保証引当金，賞与引当金，修繕引当金など他にもある。これらの引当金も売上の別表示である。引当金の使用に合理性があれば，使えば良いが，売上の別表示であることを明示するのがディスクロージャー disclosure である。最近，原子力発電施設などの除去に備えて，資産除去債務を勘定に記入し始めたが，これも引当金の応用である。ただし，引当金繰入額だけ除去予定の資産金額を増額して，それを減価償却し，引当金の方は資産除去債務と表示して，引当金の応用だとは分からない方法になっている。

16. 収益・費用の見越と繰延

　建物などの貸借契約では，その使用権が時間の経過と共に提供・消費されるのに対して，現金の授受は定期的に行われる。そのため，収益・費用の発生額と現金の受取・支払額に相違が生じる。決算日に，その相違額を認識して記録することを，収益・費用の見越と繰延と言う。

(1) 収益と費用の見越

　見越とは，1会計期間の収益あるいは費用の未記入額を追加記入することである。図解すれば，次の通りである。

```
      ←――――――  1 会 計 期 間  ――――――→
      ←現金の収支とそれに基づく→ ←現金の収支がないために→
         収益・費用の記入あり        収益・費用も未記入
```

【例】前回の受取日（あるいは支払日）から決算日までの家賃は￥10である。
　上記の家賃に関して，すでに行われた現金の受け払い額は，次のように勘定に記入されているものとする（数字は仮の金額である）。

〔貸し主〕　現　　金　　　　受取家賃　　〔借り主〕　支払家賃　　　　現　　金
　　　　　　350　|　　　　　　|　350　　　　　　　　350　|　　　　　　|　350

　貸し主の場合，上記の家賃￥10を受取家賃に加算するのが，収益の見越の意味である。ただし，その現金￥10は未収であるから，複式簿記で記入するときは，次のように仕訳して転記する。

　　　　　　　決算仕訳：　未収家賃　10　　受取家賃　10

　このように記入して決算をするが，次期に家賃を現金で受け取ったとき，通常の記入をしても二重記入にならないようにするために，決算日の翌日の日付で，反対の仕訳をして転記する。これを振戻仕訳と言う。

　　　　　　　振戻仕訳：　受取家賃　10　　未収家賃　10

他方，借り主が支払家賃として¥10を追加記入するのが，費用の見越である。ただし，その現金は未払いであるから，複式記入するときは，次の仕訳をして転記する。そして，決算日の翌日の日付で振戻仕訳をして転記する。

　　　　　　決算仕訳：　支払家賃 10　　未払家賃 10
　　　　　　振戻仕訳：　未払家賃 10　　支払家賃 10

(2) 収益と費用の繰延

収益と費用の繰延は見越の反対で，現金収支に基づいて記録した収益や費用から，次期に属する部分を除外することで，図解すれば，次の通りである。

　　　←──────現金の収支に基づく収益・費用の記入あり──────→
　　　←──1会計期間の収益・費用──→│←──次期の収益・費用──→

【例】利息の前受分（あるいは前払分）は¥20である。

例示の利息に関しては，すでに行われた現金の受け払いに基づいて，次のように記入されているものとする（数字は仮の金額）。

〔貸し主〕　現　金　　　　受取利息　　　〔借り主〕　支払利息　　　　現　金
　　　　　140　　　　　　　│ 140　　　　　　　　　140 │　　　　　　　│ 140

貸し主は上記の受取利息の金額から，次期の利息分¥20を減額する。その記入をするのが収益の繰延の意味である。ただし，その現金をすでに前受しているので，複式記入するときは，次の仕訳をして転記する。そして，見越の場合と同じ理由で，次期の最初の日付で振戻仕訳をし，転記する。

　　　　　　決算仕訳：　受取利息 20　　前受利息 20
　　　　　　振戻仕訳：　前受利息 20　　受取利息 20

他方，借り主が支払利息の金額を¥20減額するのが費用の繰延で，次のように仕訳して転記し，翌日の日付で振戻記入をする。

　　　　　　決算仕訳：　前払利息 20　　支払利息 20
　　　　　　振戻仕訳：　支払利息 20　　前払利息 20

収益，費用の見越と繰延を例示して説明したが，決算時に行うその修正記入

を，精算表を用いて一覧表示すれば，次の通りである。

精 算 表

勘定科目	残高試算表		修正記入		損益計算書		貸借対照表	
	左側	右側	左側	右側	左側	右側	左側	右側
受取家賃		350	10			360		
未収家賃			10				10	
支払家賃	350			10	360			
未払家賃				10				10
受取利息		140	20			120		
前受利息				20				20
支払利息	140			20	120			
前払利息			20				20	

17. 財務3表の作成

　負債を表示した貸借対照表を含む財務3表を作成するために，期首の貸借対照表と期中の取引を仮定して，再度，決算を例示することにする。

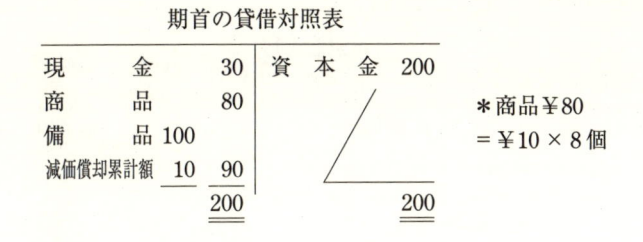

期首の貸借対照表

現　　　金		30	資 本 金	200
商　　　品		80		
備　　　品	100			
減価償却累計額	10	90		
		200		200

＊商品￥80
　＝￥10×8個

取引：①商品￥400（＠￥10×40個）を掛けで仕入れた。
　　　②自治会へ商品を￥150（＠￥15×10個）で掛け売りした。
　　　③商品を￥510（＠￥15×34個）で販売し，同額の現金を受け取った。
　　　④現金￥50を銀行から短期間借り入れた。
　　　⑤買掛金￥350を現金で支払った。

⑥給料￥60を，所得税￥6を差し引いて，現金で支払った。
⑦家賃￥80を現金で支払った。
⑧利息￥4を現金で支払った。
決算整理事項：商品の売上原価＝￥440（期末棚卸高＝￥40）
　　　　　　　備品の減価償却費￥10

（1）　取引①〜⑧の仕訳と決算整理事項の仕訳は，次の通りである。ただし，商品は仕入時に商品勘定に記入し，決算時に商品勘定から売上原価勘定へ振り替える方法で勘定記入している。

【仕　訳】①　商　　　品　400　買　　掛　　金　400
　　　　　②　売　掛　金　150　売　　　　　上　150
　　　　　③　現　　　金　510　売　　　　　上　510
　　　　　④　現　　　金　 50　借　　入　　金　 50
　　　　　⑤　買　掛　金　350　現　　　　　金　350
　　　　　⑥　給　　　料　 60　所　得　税　預　り　金　 6
　　　　　　　　　　　　　　　　現　　　　　金　 54
　　　　　⑦　支　払　家　賃　 80　現　　　　　金　 80
　　　　　⑧　支　払　利　息　 4　現　　　　　金　 4
【決算整理仕訳】　売上原価　440　商　　　　　品　440
　　　　　　　　　減価償却費　10　備品減価償却累計額　10

なお，期首の貸借対照表の科目の金額を勘定で示すときは，金額の前に期首と記して表した。備品減価償却累計額は「備減累額」と略記した。そして，決算時の振替仕訳は，省略している。

【勘定記入】

売上原価		損　益		売　上	
商　品 440	損　益 440	売上原価 440	売　上 660	損　益 660	売掛金 150
給　料		給　料 60			現　金 510
諸　口 60	損　益 60	支払家賃 80		660	660
支払家賃		減価償却費 10			
現　金 80	損　益 80	支払利息 4			
減価償却費		資　本　金 66			
備減累額 10	損　益 10	660	660		

17. 財務3表の作成

```
       支払利息
現 金  4 | 損 益  4
       現  金
期 首  30 | 買掛金 350
売 上 510 | 給 料  54
借入金  50 | 支払家賃 80
         | 支払利息  4
         | 残 高 102
     590 |      590

       売掛金
売 上 150 | 残 高 150

       商 品
期 首  80 | 売上原価 440
買掛金 400 | 残 高  40
     480 |      480

       備 品
期 首 100 | 残 高 100
```

```
       残 高
現   金 102 | 買 掛 金  50
売 掛 金 150 | 所得税預り金 6
商   品  40 | 借 入 金  50
備   品 100 | 備減累額  20
           | 資 本 金 266
       392 |       392
```

```
       買掛金
現 金 350 | 商 品 400
残 高  50 |
     400 |      400

     所得税預り金
残 高   6 | 給 料   6

       借入金
残 高  50 | 現 金  50

       備減累額
残 高  20 | 期 首  10
         | 減償費  10
      20 |      20

       資本金
残 高 266 | 期 首 200
         | 損 益  66
     266 |      266
```

(2) 損益勘定と残高勘定に基づいて作成した貸借対照表と損益計算書は、次の通りである。

貸借対照表			
現　　金	102	買　掛　金	50
売　掛　金	150	所得税預り金	6
商　　品	40	借　入　金	50
備　　品 100		資　本　金	200
減価償却累計額 20	80	当期純利益	66
	372		372

損益計算書—報告式	
売　上　高	¥660
売上原価	440
給　　料	60
支払家賃	80
減価償却費	10
支払利息	4　594
当期純利益	¥66

今度の貸借対照表が表しているのは，他者の力を借りて（負債に支えられて）利益を得た企業の姿である。それを将来の活動の前提として見れば，再生産活動を行うときの企業の責任能力である。負債に関して付言すれば，負債は企業の現金や商品を渡す責任を表しているが，それだけではない。他企業から得た材料であれば，製品の材料として使用し，商品であれば，消費者に手渡すという責任も表している。他に転売したり，売り惜しみをしたり，あるいは現金を借りて証券投資や不動産投資をして儲けるというのは，資本主義経済では問題がないとしても，市場経済においては責任違反である。

　資本金について言えば，それを純資産とする限り，前章で述べたように，社会的分業の遂行責任を表してはいない。責任を表すとすれば，純資産に加える利益を追求する責任である。そのため逆に，それで良いのかと企業の社会的責任が追及されるのである。

　損益計算書の費用の最後に掲げている支払利息は，営業活動に属する費用ではなく，営業外の費用として会計学では取り扱っている。したがって，次のCF計算書では，財務活動の中に表示することにした（ただし，財務活動の中に表示しなくても良い）。

　(3)　CF計算書は，次頁のようになる。そして，その下部に，「営業キャッシュフロー」に関する直接法・間接法・損益計算書の関係を表す形式を作成して掲げた。

　間接法の中に，売掛金や買掛金などが入っているのは，現金の貸借ではなく，営業活動に伴って発生した債権・債務だからである。後日，商品の購入者から売掛金を回収し，その現金で買掛金を支払う活動を反復しながら，営業活動を続けて行く。したがって，営業キャッシュフローの実績を2期・3期と並べると，企業の存在理由である社会的分業を継続できるか否か，その経営能力が現れてくることになる。

　最後に，キャッシュフロー計算書の作り方について述べておくことにする。一つの方法として，比較貸借対照表に基づく作り方がある。比較貸借対照表は，2時点（例えば期首と期末）の貸借対照表を比較して，その変動を表す形式

〈直接法〉

- 営業キャッシュフロー
  - 営業収入　　　　　¥510
  - 商品の仕入支出　350
  - 人件費支出　　　　 54
  - その他支出　　　　 80　　484
  - 営業CF　　　　　　　　　 26
- 投資キャッシュフロー
  - 投資収入　　　　　 0
  - 投資支出　　　　　 0
- 財務キャッシュフロー
  - 短期借入収入　　 50
  - 利息の支払い　　 −4　　 46
- 現金及び現金同等物増加額　　 72
- 現金及び現金同等物期首残高　 30
- 現金及び現金同等物期末残高　¥102

〈間接法〉

- 営業キャッシュフロー
  - 当期純利益　　¥66
  - 減価償却費　　＋ 10
  - 売掛金増加額　− 150
  - 買掛金増加額　＋ 50
  - 商品の減少額　＋ 40
  - 所得税預り金　＋ 6
  - 支 払 利 息　＋ 4
  - 営業CF　　　　　26

投資キャッシュフロー以下は直説法と同じであるため省略。

損益計算書 ＋ 間接法 ＝ 直接法

				（間接法の修正理由）
売 上 高	¥660			
売掛金の増加額		−150	¥510	後日受け取る金額だけ収入額は少い。
売上原価	−440			
商品在庫の減少額		＋40		前期の購入活動のため除く。
買掛金の増加額		＋50	−350	後日支払う金額だけ支出額は少ない。
給　　料	−60			
所得税預り金		＋6	−54	未納につき支出無し。
支払家賃	−80		−80	
減価償却費	−10			
減価償却費		＋10	0	減価償却費（累計額の増加額）の取消。
支払利息	−4	＋4	0	財務活動の部に掲げるために除去。
当期純利益	¥66	⋯−¥40		
営業CF			→¥26	

比較貸借対照表

勘定科目	期首		期末		期中の変動	
	左側	右側	左側	右側	左側	右側
現　　　　金	30		102		72	
売　掛　金			150		150	
商　　　　品	80		40			40
備　　　　品	100		100			
買　掛　金				50		50
所得税預り金				6		6
借　入　金				50		50
減価償却累計額		10		20		10
資　本　金		200		200		
当期純利益				66		66
	210	210	392	392	222	222

で，例示の貸借対照表を用いて作成すれば，上の通りである。

上の比較貸借対照表の期中の変動欄は，次のように記入する。

1. 期首と期末の金額の差額を書く。資産の場合，期中の増加額を左側に，減少額を右側に書く。負債・資本に関しては，期中の増加額を右側に，減少額を左側に書く。

2. ただし，投資活動と財務活動を表す科目に関しては，「総増加額－総減少額＝2時点の差額」になるように，総増加額と総減少額を，上記の記入法に従って左側と右側に書く。この例では，差額が同時に総額になっている。

比較表の最上部にある現金の変動額を，期中の増減額として，最下段に移動させた上で，変動を表す他の勘定科目を，三つの活動に分類して，それらの金額を表示すれば，先の間接法の表示になる。

なお，減価償却累計額の増加額は，2時点の減価償却費であるから，CF計算書ではそのように表示する。支払利息は損益計算書からCF計算書に移した

にすぎないので，比較貸借対照表には現れない。

注 記
1) 神田将『図解による会社法・商法のしくみ』 改訂2版 自由国民社 2008年 50頁。
2) 桜井久勝『財務会計講義』第9版 中央経済社 2008年 257頁。

第9章

工業簿記と原価計算

1. 工 業 簿 記

　工業簿記は，社会的分業として物作りをする企業が用いる複式簿記である。商業簿記の場合は，光商店の例で示したように，他企業との協業（協力関係）が商品勘定に記入される形にはなっていなかった。それに対して工業簿記では，製造活動に関する他企業との協業は，製品勘定に記入される。とはいえ，材料や電力などの金額と賃金の金額を合計してみても，その原価の結合が労働の結合だとは，理解しにくいかもしれない。

　下の図は，物の背後に存在する人間の労働が本質で，生産物はその実現形式であることを表す図で，左が本質，右が実現形式あるいは現象形式である。

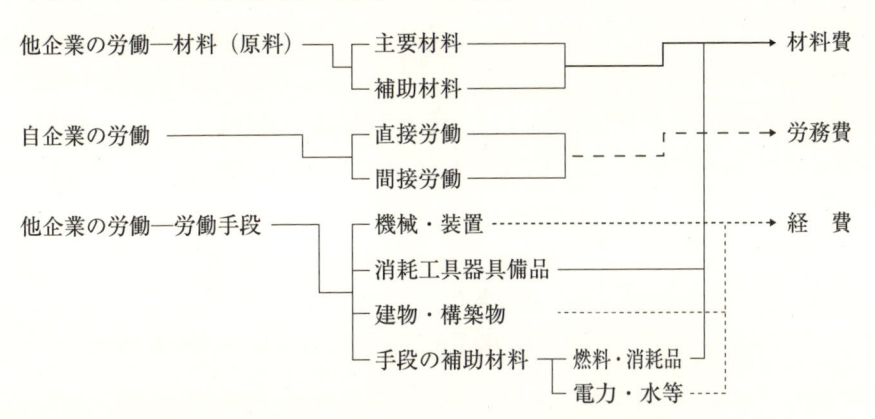

```
他企業の労働―材料（原料）―┬― 主要材料 ―――――――――┐→ 材料費
                          └― 補助材料 ―――――――――┤
自企業の労働 ――――――――┬― 直接労働 ――――――┐    ├―→ 労務費
                          └― 間接労働 ――――――┤    │
他企業の労働―労働手段 ――┬― 機械・装置 ……………………→ 経　費
                        ├― 消耗工具器具備品
                        ├― 建物・構築物
                        └― 手段の補助材料 ―┬― 燃料・消耗品
                                            └― 電力・水等
```

2. 材料の記入

(1) 材料の購入

　工業簿記に関しては，99・100頁でその勘定記入を示したが，改めて取引を例示しながら説明して行くことにする。なお，機械などの有形固定資産の購入に関する記入は，商業簿記の記入と同じであるから，説明は省略する。そして今度は，光商店に製品を供給した企業＝葵工業を用いて，葵工業が材料を購入したところから，始めることにする。

① 材料￥600（200個×￥3）を購入し，同額の約束手形を振り出した。

　上の取引は，商品が材料になっているだけであるから，商業簿記で説明した複式記入を応用すれば良いので，仕訳と勘定記入は次のようになる。

```
仕訳：    材　料 600      支払手形 600
転記：    支払手形              材　料
                |材　料 600  支払手形 600|
```

　手形を使わずに，掛けで購入したときは，支払手形勘定の代わりに買掛金勘定を用い，小切手を振り出して支払ったときは，当座預金勘定を用いる。なお，仕訳を転記したときの勘定の配置を費用の記入時のように変えているのは，金額が左から右へと流れて行くのを表すようにしたためである。以後，この形を用いることにする。

　葵工業が材料を引き取る際に，その運送を他企業に代行してもらった場合の支払運賃（￥60と仮定）は，引取費用として材料の金額に加算する。運送業者の協力によって，材料の所有が実現したからである（以下の例参照）。

```
材料メーカー ──── 材料の購入代価　￥600 ──→ 自企業
              ＋    引取費用　　　￥ 60
                  ＝材料の購入原価　￥660   ￥660÷200個＝￥3.3/個
```

　（注）引取費用に入るのは，引取運賃，荷役費，材料に掛けた保険料等である。これらの

引取費用を外部材料副費と言う。それ対して，自企業内で発生する材料の購入事務・検収・選別・整理・保管に関する支出を内部材料副費と言う。内部材料副費は材料の金額に加えるか，後で述べる製造間接費に入れる。

(2) 材料の使用

購入した材料を使用したとき，その材料は完成品を構成するが，工業簿記では，未完成の生産物を仕掛品，完成した生産物を製品と区別して認識しているので，それに従って勘定記入を例示して行く。

② 材料￥450を直接材料として使用した。

材料を使用したとき，材料に対する所有関係が消滅するかわりに，製品化して行く仕掛品に対する所有関係が生まれる。それゆえ，所有関係の変化を次の所有等式で表す。

$$資本金\ 450 \quad 材\ 料\ 450$$
$$仕掛品\ 450 \quad 資本金\ 450$$

上の二つの仕訳を合算すれば，資本金 450 が消えて，「仕掛品 450　材料 450」になる。これが一般的な仕訳である。

```
仕訳：　　仕掛品 450　　　材　料 450
転記：　　　材　料　　　　　　仕掛品
                ┃仕掛品 450    材料 450┃
```

上の勘定記入では，使用した材料の金額が，材料勘定から仕掛品勘定へ直接流れ込んだ形になっている。これは，材料を直接材料として使用したときの記入である。

工業簿記では，材料を直接材料と間接材料に区別して記録する。直接材料とは，1単位の材料の全部を1単位の製品のために使用するという意味である。間接材料は，1単位の材料を複数の製品のために使用するいう意味である（1缶のペンキを複数の製品の塗装に用いたときは間接材料になる）。

材料を現場で使用したとき材料費が発生したと認識する。直接材料を使用したときは直接材料費が，間接材料を使用したときは間接材料費が発生したと認

識する。なお，直接・間接という区別は賃金や経費にも用いる。

次の取引は，間接材料を使用した場合の例示である。

③　材料¥120を間接材料として使用した。

このときも，直接材料の場合と同じで，材料の所有が仕掛品の所有に変わるので，所有関係の変化を所有等式で表す。

```
        資本金 120      材　料 120
        仕掛品 120      資本金 120
```

上記の二つを合算すれば，資本金120が消えて，「仕掛品120　材料120」になるが，工業簿記で用いる製造間接費勘定を資本金勘定から導き出すために，まず，二つの所有等式をそのまま勘定に記入する。

```
    材　料              資本金                       仕掛品
      │ 120    間接材料の使用 120│間接材料の使用 120    120 │
```

そして，上の資本金勘定の記録を分離して，別勘定に記録する。下に掲げたのは，製造間接費勘定が資本金勘定から生まれ出たことを示す展開図である。

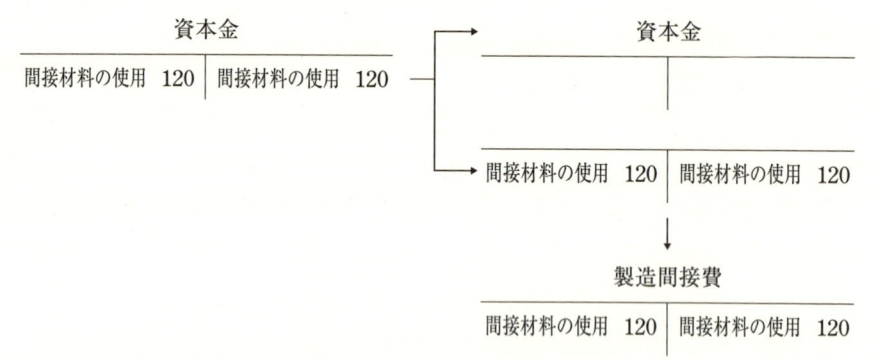

```
          資本金                              資本金
間接材料の使用 120│間接材料の使用 120  ─┐
                                        │
                                        └─→間接材料の使用 120│間接材料の使用 120
                                                              ↓
                                                          製造間接費
                                                  間接材料の使用 120│間接材料の使用 120
```

材料を間接材料として使用したときは，製造間接費勘定を設けて，ひとまずそこに記入し，仕掛品勘定への記入は後回しにする。したがって，一般的な仕訳は次のように，資本金を製造間接費に変えた形になる。

```
    仕訳：    製造間接費 120        材　料 120
```

転記：

材　料	製造間接費
製造間接費 120	材料 120

(注)　③の取引例では，直接材料として用いる材料を間接材料として使用したが，それは材料・仕掛品・製造間接費という三つの勘定記入を簡単に示すためである。通常，間接材料となるのは，補助材料，工場消耗品，消耗工具器具備品である。なお，材料が保管中に破損などによって減ったとき，その減少分を棚卸減耗費と言う。棚卸減耗費は，正常な範囲であれば，間接材料と同じ記入で，材料勘定から製造間接費勘定へ振り替える。

3. 材　料　元　帳

　材料の管理者は，材料を倉庫へ受け入れ，そして払い出したとき，材料の種類ごとに，その受け払いを正確に認識する必要がある。その一つの方法が継続記録法で，材料元帳を用意して継続的に記録して行く（ノートあるいはカード式の帳簿。コンピュータに置き換えることができる）。他の方法として棚卸計算法がある。棚卸計算法は受け入れだけを記録し，払い出し（使用量）に関しては，期末の実地調査で残存数量を確認した後，使用量を逆算する方法である。

　継続記録法を用いて材料の受け払いを認識して行くときに，同じ材料であっても購入時にその価格が異なる場合は，先入先出法，移動平均法，総平均法などを用いて使用する材料の単価を決定し，数量を掛けて消費額を計算する。

4. 給　与　の　記　入

(1) 賃　金　の　発　生

　商業簿記では給与の支払いだけを記録する。それに対して，工業簿記では，まず給与の発生額を記録し，その後で支払額を記録する。給与は賃金，給料，雑給というように区別している。賃金は，工場で働く従業員が労働時間に基づいて得る貨幣所得である。給料は工場の監督・技術・事務に携わる従業員が得

る貨幣所得である。賃金・給料以外に，臨時工やパートタイマーが得る貨幣所得は雑給と言う。これらを総称して給与と言う。働く人々からすれば，給与は協業によっ生み出した貨幣の分配額であるが，現在の企業では労務費という原価（コスト，犠牲）の発生として認識している。

賃金に関しても，材料と同様，直接賃金＝直接労務費と間接賃金＝間接労務費に区別する。次の取引は，その例示である。

④　直接賃金￥100が発生した。
⑤　間接賃金￥50が発生した。

直接賃金というのは，1単位の製品に対してのみ行われた労働の賃金である。間接賃金は，機械の修繕など製造活動全体に役立つ労働の賃金である。

賃金の発生とは，単に支払うべき賃金が発生したというだけではない。労働に基づく所有関係の形成でる。言い換えれば，労働した人々が製品の正当な所有者としての貨幣を生み出して行くのである。この活動を所有等式で表すと，次のようになり，市場経済における貨幣の生産が勘定の上に表される。

仕掛品 100　　資本金 100

したがって，上記の資本金の内容は後日に支払われる賃金であるから，96頁で資本金勘定から分離して給与勘定を設けたように，資本金勘定とは別に賃金勘定を設けて記入する。そうすれば，所有等式は「仕掛品100　賃　金100」になる。これが一般的な仕訳である。

```
仕訳：     仕掛品 100        賃　金 100
転記：        賃　金              仕掛品
            ┌─────────┐      ┌─────────┐
            │仕掛品 100│      │賃金 100 │
```

賃金勘定の右側の記入に関する一般的な説明は，消費賃金の記録である。しかし，仕掛品勘定との複式記入は，経済学が認識していない，生産物と貨幣が結合して生み出されるのを表す勘定記入である。

⑤の間接賃金も，結果的には，仕掛品勘定との複式記入になり，貨幣と生産物が結合して生み出された勘定記入であるが，間接材料の場合と同様，ひとま

ず製造間接費勘定に記入するので，その仕訳と転記は次のようになる。

仕訳：　　製造間接費 50　　賃　　金 50
転記：　　　賃　　金　　　　　　製造間接費
　　　　　　　製造間接費 50　　賃金 50

　先へ進む前に，賃金勘定に記入する金額に関して説明すると，賃金の発生額は〔労働時間×賃率〕で計算する。労働時間は製品の製造に従事した実際の時間である。賃率は1時間当たりの賃金すなわち貨幣の大きさで，個別賃率，平均賃率という種類がある。個別賃率は，個人別賃率のことである。1時間働いて得る賃金が一人一人違う場合は，同じ品質の製品を作っても，高賃金の人が作れば原価が高くなり，低賃金の人が作れば安くなるという問題が生じる。それを避けるために用いるのが平均賃率である。平均賃率にも総平均賃率と職種別平均賃率がある。総平均賃率は，工場で発生する直接賃金総額の時間当たりの平均額であり，職種別平均賃率は，職種毎に発生する直接賃金総額の時間当たりの平均額である。（組立作業・塗装作業というような）職種の違いによって，それに専従する人たちの賃金が異なる場合に，時間の長短や難易度を製品原価に反映させるには，職種別平均賃率を用いる方が合理的である。

　（注）　賃率に関しては，予定賃率もある。

(2)　賃金の支払い

　賃金の支払いの記入は，商業簿記の記入と同じで，⑥はその取引例である。

⑥　賃金¥150のうち¥130を給与支給日に現金で支払った（次の給料の場合も所得税は省略する）。

　現金に対する所有関係が消滅したことを所有等式を作って表すと，「資本金 130　現　金 130」になるが，この資本金の減少は別勘定で記録している賃金の減少であるから，資本金を賃金に変える。それが一般的な仕訳である。

仕訳：　賃　金 130　　現　金 130

転記：

```
      現　金              賃　金
   ┼─────────       ┼─────────
   │ 賃金 130       現金 130 │ 150
```

＊給与の支払いを銀行振込みにしたときは，当座預金勘定を用いる。

上記の勘定記入は，賃金すなわち貨幣の正体である社会的所有権が貨幣形式である現金と合体して働いた人々に分配されたことを表す記入で，発生額￥150との差額は未払賃金である。

(3) 給料の記入

1カ月単位で支給する月給も，労働が行われた後に支払うのが原則である。しかし，給与支給日に定額を支払う場合は，支払額を発生額として記入する。

給料を得る人たちの労働は，製造に直接従事する労働でなくても，貨幣を生み出す協働の一部を構成する。つまり，製品を所有する活動であるから，所有等式で表して記入する。しかし，仕掛品勘定に直接記入するのではなく，間接賃金と同様，間接労務費としてひとまず製造間接費勘定に振り替える。したがって，給料に関する取引例⑦の仕訳と転記は以下のようになる。

⑦　給料￥50を現金で支給した。

```
給料の支払時の仕訳：   給　　料 50   現　　金 50
製造間接費へ振替仕訳： 製造間接費 50   給　　料 50
```

転記：

```
     現　金              給　料              製造間接費
   ┼─────────    ┼─────────      ┼─────────
   │ 給料 50       現金 50 │ 製造間接費 50  給料 50 │
```

賃金も給料も労働が生み出す貨幣であるから，賃金勘定と給料勘定を合わせて，一つの賃金・給料勘定にして記入することもできる。

賃金・給料に関して，次の3点を補足しておくことにする。

1. 賃金や給料に含まれる家族手当・住宅手当・通勤手当は，間接労務費として，賃金・給料勘定の左側と製造間接費勘定の右側に複式記入する。
2. 企業が負担する健康保険料・雇用保険料・厚生年金保険料などの社会保険料は，1の諸手当に準じて記入する。しかし，働く人がいない企業は存

在し得ないので，企業が単独で社会保険料を支払うことはできないのである。支払えるのは，製品の価格をそれだけ高くして販売し，働いて貨幣を得た人々から，所得の一部を企業に還流させているからである。
3. 企業で夏・冬にボーナスとして支払う一時金，あるいは退職給付金は，賃金の後払いではなく，企業負担の社会保険料と同じように，市場で働いた人たちが得た貨幣を，価格を利用して循環させているに過ぎないのである。日本人の実質生活が経済大国と言うほど豊かでないのは，貨幣を循環させて GDP を水増ししているからである。

5. 経費の記入

製造活動を行うときに，他の企業に委託した材料加工，機械の動力や照明用に使う電力は，材料にも賃金・給料にも含めることができない。通信費や機械・建物の修繕料なども同じである。そのために，経費という第三の分類を使うのである。

経費も直接経費と間接経費に分ける。直接経費は特定の製品を作るためにのみ発生したものである。製品のある部分を他企業に加工してもらったときに支払う外注加工賃，あるいは特定の製品を作るために使った特許権の使用料などは直接経費として記録する。

間接経費は，製造活動全体に役立つ物やサービスの消費である。先に掲げた電力料・修繕料，工場で発生する通信費・旅費交通費など，さらに機械や工場の建物の減価償却費も間接経費として記録する。次の取引⑧⑨は，直接経費と間接経費の例示である。

⑧ 他企業に仕掛品の特定部分を加工してもらい，請求書¥20 を受け取った。

⑨ メーターで測定した使用量に基づく当月の電力料は¥20 であった。

取引⑧に関する所有関係の変化は二つである。一つは仕掛品の加工部分を新たに所有したことである。もう一つは，外注加工賃の未払いよる拘束である。

したがって，それを表す所有等式は次のようになる。

　　　　　仕掛品部分の所有：仕 掛 品 20　資　　本　　金 20
　　　　　外注加工賃の請求：資 本 金 20　拘束された資本金 20

　上記の所有等式を基本通りに記入して，資本金勘定の記録を別表示すれば，外注加工賃勘定が出てくる。

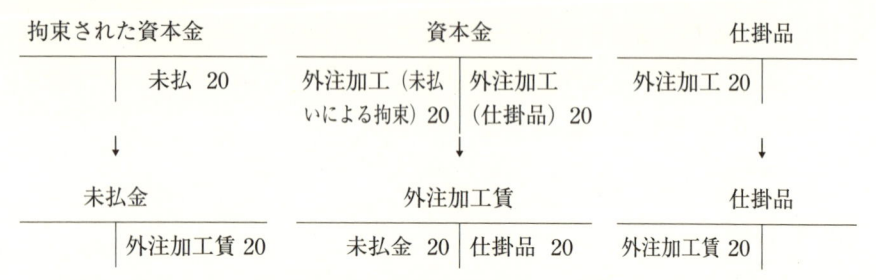

拘束された資本金	資本金		仕掛品
│未払 20	外注加工（未払いによる拘束）20 │ 外注加工（仕掛品）20	外注加工 20　│
↓	↓		↓
未払金	外注加工賃		仕掛品
│外注加工賃 20	未払金 20 │ 仕掛品 20	外注加工賃 20　│

　一般的な記入は，上に導き出した勘定を前提にしているので，仕訳は次のようになる。勘定記入は上に示したので省略する。

　　　　　　　　仕 掛 品 20　　外注加工賃 20
　　　　　　　　外注加工賃 20　　未 払 金 20

　上の仕訳を合算して外注加工賃を省略し，「仕掛品 20　未払金 20」という仕訳にすることもできる。

　⑨の取引に関しては，外注加工賃を電力料にして，未払金勘定と電力料勘定に複式記入をする。しかし，今度は，仕掛品勘定ではなく間接経費として，製造間接費勘定へ振り替える。その一般的な仕訳と転記は次の通りである。

　　　　　仕訳：　電 力 料 20　　未 払 金 20
　　　　　　　　　製造間接費 20　　電 力 料 20

転記：	未払金	電力料		製造間接費
	│電力料 20	未払金 20 │ 製造間接費 20	電力料 20　│

　上の記入は，機械の動力や照明用の電力を所有し，機械や建物を介して製品を所有するために消費したという記入である。そして，製造間接費勘定の金額を仕掛品勘定へ振り替えれば，電力を生産する労働と製品を生産する労働が結びついて所有関係を実現しているのを表すことになる。

電力料に関する記入法は，電力以外の間接経費，例えば工場で発生する通信費や交通費などにも用いるので，その例示をしておくことにする。

⑩　通信費￥10を現金で支払った。

```
仕訳：　通　信　費  10     現　　　金  10
　　　　製造間接費  10     通　信　費  10
```

```
転記：     現　金            　　通信費            　　製造間接費
       ──────────────    ──────────────    ──────────────
         │ 通信費 10    現　金 10 │ 製造間接費 10    通信費 10 │
```

外注加工賃勘定に関して述べたように，電力料勘定や通信費勘定も省略することができるが，そのときは，経費内訳表を別に作成して，個々の経費を認識できるようにしておく。

なお，間接経費として，他に厚生費や福利施設負担額がある。厚生費は，従業員の医療や教養あるいは慰安等のための支出で，通信費の場合と同じ方法で記入すれば良い。しかし，厚生費を製品の原価に含めると，その支出額を消費者が負担することになるので，例えば従業員の慰安旅行の資金をなぜ消費者が負担しなければならないのかという問題が含まれる。

福利施設負担額は，託児所や食堂を工場に付設して，独立会計として営んでいる場合の工場の負担額である。これを製品の原価に入れる場合も，通信費と同じ方法で記入すれば良いが，慰安旅行の場合と同様，食堂の負担金をなぜ消費者が負担しなければならないのかという問題が含まれる。託児所に関しては，未成年の学校教育と同様，育児活動は社会的分業として行うものであり，働く人々全員がその活動を支える市場経済の仕組みであるから，売上高として消費者から得た現金を託児所のために提供するのは，一定の合理性がある，と考えている。

6. 製造間接費の配賦

間接材料費と間接労務費と間接経費の三つを合わせて製造間接費という。製造間接費が一つ一つの製品の所有を実現するために，どれだけ役立ったのか，

個別的に認識することが難しいので，1カ月間の発生総額を計算して，その発生総額を合理性のある方法を用いて，各製品に配分する。これを製造間接費の配賦と言う。

製造間接費を製品に配賦したときは，製造間接費勘定から仕掛品勘定へ，その金額を振り替える。これまでの説明の中で生じた製造間接費￥250を仕掛品勘定に振り替える仕訳と勘定記入は，次の通りである。

```
仕訳：　仕掛品　250　　　製造間接費　250
転記：　　製造間接費　　　　　　　仕掛品
　　材　料　120 ｜仕掛品　250 ─┐　材　料　450
　　賃　金　 50 ｜　　　　　　 │　賃　金　100
　　給　料　 50 ｜　　　　　　 │　外注加工賃　20
　　電力料　 20 ｜　　　　　　 └→製造間接費　250
　　通信費　 10 ｜
```

上の通り，製造間接費勘定にひとまず記入した間接材料，間接賃金・給料そして間接経費も，最後は仕掛品勘定に記入した結果になり，仕掛品を所有する社会的労働を構成したのである。

7. 製品勘定への振替

仕掛品が完成して製品になれば，完成した製品の製造原価を計算して，その製造原価を仕掛品勘定から製品勘定へ振り替える。仕掛品が完成すれば，仕掛品に対する所有関係は製品に対する所有関係へ変わる。次に，1カ月間の製造活動によって完成した製品の製造原価を￥600（100個）と仮定して，その変化を所有等式で表すと，次のようになる。

　　　　資本金 600　　仕掛品 600
　　　　製　品 600　　資本金 600

上記の所有等式を合算すれば，資本金 600 が消えて，「製品 600　仕掛品 600」になる。これが，仕掛品が完成したときの一般的な仕訳である。

```
            仕訳： 製 品 600        仕掛品 600
    転記：      仕掛品                  製 品
            820 │ 製  品 600    仕掛品 600 │
                │ 次月繰越 220
```

8. 売 上 の 記 入

　完成した製品を販売したときは，商業簿記の記入法を応用する。製造原価￥180の製品を￥300で販売し，同額の約束手形を受け取ったときの記入は次のようになる（掛け販売のときは売掛金，現金販売のときは現金になる）。

```
            仕訳： 売上原価 180      製  品 180
                  受取手形 300      売  上 300
    転記：  製 品              売上原価           売  上           受取手形
        │ 売上原価180   製品180 │               │ 売上 300   受取手形300 │
```

9. 原 価 計 算

　仕掛品が完成して，その製造原価を仕掛品勘定から製品勘定へ振り替えるとき，完成品の製造原価が分からなければ，正確な振替記入ができない。それゆえ，勘定記入とは別に，原価計算をする。原価計算は，完成した製品の単位当たりの製造原価を認識することである。その原価計算の方法として，基本的に，個別原価計算と総合原価計算がある。

　個別原価計算は，受注生産をする場合に，受注品ごとに原価計算をする方法であり，総合原価計算は，同一製品を見込大量生産する場合に用いる方法である。なお，原価計算は1カ月を単位にして行う。

10. 個別原価計算

個別原価計算の方法すなわち計算形式は，仕掛品勘定に記入した形を変えて行けば，導き出すことができる。

次に掲げる仕掛品勘定は前頁の仕掛品勘定で，この仕掛品勘定を受注品ごとの仕掛品勘定に分けると，下に掲げたようになると仮定する。つまり各勘定の金額は，先ほど説明した方法による記入額であると仮定する。そして，二つの受注品の一方を＃1で，他を＃2で表すことにする。

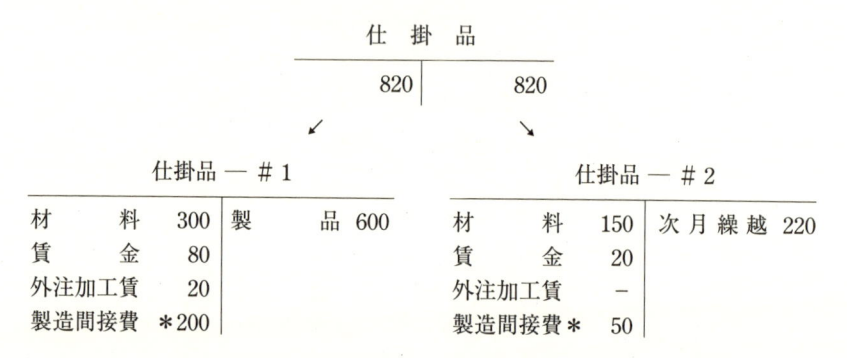

```
              仕 掛 品
            820  │  820
             ↙        ↘
```

仕掛品 — ＃1			仕掛品 — ＃2	
材　　料	300	製　　品 600	材　　料	150	次月繰越 220
賃　　金	80		賃　　金	20	
外注加工賃	20		外注加工賃	—	
製造間接費	＊200		製造間接費＊	50	

＊二つの仕掛品勘定の左側に記入している製造間接費の金額は，次の方法で配分した結果である。

仮定：＃1のために行った月間の直接労働時間＝80時間
　　　＃2のために行った同月の直接労働時間＝20時間　合計100時間
　　　　同月の製造間接費の発生総額＝￥250
　　　配賦率＝製造間接費￥250÷直接労働時間100時間＝￥2.5／時間

上の方法を直接労働時間法と言う。この方法は，直接労働が1カ月間に合計100時間行われたので，製造間接費が￥250発生したと考えて，時間当たりの配賦額＝配賦率を計算する。この配賦率を各受注品の直接労働時間に掛けて，製造間接費を配分する。

　　　＃1の製造間接費＝80時間×￥2.5＝￥200
　　　＃2の製造間接費＝20時間×￥2.5＝￥50

製造間接費の配賦法としては，機械作業時間，あるいは直接材料の金額や直接労務費の金額を用いることもできるが，色々な方法があるということは，正確な方法がないということでもある。

一つの仕掛品勘定を受注品ごとの仕掛品勘定に分けてから，さらに次のよう

に操作する。各仕掛品勘定から、「仕掛品」とＴフォームを消し去り、さらに各勘定の右側に記入した用語と金額を、左側の製造間接費の下へ移動させる。そうすれば、各仕掛品勘定は次の形になる。

＃1		＃2	
材　　料	300	材　　料	150
賃　　金	80	賃　　金	20
外注加工賃	20	外注加工賃	－
製造間接費	200	製造間接費	50
製　　品	600	次月繰越	220

そして、＃1の場合は、さらに下に示したように、矢印に従って表現を変えると、原価計算の方法を表す原価計算表になるのである。

＃1			＃1の原価計算表	
材　　料	300	→	直接材料費	300
賃　　金	80	→	直接労務費	80
外注加工賃	20	→	直接経費	20
製造間接費	200	→	製造間接費	200
製　　品	600			600

上の原価計算表について補足説明をすれば、次の通りである。仕掛品勘定へ材料勘定から直接振り替えた（流れ込んできた）金額は、直接材料を消費したことを表してるので、「材料300」を「直接材料費300」と表現したのである。同様に、賃金勘定から直接振り替えた金額は、労働力の直接的消費を表すものとして、「賃金80」を「直接労務費80」と表現したのである。そして、外注加工賃は直接経費であるから、「外注加工賃20」を「直接経費20」と表現したわけである。製造間接費はそのまま用いている。最下行に移行した「製品」は省略し、その代わりに製造原価の合計額の下に二重線を引いて、受注品＃1が完成して製品になったことを表す。

　もう一つの受注品＃2の原価計算表を、＃1の原価計算表と同じ操作で作成すれば、次のようになる。

```
          ＃2                        ＃2の原価計算表
    ─────────              ─────────────
    材    料   150    ──→    直接材料費   150
    賃    金    20    ──→    直接労務費    20
    外注加工賃   －    ──→    直 接 経 費   －
    製造間接費   50    ──→    製造間接費    50
    次 月 繰 越  220
```

受注品＃2の原価計算表では，最下行に移行した「次月繰越 220」を省略し，何も記入していないが，それによって，受注品＃2が仕掛品の状態にあること，したがって完成までに追加記入が行われることを表すのである。＃2のように，締切記入をしていない原価計算表の記入金額は，仕掛品の原価を表し，その金額合計が次月繰越額になる。

11. 総合原価計算

総合原価計算は，同一製品を見込大量生産する場合に用いる原価計算法である。この方法を表す原価計算表も，仕掛品勘定から導き出すことができる。

総合原価計算の方法を表す原価計算表の基本形は，203頁の仕掛品勘定を次の順序で変えて行けば，導き出すことができる。

```
      〔Ⅰ〕                〔Ⅱ〕                    〔Ⅲ〕
   材    料    450    直接材料費   450    →  月初仕掛品        xxx
   賃    金    100    直接労務費   100       ＋当月製造原価：
   外注加工賃   20    直 接 経 費   20          直接材料費      xxx
   製造間接費  250    製造間接費   250          直接労務費      xxx
  －次 月 繰 越 220   －月末仕掛品  220          直 接 経 費      xx
   製    品    600    完 成 品     600          製造間接費      xxx
                      完成品数量   100個     －月末仕掛品        xx
                      単 位 原 価  ￥6       完  成  品       xxxx
                                             完成品数量        xxx
                                             単 位 原 価       xx
```

前頁の〔Ⅰ〕の形は，仕掛品勘定の右側の記入「製品 600」と「次月繰越 220」を左側の最下段に移行させた形である。その結果，仕掛品勘定の左側に記入した金額合計から，次月繰越額を差し引けば，完成した製品の製造原価になるという計算方法を表す形になる。

〔Ⅱ〕は，個別原価計算の場合と同じで，表現を変えた形であるが，個別原価計算では省略した「次月繰越」を月末仕掛品と表現する。次月繰越は，月末に製造現場に残っている仕掛品であるから，そのように表現したのである。「製品」は完成品とする。その完成品の原価を完成品数量で（100個と仮定して）割れば，完成品単位当たりの製造原価（¥6）になる。

〔Ⅲ〕は，〔Ⅱ〕の月末仕掛品が翌月に月初仕掛品として現れた形である。工場を建設して生産を開始したときには，仕掛品は存在しないが，生産を続けて行き，その連続した生産活動を1ヶ月単位で区切ると，ある月の終わりに残っている仕掛品は翌月の初めの仕掛品に変わり，そして，その月の終わりに仕掛品が再び残るということになる。このように月初と月末の仕掛品が計算形式の中に出てくる。そして，新たに発生した1カ月間の原価は，「当月製造原価」と見出しを付け，その下に内訳を示す形にする。大量生産を続ける場合，〔Ⅲ〕の原価計算の形が月々行う原価計算の基本形ということになる。

12. 平均法と先入先出法

個別原価計算の場合は，製造間接費をどのような方法で配分すれば正確な配賦ができるのか，その配賦方法が問題になる。他方，総合原価計算の場合は，月末仕掛品原価の測定と，その取り扱いが問題になる。月末に現場に残されている仕掛品に関して，どれだけの原価が発生したかを正確に測定することは困難である。それに加えて，同じ材料（や賃金）の価格（賃率）が変動したとき，その変動額を月初仕掛品の原価にも含めるのか否か，の問題も出てくる。

月末の仕掛品の原価は，完成品の製造原価を基準にして完成度（進捗度）を見積もり，それに基づいて，月末仕掛品原価を算定する。価格（や賃率）の変

動に対応する方法として，平均法と先入先出法という異なる計算法がある。

平均法は，月初仕掛品原価と当月新たに発生した原価を合算して，完成品の原価と月末仕掛品の原価に分ける方法である。先入先出法は，価格変動を月初仕掛品の原価に含めず，新たに発生した原価の一部を月末仕掛品の原価にする方法である。

次に，平均法と先入先出法の原価計算形式を，206頁〔Ⅲ〕の形に基づき導き出すことにする。ただし，「当月製造原価」を「当月投入」と表現している。

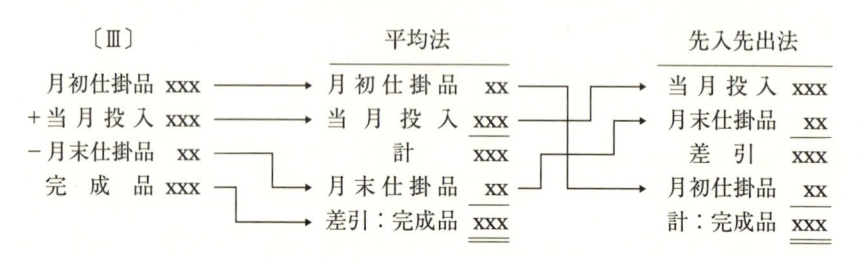

〔Ⅲ〕		平均法		先入先出法	
月初仕掛品 xxx	→	月初仕掛品	xx	当月投入	xxx
＋当月投入 xxx	→	当月投入	xxx	月末仕掛品	xx
－月末仕掛品 xx		計	xxx	差引	xxx
完成品 xxx	→	月末仕掛品	xx	月初仕掛品	xx
	→	差引：完成品	xxx	計：完成品	xxx

上に掲げた形は，原価計算をする場合の計算の順序を上から下へ示したものであるが，この形に原価の金額を書き込むときには，単に原価とせずに，製造原価を直接材料費とそれ以外の加工費に二分した形にする。

製造原価を直接材料費と加工費に分けて別個に計算するのは，材料の投入の仕方とその加工進捗度（加工の進み具合）が必ずしも一致しないからである。例えば直接材料は製造を開始するときに100％投入し，その後，徐々に加工作業が進んで行く場合にも対応できる計算法にするためである。

〔平均法〕	数　量	直接材料費	換算量	加　工　費	合　　計
月初仕掛品					
当月投入					
計					
月末仕掛品					
差引：完成品					

製造原価を直接材料費と加工費に分けて，先ほどの計算形式に組み込んだ場合の平均法は前頁の通りで，先入先出法は次のようになる。

〔先入先出法〕	数　量	直接材料費	換算量	加工費	合　計
当月投入					
月末仕掛品					
差　引					
月初仕掛品					
計：完成品					

　各原価計算表の二つの数量欄は，製造原価を仕掛品と完成品の数量に基づいて，それぞれに配分するために用いる。ただし，換算量は仕掛品の数を完成品の数に換算するという意味である。例えば仕掛品が100個，加工進捗度が完成品の原価を基準にして40％であれば，仕掛品100個は完成品で表せば40個である，と置き換える。それによって，仕掛品を完成品と同じものとして表し，それぞれの完成品の数量比を用いて，原価を仕掛品の原価と完成品の原価に分ける方法である。換算量は加工費について用いるが，直接材料を加工が進むに従って徐々に投入して行くときは，直接材料費の計算にも用いる。

　以上，仕掛品勘定の記入形式に基づいて，工業簿記と有機的に関連していると言われる，原価計算の一般的な形式を導き出した。原価計算の仕方を学習すると，原価で頭の中が一杯になり，製品の製造と共に貨幣が作り出されていることも知らず，それを原価（犠牲）として否定的に認識していることに対する問題意識もなく，原価の根本である給与を下げるにはどうすれば良いか，言い換えれば，利益を増やすことばかりを考える人になる。もっと安心して働き暮らせる社会を考えることができないのは，その結果である。

13. サービスと工業簿記

　工業簿記も原価計算も，主として有形財の製造活動に用いる。しかし，人を対象にしているサービス活動を行う企業の場合，仕掛品勘定に投入する材料を人に変えれば，工業簿記の知識を使って，人造りのサービス活動を認識する形になる。サービス活動では，企業の外から，材料としての人が仕掛品勘定に入ってくる。例えば，美容院では，外から客が入ってきて，仕掛品勘定に座るのである。次に，美しく仕上がった姿が仕掛品勘定から製品勘定へ振り替えられ，その人が店を出るときに，売上が実現する。このとき現金勘定と製品勘定に複式記入をすれば，それは，商業簿記の（一般に学習しない）総記法である。その意味は，店に入ってきた客が，美しく仕上げられた（加工された）自分の姿を，貨幣を使って（所有権を行使して）所有した形である。

　小売業も，銀行業も，保険業や証券業もサービス業である。メーカーのように材料を購入して，その材料を生産現場＝仕掛品勘定に順次投入して生産する方法ではなく，人が外から客として生産現場＝仕掛品勘定に入ってくるのである。あるいは，仕掛品勘定を持って，他者や企業を訪問するのである。しかし，サブプライム問題によって，仕掛品勘定に入った客の多くが貯蓄を失うように（それによって少数の人々が100年間何もしなくても生活できる巨額の利得を入手できるように）人造りをしていたことが判明したが，今後もそういうサービスが提供される可能性は残っている。100円ショップに並んでいる製品のように安価な人に加工されるほど，利益追求のための消耗品として，使い捨てがしやすくなるからである。

14. 現金の循環と損益分岐点

　工業簿記に関する説明の最後に，貨幣形式である現金の循環を勘定形式を使って表してみよう。

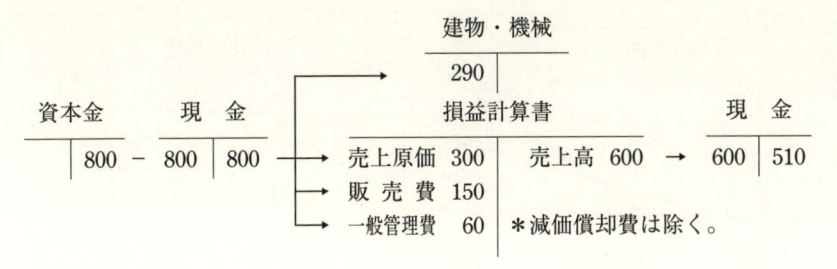

```
                         建物・機械
                            290
 資本金        現　金          損益計算書                  現　金
 ｜  800  -  800 ｜ 800  → 売上原価 300  売上高 600  →  600 ｜ 510
                        → 販 売 費 150
                        → 一般管理費  60  ＊減価償却費は除く。
```

　図の左側の勘定は現金￥800を持って開業した記入である。この現金の出し手は株主だとしよう。その中から現金￥290を投じて建物と機械を取得し，それらを用いて作った製品に￥300，販売活動に￥150，一般（全体）管理活動に￥60を支出したとしよう。その結果，最初に用意した現金は無くなる。この企業は，営業活動の継続に必要な現金を，どうして得るのだろうか。株主がさらに出資するか，銀行から借り入れる方法もあるが，製品が売れなければ，倒産である。しかし，製品が例えば￥600で販売できれば，現金￥600の中から￥510を使って，同じ営業活動を反復して行うことができ，企業は継続企業になる。これは小売企業やサービス企業の場合も同じである。

　その継続企業を支えるのは，利益から配当を受け取る株主ではない。売上が実現しなければ配当は得られず，消費に回せないのである。継続企業を支えているのは，製品を購入する消費者であり，消費者とは市場経済で働いている人々である。

　ところが，バブル経済が崩壊し，賭け金の一部を働く人々が失い，意に反して消費支出を減らせば，現金の循環量が減る。そのとき，資本主義経済の企業がとる適応行動を理解するのに役立つのは，損益分岐図である。

　次頁に掲げた損益分岐図には，上掲の損益計算書の費用が，変動費と固定費に分類されて書き込まれている。変動費は，販売量が変動すれば，発生総額が変動する費用で，固定費は販売量の変動にかかわらず，発生総額が固定している費用である。その二つの線に加えて，ゼロから始まる右上がりの売上高線を書き込めば，総費用線と売上高線の交点，すなわち損益分岐点ができる。

〔損益分岐図〕

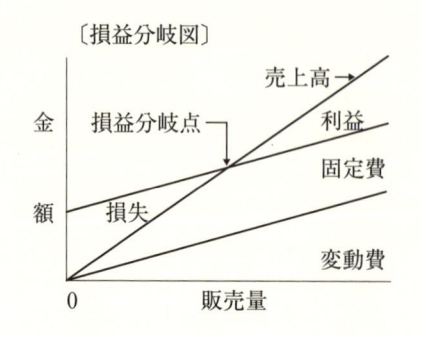

貢献利益法		
売 上 高	¥500	¥600
変 動 費	50	60
貢献利益	450	540
固 定 費	450	450
営業利益	0	¥90

＊変動費の割合が売上高の10％で，固定費が¥450であれば，損益分岐点は，¥450÷(1－0.1)＝¥500である。右側の損益計算形式は損益分岐図に描かれている関係を表す貢献利益法で，売上高¥500と¥600のときを表している。

　売上高が減少して行くとき，損失を回避して，一定額の利益を確保するには，費用の削減が必要になる。売上が右肩上がりに増加するときは，プラスに作用する固定費が，減少するときはマイナスに作用し，利益の阻害要因になり，固定費としての給料を受け取っていた人々が余剰人員としてリストラされる。そして，正社員を非正社員化し，開発国から安価な材料や製品を輸入すれば，変動費も削減できる。そうすれば，損益分岐点は下がる。

　しかし，費用の実体は人件費であるから，各企業の人件費削減は働く人々全体の所得の減少になり，消費支出が停滞・減少して，企業の売上も停滞・減少する。企業は損益分岐点が下がったと一時的に喜んでも，人件費削減の反作用を受ける。このようなデフレ現象から脱却するには，市場経済で働くすべての人々が貯蓄を引き出し，国産品を過剰に購入・消費することである。

　勤労者1人当たり，年間平均50万円の追加消費をすれば，5千万人で25兆円，100万円であれば，50兆円になる。それを続ければ，売上が右肩上がりに増加し，費用の増加＝給与と雇用の増加を吸収することができ，資本財を増産すれば貯蓄も回復できる。働く人々は消費力を使って，市場経済を拡大させることができるのである。一度実験すれば，その壮大な実験を通して，政治だけでなく，市場経済をも動かしているのは自分たちだというということを，働く人々は身をもって知ることができるはずである。

第10章

株式会社の未来像

1. 俳諧精神

　レーニンと毛沢東は何思う黄泉の国から祖国眺めて　こんな気持ちで来し方を振り返り，そして未来に目を向け，日本人に普遍化しうる精神があるだろうかと考えたとき，それは俳諧精神ではないかと，ふと思ったのである。すでに古語になり，心の片隅に押しやられ，ほとんど忘れられたような言葉であるが，その漢字に普遍性を感じている。

　俳諧の俳は，普通の人とは違うという意味で，その俳に続く諧は，言葉を皆が共有するという意味である。したがって，俳諧は非常識な言葉（や行動）を皆が共有するという意味になる。これは個性の意味でもある。

　個性と言う以上，他とは異なるもの，つまり俳という性質を持っていなければならないが，俳だけではケッタイな人や国になってしまい，個性にはならないのである。アメリカは単独行動主義でイラクを爆撃したが，その強大な軍事力は世界の人々を震え上がらせただけで，世界が共有するアメリカになるどころか，ケッタイな国，恐ろしい国アメリカへと，自らをデフォルメしたにすぎない。サブプライム問題でも明らかになったように，アメリカに俳諧の諧がなくなっているのである。個性には，俳だけでなく，もう一つ，なるほど！という諧が必要である。個性が俳諧である例を少しあげてみよう。

　一つは水泳の話である。1952年のヘルシンキ・オリンピック，女子200ｍ

平泳ぎで，ハンガリーの選手がバタフライ泳法で優勝した。この非常識な泳ぎ方が他の選手にも受け入れられ，その後バタフライという独立の種目になったのである。

　もう一つは，68年のメキシコ・オリンピックの走り高跳びである。そのとき金メダルに輝いたのは背面跳びの選手であった。当時，背面跳びは誰も見たことのない，まったく非常識な跳び方であったため，マグレだとか，コケオドシと言われたそうである。しかし，今ではそんなことを口にする人はいない。背面跳びは「より高く」という目標に適う方法であるがゆえに，素晴らしい跳び方として，他の人たちが受け入れ共有している。

　人間の世界を先にあげた水泳に重ねて考えると，個性の数が多いほど魅力的で豊かな社会になり，世界になる。もしも，一番早い泳法だという理由でクロールだけにすれば，杉だけが植林されている山のように多様性がなくなる。人間社会がそうなれば，陰鬱で，精神の根本が粗末になってしまうのである。

　スポーツの話だけでは，俳だけで，諧にはならないかもしれないので，追加すると，天動説に対する地動説も初めは非常識であったが，結局，人々はそれを受け入れ共有している。これまた俳諧精神なり。かつて流行したミニスカートを思い出せば分かるように，ファッションも俳諧である。また，今までにない製品・サービスを作り出し，それが人々に受け入れられたとき，起業は成立する。このアントレプレナーシップ（起業家精神）も俳諧精神に他ならない。もう一つ言えば，社会的分業を担う人々の専門的能力も社会の人々に共有されているのだから，市場経済それ自体が俳諧になっている。

　この素晴らしい俳諧精神，その伝統が日本にあるにもかかわらず，それを忘れて，グローバリゼーションとはアメリカの真似をしてマネーゲームをすることだと錯覚し，貨幣の本性に反する貯蓄の奪い合いに現を抜かすから，市場経済がデフォルメされ，笑いの輪ができない荒れた社会になって行くのである。社会を徹底的にデフォルメすれば，社会は瓦解してカオス（混沌）の状態になるだろう。

　日本の市場経済で働き，また暮らしている者は，子供たちが伸びやかに育

ち，青年たちが意欲的に活動し，そして各自が人生の完成として死を迎えることができる社会を創造するために，俳諧精神を呼び戻し，暮らしの元になっている市場経済の競争至上主義という常識を一ひねりし，その非常識に基づいて日本独自の形を作り上げなければならないのである。そうしたとき，日本の個性は世界を豊かにする個性として人類が共有することになるはずだ，と思えるのである。それゆえ，最後に，憲法を徘徊して，ひねり出した非常識（まだ俳諧にあらず）を記すことにする。それは次のようなものである。

　日本は成人式を行って，二十歳になった青年たちを祝うけれども，それだけでは不十分。日本国憲法第27条①には，「すべての国民は，勤労の権利を有し，義務を負う」と書かれている。この素晴らしい憲法の条文に従って，成人の日を迎えた青年たちに，選挙権に加えて勤労の権利を授与した上で，その義務について教えるのが，民主主義の経済社会における，そして憲法の精神に適う祝い方である。

2. 会 社 と 法 人

　会社を英語でカンパニー company と言う。仲間という意味で，競争相手という意味ではない。また会社と一緒に用いられる法人という言葉は，英語でコーポレーション corporation と言い，団結という意味を含んでいる。対立して争うという意味ではないのである。

　市場経済の企業は，2章で述べたように，社会的分業を遂行する協働組織であるから，企業の従業員は過去も現在も協働している。つまり仲間になって一緒に働いているのである。個人企業から会社企業へと発展するほど，企業で働く人々が増え，同じ仲間として協力し合うので，会社が存続するのである。

　その協働の仕方を見ると，企業においても購買活動，製造活動，販売活動というように分業が行われている。これは社会的分業を遂行する上での企業内分業である。分業は協業であるから，企業で働く人々は（企業内）分業をしながら，（企業内）協業を形作り，特定の製品やサービスを生産する社会的分業を

遂行すると共に，より大きな社会的協業の一環をなして貨幣＝社会的所有権を生産している。

　従業員が仲間になり，団結して，つまり一体化して生産物と貨幣を作り出す姿は，個人が能力と意思を持って所有活動をする姿と同じであるから，自然人である個人と同様，一個の人格を持つことになる。社会的分業を遂行する協働組織すなわち企業に，一個人と同様の人格を社会的に認めた形が法人である。

　こういう理由で市場経済の企業は，会社および法人という性質を持つことになる。その典型が株式会社である。

3. 株　式　の　意　味

　市場経済で働く人々は，社会的分業を遂行する協働組織＝企業の構成員である。しかし，現在のように仲間外れにされて，非正社員や失業者にされては，誰しも困るのだから，対等の構成員であることを社会的に認め合った形が必要である。それが株式である。

　したがって，株式を持てば，企業の対等の構成員としての地位が認められ，仲間外れにされることなく働くことができる。株式は，個人の労働権を保障する社会的形式である。それゆえ，市場経済の企業は，本質的に，株式＝労働権を持つ人々によって構成される株式会社である。

　しかし，現状はいまだ，それとは異なる状態にある。株式すなわち株式会社の構成員としての地位（労働権）は，金儲けのために売買され，また企業を売り買いする手段として使われている。株式に関して労働権が少しも問題にならず，権利と言えば配当請求権や議決権の話になるのは，株主と実際に働いている人が異なり，しかも，異なっているのが常識になっているからである。株主は社員であるにもかかわらず，働かずに配当請求権を行使して，利益の分け前を受け取る，あるいは株主総会に出席して議決権を行使し，気に入らなければ構成員としての地位を売り払う。他方，株式会社で株主の代わりに働いている人々は，貨幣を生み出しながら，総会に参加して決議に加わることもできず，

一方的にリストラされる有様である。

　このように現実は、資本主義経済の二重構造に対応して、株主と従業員が分離して上下関係になっている。したがって、その分離した状態を改め、株主と従業員を一致させれば、前述の株式会社の本質に合致した株式会社が生まれることになる。これが株式会社の未来像である。

　現在、従業員が自社の株式を購入したり、従業員持株制度が生まれたりしているが、もう一ひねりが必要である。それを加えた俳句が、27条①の条文である。ただし、この条文はいまだ俳句のままである。書かれているだけで、社会の人々が共有していないからである。市場経済を営む日本社会における生存権（憲法25条）の実在形式は、市場経済で働くことができる権利すなわち労働権である。なぜなら、市場経済は、社会的分業の対等な担い手として働けば、各種の分業の成果を得て文化的な生活を営むことができる仕組みになっているからである。働いて文化的な生活ができれば、軍隊に入る必要もないので、9条も守られることになる。それゆえ、皆が27条①を共有し、社会制度として確立すべきである。それが実現したとき、27条①は俳句から俳諧へ、しかも日本だけでなく世界の俳諧になるはずである。

　27条①が俳句から俳諧になれば、成人式のとき、成人に達した青年男女に、その祝いとして勤労の権利である株式を授与する。1人に1株で十分で、株式分割や株式の売買などはせず、株式を受け取った青年たちは、勤労の権利を行使して、社会構成員としての勤労の義務を果たすのである。

　デフレ経済といわれる状況の中で、会社はどうなるのか、職は得られるのかと内心不安を抱えながら、各種の資格に即戦力を求めるだけで、市民の資格として労働権を持とうとしない社会状況である。しかし、働く人々にとって大切なことは、安心して働くことのできる株式会社を創造して行くことである。それゆえ、これまで説明してきた市場経済の仕組みに基づいて、株式会社の未来像をさらに具体的に述べてみることにする。

4. 中央銀行と株式会社

　成人に達した青年たちだけでなく，27条①を立ち上げて，すべての成人が労働の権利としての株式を持っているとしよう。そして，企業も国家もすべて株式会社形式で運営して行く。そうすれば，働く人は誰もが株式会社の社員すなわち株主になり，国有化・私有化（民営化）の問題，親会社と子会社の主従関係，そして公務員・非公務員の違いもなくなるのである。

　各自が株式として持っている労働権を行使するときは，勤め先の企業すなわち株式会社（ただし，以下では企業と言うことにする）に株主として登録すると共に，その株式を中央銀行に差し入れる（日本の場合は，日本銀行の資産として登録する）。中央銀行はその株式を資産として計上し，同時にその資産に基づいて中央銀行券を発行して，その人の勤め先企業に渡す。あるいは勤務先企業の口座に振り込む。その金額は1カ月の給与額である。この関係を図で示すことにするが，このような非常識な図を掲げた経済学書はないであろうから，眉唾物かもしれないと思って，検討していただきたいのである。

日本銀行の貸借対照表
07年9月　（単位：兆円）

資　産		負債・資本	
金 地 金	0.4	日本銀行券	75.6
現　　金	0.2	当 座 預 金	11.9
買　現　先	3.3	政 府 預 金	3.8
国　　債	72.8	売 現 先	12.6
金銭の信託	1.6	引 当 金	3.2
貸 出 金	26.5	そ の 他	1.3
外 国 為 替	5.6	資 本	2.6
そ の 他	0.6		
	111.0		111.0

日本銀行調査統計局『金融経済統計月報』
08年1月号より作成（100億円四捨五入）

中央銀行の基本形を示すために，日本銀行の貸借対照表の要旨を左頁に掲げたので，見ていただきたい。その左側に掲げられている資産の中で最大のものは，国債である。そして，その右側で最大の金額を占めているのは，一番上に示されている日本銀行券である。すなわち日本人が財布の中に入れて使っている紙幣＝貨幣形式である。

個々の日本人にとっては資産である貨幣の形式が，日本銀行の貸借対照表では負債として掲げられている。なぜ，日本銀行券は負債なのか。その理由の説明は省略して，要点だけを述べると，国債を担保にして日本銀行券という貨幣形式を発行する形が左右に現れているだけなのである。それゆえ，中央銀行の貸借対照表の基本形式は次のようになる。

中央銀行の貸借対照表——現在の基本形

国　　　債　xxx	中央銀行券　xxx

上の国債を担保にして中央銀行券を発行する形を，次のように，株式を担保にして中央銀行券を発行する形に変える。

中央銀行の貸借対照表——未来形

株　　　式　xxx	中央銀行券　xxx

このように変えると，株式という労働権を行使して社会的分業を遂行する人々が，国家債務の担保としてではなく，中央銀行券を本当の貨幣形式にする主(あるじ)として，その存在を中央銀行の貸借対照表の上に現すことになる。

株式を資産にして中央銀行券を発行する形に変えれば，中央銀行の貸借対照表と各企業の貸借対照表がつながる形ができることになる。次に，そのつながった形を図解して示すことにするが，その前に，株式会社の設立時の会計を改めて例示しておくことにする。

【例】株式100株を1株￥100で発行して会社を設立し，払込額は当座預金とした。

仕訳：当座預金　10,000　　資　本　金　10,000

開業貸借対照表

当座預金　10,000	資　本　金　10,000

　上に掲げた企業の設立時の貸借対照表を参考にして，次の中央銀行の貸借対照表と各企業の貸借対照表のつながりを見ていただきたい。企業の当座預金を貨幣形式とし，資本金を株式資本にしているのは，その方が基本形を表すからである。

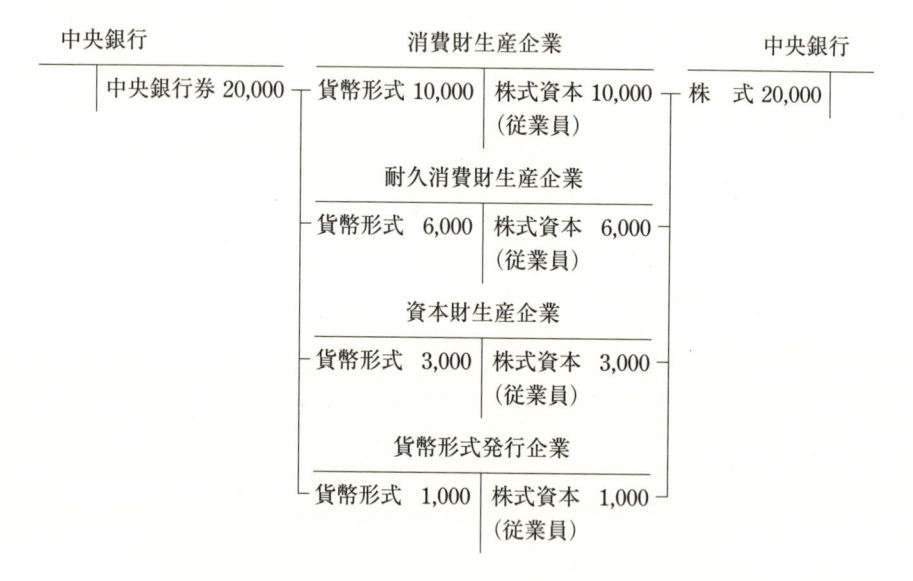

```
 中央銀行              消費財生産企業              中央銀行
│中央銀行券 20,000┬─│貨幣形式 10,000│株式資本 10,000│┬│株　式 20,000│
                 │                │(従業員)       │ │
                 │     耐久消費財生産企業          │ │
                 ├─│貨幣形式  6,000│株式資本  6,000│┤
                 │                │(従業員)       │ │
                 │       資本財生産企業            │ │
                 ├─│貨幣形式  3,000│株式資本  3,000│┤
                 │                │(従業員)       │ │
                 │     貨幣形式発行企業            │ │
                 └─│貨幣形式  1,000│株式資本  1,000│┘
                                  │(従業員)       │
```

消　費　財　生　産　企　業：50人×8h×25日×¥1＝¥10,000
耐久消費財生産企業：30人×8h×25日×¥1＝¥ 6,000
資　本　財　生　産　企　業：15人×8h×25日×¥1＝¥ 3,000
貨　幣　形　式　発　行　企　業：　5人×8h×25日×¥1＝¥ 1,000

　上に掲げた形は，中央銀行と諸企業との関係を，企業会計の方法を用いて表したものである。ただし，そのつながりを平面上に表すために，中央銀行の貸借対照表を真ん中から左右に分けた上で，互いに反対側へ移動させ，その間に各企業の貸借対照表を入れた形にしている。また，社会的分業に関しては貸借

対照表の下に，分業モデルを参考に掲げている。

　以下，図を左から説明して行くことにする。左側の中央銀行券¥20,000は，社会的分業を遂行するために用意した貨幣形式であり，貨幣になる予定のものである。その貨幣形式が各企業に渡された形は，全体が部分に分かれた形である。

　続いて，各企業の貨幣形式と株式資本（従業員）の関係について言えば，それは企業の責任を表している。企業に手渡された中央銀行券は，貨幣形式と表示されているが，まだ本当の貨幣の形式になってはいないのである。それゆえ，企業の株主は，貨幣形式と社会的所有権とを合体させて本当の貨幣にする社会的責任を負うわけである。この点を，消費財生産企業を例にして述べると，株主である従業員50人は，各自が1日8時間，1カ月に25日働いて，消費財と共に¥10,000の貨幣を作り出す責任を負っているのである。その活動を12カ月繰り返せば，つまり給与として渡した貨幣形式が月々の売上によって戻ってくる形を繰り返すことによって（211頁参照），用意された貨幣形式が12回転して，1年間に生み出された貨幣を表す形式の役割を果たすわけである。

　今度は，各企業の株式資本と，その右側にある中央銀行の株式との関係について言えば，それは各企業の株式が集まって，中央銀行の貸借対照表の資産になっていることを表している。

　最後に，中央銀行の貸借対照表における「株式と中央銀行券」の関係を見よう。各企業の従業員は労働能力を有し，そして労働権を持っている。その労働権を表す株式が集まって，株式¥20,000として存在している。しかし，それらの株式は単なる株式の集合ではなく，つながって全体を形作る。社会的分業を遂行する人々がつながり合って社会的協業を形作るのである。その社会的協業は，すでに説明した通り貨幣を生み出すので，それが中央銀行券¥20,000として，その右側に形式化されている。その貨幣形式によって，今度は逆に，株式すなわち労働する人々が，貨幣を生み出す資本としての性質を与えられるのである。

　中央銀行に関してもう少し述べておくことにする。

中央銀行の貸借対照表を使い，株式に基づいて中央銀行券を発行する基本形を示したが，その業務を実際に遂行するためには，それを社会的分業として担う株式会社が必要である。それゆえ，先の中央銀行と個別の企業のつながりを表す図の中に，貨幣形式発行企業の貸借対照表を掲げておいたのである。中央銀行の貸借対照表と貨幣形式発行企業の貸借対照表を一つにすれば，社会的分業の一環として，株式に基づいて中央銀行券（貨幣形式）を発行する企業の基本形ができることになる。次の貸借対照表は，それを表すものである。

中央銀行の貸借対照表

| 株　　式 | 20,000 | 日本銀行券 | 20,000 |
| 貨 幣 形 式 | 1,000 | 株 式 資 本 | 1,000 |

こうして，働く人々が自ら貨幣形式を発行し，社会的分業を遂行して，各自が給与として得た貨幣すなわち社会的所有権を行使しながら，分業の成果を得て共に暮らす経済社会が成立するようになる。

現在の株式会社と憲法27条①と中央銀行（日本銀行）の背後に，上述の株式会社の未来像が実現可能性として存在している。このような可能性も含めて，本書で説明した市場経済の仕組みが現実の経済社会の中には，潜在している。未来は可能性として現実の中に宿っているのである。それゆえ，もう一つの世界は，確かに可能なのである。しかし，悪い可能性もまた潜んでいる。

5. 人間成長主義

株価至上主義の高みから下り，資本主義経済の内部を見れば，市場経済は経済学が説くのとは異なる仕組みになっていて，資本財と公共財に対する市民的所有を作り出し，そして労働権に基づいて営む株式会社さえ用意している。

学校に行けば受験戦士になり，大学生活だけがつかの間の戦士の休日で，卒業すれば今度は企業戦士に変身して，毎日ガムシャラに働き，また働かされている。そのために気付かずに過ごしているが，（日本を例にして言えば，何千万

という）人々が共に働く「われわれ（吾吾）」の市場経済は、勤労者個々人が人間として成長して行く条件を作り出している。このことを認識して、働く人々は市民的所有と労働権を社会制度として確立し、そして市場経済の規模を縮小化＝デフレ化して行くことである。

経済のデフレ化は、生産手段の私有制の下では、利益を確保するために失業者を産み出し、所得・資産格差を拡大させる手段として利用される。その反対のインフレーションは経済の膨張であるから、デフレの反対のように思えるが、インフレ経済は、所得・資産格差を組み込んだまま経済を膨張させて行く経済成長主義である。先進国を初めとする世界の経済成長主義が、温暖化現象を初めとする地球規模の環境問題を引き起こしている。

資本主義経済では、企業で行われる投資の決定に際して、将来のキャッシュフローを、資本コスト（利率）を使って現在価値に割り引く計算をするが、これは、貨幣の現在価値は時間の経過と共に複利で増加して行かなければならないという論理である。この論理と共通性を有するのはガン細胞で、ガン細胞は正常細胞から養分を奪い取り、無限に細胞分裂を続けて増殖する。その増殖が終わるのは人が死ぬからである。経済成長主義は、他の生物の生活と人間性を共に侵食する人類のガン細胞化で、地球環境問題はその現れである。

（注）人類のガン細胞化という私の見方は、次の理由によるものである。

1人当たりの実質GDP（国内総生産）が2倍になるのに要する年数は、〔70÷成長率〕で求められる[1]。したがって、毎年の経済成長率が1％であれば、現在の1人当たりのGDPは70年後に2倍になり、140年後にその2倍＝現在の4倍になり、210年後にその2倍＝現在の8倍になる。成長率が3.5％であれば、20年後に2倍、40年後に4倍、60年後に8倍になる。成長率が7％であれば、10後に2倍、20年後に4倍、30年後に8倍になる。成長率の高低によって、要する年数は異なるとは言え、倍々ゲームが進んで行く。仮に7％の成長率で100年間に何倍になるかを示せば、次のようになる。

	現在	10年	20年	30年	40年	50年	60年	70年	80年	90年	100年後
7％：	1	2	4	8	16	32	64	128	256	512	1,024倍
2^n：	2^0	2^1	2^2	2^3	2^4	2^5	2^6	2^7	2^8	2^9	2^{10}

上の表示で、7％の下に掲げた2^nは、倍々ゲームの成り行きを2のn乗で表したものであるが、これは一つの細胞が分裂して増殖する数を表す数式でもある。正常細胞の分裂は、50回ぐらいと決まっているそうだが、ガン細胞の分裂＝増殖は無限であ

る。現在の人口67億の人類が，限りなく経済成長を続けて行けば，67億の細胞がガン細胞化して分裂＝増殖するのと同じであるから，人類のガン細胞化と見ているのである。

ガイア理論の創始者，ラブロックはその著『ガイアの復讐』で，「いよいよガイアは，その内包するルールに照らして，人間を締め出しにかかっている」[2)]と書いている。ガン細胞が42-3度で死滅するのであれば，地球の温暖化は生物が生き残るための温熱療法と考えることもできる。その温暖化防止のために二酸化炭素を地中に埋め込んでも，足を知らざる経済成長主義は大地の砂漠化をもたらし，戦争と餓死による人類の死が，現実に潜んでいるもう一つの可能性ではないだろうか。

人の身体に生じたガンの治療法は未確立である。同様に，人類のガン細胞化を治す方法もまだ認識されていないけれども，生産と消費の二輪車型の資本主義経済から，市民的所有と労働権を確立して，生産と消費を減らしても倒れない四輪車型の市場経済へ発展的に移行することである。

簡単に使い捨てる物は作らず，品質を高めると共に耐久性を延ばし，再生産量を減らすことによって，エネルギー資源を含む資源の消費量を減らして行く。と同時に，市場経済で働く人々は次の点を認識し，価値観を転換すべきである。

経済全体をスリム化して生産量を減らせば，その代わりに余裕時間が増える。しかし，余裕時間が増えれば，社会的総労働時間が減少して，社会全体の所得が，したがって個々人の所得が減少する。それゆえ，市場原理に基づく公平な所得分配を実現すると共に，経済成長主義から人間成長主義へ価値観を変えることである。新たな価値観に基づいて，余裕時間を生活の中に取り込み，人格の向上を図る生活習慣を作り上げて行くことが大切である。

6. 有給休暇のリサイクル

ジャパン・パッシングという言葉が使われたが，マネーゲームで貯蓄を吸い

上げようという人たちが日本を素通りして行くのを引き留める必要はないのである。市民的所有と労働権を確立して総労働時間を短縮し，所得の公正な分配を行い，ささやかながらも，世界に日本モデルを提示することこそ，人類の観点に立てば重要事である。

　総労働時間を短縮する場合，必要であれば生産のスピードを下げることを含めて，1日の労働時間をまず短縮する。1人の労働時間が長くなるほど，働かなくても良い人や，働けずに失業する人が生まれるのである。

　それに加えて，1年間の長期休暇制度の確立を私は考える。リサイクルの時代なのだから，資源だけでなく，働く人々も自分の身体をリサイクルすべきで，思い切って職場の外へ身体を廃棄し，リサイクルつまり循環（交替）しながら心身の再生を図るべきである。

　長期休暇制度を確立する場合，休暇中の生活費はどうなるのか，心配になるので，その生活費について，例のモデルを作って述べることにする。経済学は需要曲線と供給曲線を使うが，1年間の有給休暇を実現する方法を需要曲線と供給曲線から導き出してはいないのである。

消 費 財：30人×8h×270日×￥1＝￥64,800　生産量 100家族分　＠￥648
サービス：40人×8h×270日×￥1＝￥86,400　生産量 100家族分　＠￥864
耐 久 財：20人×8h×270日×￥1＝￥43,200　生産量 X
　　　　1人の年間貨幣所得：￥2,160　　消費支出：消 費 財　￥648
　　　　　　　　　　　　　　　　　　　　　　　　サービス　　864
　　　　　　　　　　　　　　　　　　　　貯　蓄：耐 久 財　　480
　　　　　　　　　　　　　　　　　　　　　　　　消 費 財　　72 ◎
　　　　　　　　　　　　　　　　　　　　　　　　サービス　　96 ◎

　上のモデルは，1日の労働時間と年間の労働日数は変えずに，100人が働いていた従来の方法を改め，90人が働き10人が休暇を取るようにしたケースを表している。90人が働いて100人分の消費財とサービスを生産しているので，休暇を得た10人も生活できるのである。しかし，100人が働いていた場合に比べれば，年間の総労働時間が減少して，GDP（国内総生産）の金額は減少している。そして，働いている人々の貨幣所得も，その中から，休暇中の人たち

の生活費を拠出することになるので，次のように減少する。

　市場経済で働いている人々の貨幣所得には，貯蓄として，消費財とサービスを所有する貨幣が余分に￥168含まれている（◎の金額合計）。この貯蓄額は，1年間の休暇を得た人たちの消費財とサービスに対する所有分である。その貯蓄を有給休暇資金として拠出するので，個人の所得も減少する。他方，休暇に入った人たちは，その拠出金から休暇手当を受け取ることになる。90人の拠出金合計を10人に配分すれば，1人が受け取る休暇手当の金額は￥1,512になる（次の計算による）。

　　　　￥168×90（人）＝￥15,120　　￥15,120÷10（人）＝￥1,512／人

　1人が￥1,512の貨幣を受け取れば，働いている人と同じように，￥648の消費財と￥864のサービスを得ることができる。もちろん，耐久財（耐久消費財と資本財と仮定する）に対する所有分も提供できるけれども，ここでは簡略化して含めない取り扱いにしてる。かくて，10人（家族）はそれぞれ1年間の有給休暇を過ごすことができるのである。

　この方法は雇用（失業）保険や生命保険あるいは年金の拠出＝受給と同じである。雇用保険は失業したとき本人に，生命保険の場合は死んだ後に残された人に保険金が入ることになるが，これらの保険は労働権が確立されていないために存在している。年金の場合は退職後に給付を受けることになる。それに対して，休暇手当は活力のあるとき，人生を充実させるために，受け取って使うことになる。

　もちろん，これは順番である。市場経済で働く人々の協力関係によって，自分が拠出した貨幣が権利を行使するときに，あたかも返ってくるような形になっている。上のモデルでは9年間拠出して1年間の休暇手当を受け取るということになるので，10年に1回，1年間の有給休暇を得ることができることになる。

　もちろん，1年間の有給休暇は7年に1回でも良いし，5年に1回でも良いわけで，失業率20％，それでも社会保障で失業者が生活しているとすれば，失業のリサイクルによって，5年に1回，1年間の有給休暇が取得できる形に

変わるのだから，もう一つの生活世界は可能なのである。

　1年間という長期休暇制度を確立するには，生産量を減らす必要がある。タンスの引き出しを開ければ，しまい込んだままの衣料が沢山あるのではないだろうか。家電製品や自動車も耐久性を延ばすことができるはず。そして次にすべきことは，スムーズな交替の実現である。能力差を作り出すよりも，協力して互いの能力の同等化と向上を図る方が互いの利益になる。それだけではなく，市場の資源配分メカニズが働くときに生じる人員の過不足を調整するのにも役立つ。このように追求すべき利益は他にあり，それを実現して行く経済発展の，もう一つの方向がある。

　市場経済の発展はGDPの大きさだけで表せないのである。働く人々の市民的所有や労働権に関する意識の高さも，その発展の度合いを表す。市民的所有と労働権を制度として確立し，すべての労働者が仕事だけでなく余裕時間もシェアリング（共有）して，年次休暇を取得している社会は，どの先進国においてもまだ実現してはいない。過去から見れば進んでいる社会も，未来から見れば遅れているというのが，歴史的発展の姿ではないだろうか。

7．必然の美

　日本では，1956年に東海道本線が電化されて，特急に乗れば東京・大阪間を7時間半で行けるようになった。現在は，のぞみに乗れば2時間半ほどで行くことができるので，3倍の速さになったのである。驚くべき科学技術の発達である。お蔭でビジネスはスピードアップし，それが生活の中にも入り込み，便利さとして現れている。しかし，生活の高速化が個々人の成長を早めるわけではない。生まれた赤ん坊が50年前に比べて3倍の速さで成長するようになっただろうか。

　現在の私たちは，色々な物を作っては使い捨て，スピードアップに悪乗りして，刹那的生活をしているけれども，これでは時間の経過と共に心身の拡散現象が起こるだけで，人間は育ちにくくなる。現在の日本人は子供も大人も疲れ

ている。ワインやウイスキーだけが，熟成の時間を必要としているのではなく，人にも熟成の時間が必要である。にもかかわらず，その時間がないために，日本人から人間としての味わいが無くなりつつある。

　時間は流れる一方で，個人の中に蓄えることができないように思えるが，能力を作るために使えば，能力という形で，その形成に要した時間を蓄えることができる。労働するにも遊ぶにも能力が必要である。その能力の元は素質であり，色々な素質が個人の中に種としてまかれている。したがって，素質＝種から芽が出て成長し，花が開いたとき，あるいは実が実ったとき，たとえ小さな花であり実であったとしても，人は幸せなのである。そして，その姿こそ人間の必然の美である。対して，若さの美は偶然の美にすぎない。自分の力で獲得したものではなく，両親によって与えられた外面の美で，プチ整形という外から加えられた美と同じであるから，やがて消え去るのが定めである。

　つかの間の偶然の美に現を抜かすより，素質を能力へ高めて必然の美を創造することが大切。そのためには，社会全体として条件を整える必要がある。先に芽を出す素質も，その伸びる速さも，人によって異なるので，どの素質がいつ発芽しても良いように，またその芽を伸ばして行くことができるように，条件整備をすることである。その条件の中には時間が入る。素質を能力へ高め，その能力に磨きをかけるには時間がかかるからである。

　市場経済は，個々人が必然の美を創造するための条件を作り出す。一人一人が利他心に基づいて社会構成員のために（一人が万人のために）働くということは，裏返せば，社会の大きな力（万人の力）を受け取って，一人一人が人間としての能力形成に努め，成長して行くことができるということである。そのための時間作りであり，一つの方法として長期休暇を例示したわけである。

　その甲斐あって，自己の人間としての能力を伸ばすことができれば，そうしなかった場合よりも，人生を深く味わうことが，きっとできるようになる。

8. 人間への歩み

　ヒトとは妙な（変な）動物で，人生の目的や人間性を問いながら答を得ず，道に迷うて黄昏どきを迎える者のようである。何のために生きてきたのかと，哀れな思いに陥ったとき，それに関する一つの教えを，鈴木亨・花崎皋平の両哲学者の対談から[3]，私は受けたのである。

- 私が＜存在者逆接空＞と言っているように，万有＝存在者（物質・生物・人類）は無限・絶対・永遠なる空の絶対否定が有限・相対・時間的存在者として顕現しているのであって，その最初の誕生が宇宙であり，それが進化して生物の発生となり最高の段階として人類史の誕生があるのです。
- 空の大悲が存在者に及ぶのです。だからわれわれの存在は贈られてあるんだという事です。つまりそういう意味で自分の生命や他者の生命を大切にするということをわれわれはもともと負わされている（責任がある responsibility）のですね。
- 確かに，責任 responsibility というのは応答する response ということですね。
- あくまで空の大悲が宇宙を貫いてひびき渡る per sonare ことに促されて人格 person と成り，倫理的になるのです。それが私の響存です。

　二人の対談を読み返しているうちに浮かんできたのは，芭蕉の句と小野小町の歌である。芭蕉の句「閑かさや 岩にしみいる 蝉の声」を読むと，蝉の声だけでなく，すべての音を吸い込んでしまう無の閑かさを感じる。それゆえ，無の閑かさの中からはい出してきて鳴く蝉は，無から生まれた有限の生命がその命を享受している姿のように思えてくるのである。

　そして，「思ひつつ 寝ればや 人のみえつらん 夢と知りせば さめざらましを」という小町の歌にある夢の一時が，個人にとっては生まれて死ぬまでの現実である。その一時にすぎない現実の人生が，無限・絶対・永遠なる空からの贈り物であると。それゆえ，目覚めて，自己の命を贈り物として有り難く受け

取り，人生を享受すれば良いということになる。そうであればなおさら，人生には一つの目的があるように思うのである。それは祖型のサルから人間へ成長することである。

9. 分かち合いの人間性

　人間はサルから進化してきたとは言え，いまだ途上にある。つまり，ヒトは誰もが未熟児として生まれてくるのである。それゆえ，この世に生を受けた後，未熟な個体は人間へと成長して行かなければならない責任を負うことになる。サルから人間へ成長するための方法は，社会的労働である。その社会的労働が，サルの中に素質としてあった，分かち合いの人間性を芽生えさせ，そして育んできたのである。社会的労働をしないサルは，生産物を分かち合わないけれども，人間は分かち合って生活する。

　最近，頓にコミュニケーション能力が大切だ，と言われているが，その動詞コミュニケート communicate の語源が，『英語語源辞典』（研究社）によれば，「分かち合う」となっている。共有する，一つを分け合うという意味である。知恵のある人＝ホモ・サピエンスの分かち合いの人間性は，言葉として現れている。日本で生活している人々は，同じ言葉＝日本語を共有しており，また職業人は専門用語全体を分け合って，それぞれの専門語を持っている。言葉の伝達や通信は，分かち合いを実現する方法である。

　他方，物を作る人＝ホモ・ファーベルの，分かち合いの人間性は貨幣として現れている。1章で説明した通り，貨幣は，社会的協業を形作って一体化している人々が，分業の成果を共有している姿であり，個々人が持つ貨幣形式は，一個全体の貨幣を分け合って持っていることを表している。歴史的に立ち上がりつつある市場経済の実相は，分かち合いの経済である。

　それゆえ，知恵のある人たちにして物を作る人たちが，一つのテーブルを囲んで食事をしながら歓談する姿は，ただ言葉を伝達し合って料理を食べているのではなく，分かち合いの人間性を実現している姿であり，自然と人間が，そ

して人と人とが響き合って響存している姿ではないだろうか。

　ところが，現代社会では分かち合うことが次第に少なくなっている。それは，私の経済学，はたまた私の企業にしてしまい，分かち合わないからである。漢字の「私」の原義は，「自分のものとして囲った稲」であるから，分かち合わないのが「私有」である。私と私が集まって競争するほど，人々は私に徹して行き，コミュニケーションができなくなる。それに対して，同じ自称の代名詞「吾」は，言葉を交わす意である。したがって，言葉を交わす吾と吾の集まり，すなわち吾吾（われわれ）は，分かち合う人間として存在している。この点に関して認識しておくべきことは，次の河合氏の説である。「父系，母系いずれにせよ，原初人類の社会は，個体関係においても家族間関係においても，対等と平等を基礎にして成立しているということである。このことは，現存する狩猟採集民の社会がそうであることと通底する」[4]。この関係が，社会的労働を通して，分かち合いの人間性を形作っていると考えている。

　河合氏の説と関連して引用したいのは，哲学者ヘーゲルの本質に関する次の一説である。「動詞のSein（有る）という言葉は，その過去の時称gewesenの中にWesen（本質）を含んでいる。というのは，本質は過ぎ去った（過去になった）有であるが，しかも無時間的に過ぎ去った有だからである」[5]。

　この観点に立てば，河合氏の言う原初人類社会の「対等と平等」，それゆえ分かち合いの人間性が，過去も現在も本質＝根源として有る。したがって，前進とは根源的かつ真なるものへの後退であり，後退とは基礎付けである[6]，というヘーゲルの言葉が歴史の重みを伴って，「われわれ」に反省を迫ってくることになる。優劣を決める競争は，順位制を作るサル社会に頑(かたく)なに止まる方法であり，分かち合いの人間性に基礎付けられなければ，いかにグローバル化し，構造改革を行っても，人間社会として前進することはできない，と言っているからである。

10. 空 へ の 応 答

　我々は，何の裏返しなのか，相変わらず日本一や世界一を求めている。特に若いときは，ナンバーワンやオンリーワンに憧れ，無限・絶対・永遠なる空に背を向けて，自己主張をして進むのだから，競争，競争と言わずとも，ライバル意識が働き，男女の違いもまた良き刺激になって，各自を成長させる。そして，一直線上を進むように，仕事や子育てに無我夢中になって壮年期を生き抜き，ある日ある時，気付いて見ると人生の下り坂にいるという次第である。背を向けてきた無限・絶対・永遠なる空を今度は前にして進むことになるので，人は，己が人生を反省することになる。そのとき，人間として生まれてきて良かったと，命の贈り主に応答するには，人間として生きる能力がやはり必要で，そのためには，身体の中に（in）良い関係を実現する形（form）を入れるインフォメーションが大切である。

　俳句五七五を，（自然とヒト，ヒトとヒトの）矛盾を統一する人間性とすれば，人間性が自己の素質を分析して能力を産み，その能力が喜びを産み出し，それらを七七として，五七五に加えて総合した形は，短くとも，人間の喜びの歌になる。能力（ability →-ibility）が喜びの応答（response）をなし得たときに，人間としての責任 responsibility を果たした形ができ上がることになる。然れば，ヒトという妙な（素晴らしい）動物の精神は，かのミネルバァの梟になって空へ飛び立ち，身は種のごとくに大地に還るのでしょう。

　　句より楽 恋の七七 蝉しぐれ
　　知恵集め 力をつなぎ 人間は 共に苦楽の 飯を食うなり

注 記
1) P. ダスグプタ『経済学』植田和弘他訳 岩波書店 2008 年 18 頁。
2) J. ラブロック『ガイアの復讐』秋元勇巳監修 竹村健一訳 中央公論社 2006 年 44 頁。
3) 鈴木亨・花崎皋平「対談 哲学することの根源へ―空の大悲へく応答」中村雄二郎・木村敏監修『講座 生命』河合文化研究所 2002 年 vol.6 133-5, 150, 153 頁。

4) 河合雅雄『人間の由来』下 小学館 1992年 403頁。
5) G.W.F. ヘーゲル『大論理学』中 武市健人訳 岩波書店 1975年 3頁。
6) 同上書 上巻の1 1972年 62頁。

事項索引

あ 行

移動平均法 ……………………………… *129*
インフレーション ……………………… *223*

受取地代 ………………………………… *142*
受取手形 …………………………… *100, 161*
受取家賃 ………………………………… *142*
受取利息 ………………………………… *142*
売上勘定 ………………………………… *123*
売上原価勘定 …………………………… *123*
売掛金 …………………………………… *163*
運送費 …………………………………… *137*

英米式決算法 ……………………… *149, 150*
円の国際化 ……………………………… *38*

か 行

買掛金 …………………………………… *163*
会計 ……………………………………… *89*
外注加工賃 ……………………………… *199*
価格メカニズム ………………………… *30*
貸方 ………………………………… *107, 109*
貸倒損失 ………………………………… *178*
貸倒引当金 ……………………………… *179*
貸倒引当金繰入 ………………………… *179*
貸付金 …………………………………… *170*
価値の尺度 ……………………………… *16*
価値の貯蔵手段 ………………………… *16*
株式 ………………………………… *216, 219*
株式会社 ………………………………… *216*

貨幣形式 …………………………… *8, 221, 222*
貨幣形式の無体化 ……………………… *10*
貨幣の現在価値 ………………………… *223*
貨幣の正体 ……………………………… *8*
借入金 …………………………………… *170*
借方 ………………………………… *107, 109*
為替手形 ………………………………… *163*
勘定 ……………………………………… *92*
勘定科目 ………………………………… *92*
勘定形式 ………………………………… *92*
間接金融方式 …………………………… *74*
間接経費 ………………………………… *199*
間接材料費 ……………………………… *193*
間接法 ……………………………… *152, 186*
間接労務費 ………………………… *196, 198*

機会原価 ………………………………… *54*
企業間競争 ……………………………… *36*
企業内分業 ………………………… *99, 215*
企業の本質 ……………………………… *31*
キャッシュフロー …… *40, 41, 44, 80, 223*
キャッシュフロー計算書（CF 計算書）
………………………… *104, 106, 152, 186*
給料 ………………………………… *167, 198*
協業 …………………………………… *6, 8, 133*

経営理念 ………………………………… *32*
経済成長主義 …………………………… *223*
計算単位 ………………………………… *16*
決算 ………………………… *102, 114, 118, 143*
決算仕訳 ………………………………… *116*

決算整理事項 …………………… 146
決算振替仕訳 …………………… 116
月末仕掛品原価 ………………… 207
原価 ……………………………… 120
原価加算方式 …………………… 61
減価償却 ………………… 75, 76, 138
減価償却費 ……………… 75, 138, 140
減価償却累計額 ………………… 140
現金勘定 ………………………… 93

交換手段 ………………………… 15
交換手段説 ……………………… 14
公共財 …………………… 79, 80, 81
工業簿記 ………………………… 191
合計試算表 ……………………… 145
貢献利益法 ……………………… 212
広告費 …………………………… 136
厚生費 …………………………… 201
交通費 …………………………… 135
購入原価 ………………………… 192
国際会計基準 …………………… 107
国際競争 ………………………… 37
国際分業 ………………………… 48
小口現金 ………………………… 174
個人間競争 ……………………… 35
個人的所有 …………………… 72, 77
国家の累積債務 ………………… 80
固定資産 ………………………… 130
固定費 …………………………… 211
個別原価計算 …………………… 203

さ 行

サービス ……………………… 29, 45
財産法 …………………………… 125
財政状態 ………………………… 105
財政状態報告書 ………………… 105
財務3表 ……………… 102, 104, 106
財務諸表 ………………… 102, 107
先入先出法 ……………… 129, 208
残高勘定 ………… 114, 115, 116, 118
残高試算表 ……………… 145, 154
3分法 …………………………… 125

仕入原価 ………………………… 117
自給自足 ………………………… 2
資源の有効配分メカニズム …… 30
資産 ……………………………… 150
資産主義 ………………………… 130
支払い手段 ……………………… 16
支払地代 ………………………… 136
支払手形 ………………… 100, 160
支払家賃 ………………………… 136
支払利息 ………………………… 136
支払割引料 ……………………… 169
資本機能 ………………………… 17
資本金 …………………………… 89
資本金勘定 …………………… 93, 119
資本財 …………… 70, 71, 73, 76, 95
市民的所有 … 69, 71, 72, 76, 80, 81, 82, 95
社会的協業 …………… 4, 12, 34, 216
社会的所有 …………………… 72, 82
社会的分業 …………… 2, 12, 34, 215
シャドーワーク ……………… 51, 54
収益 …………………… 94, 120, 123, 141
収益の繰延 ……………………… 182
収益の見越 ……………………… 181
修繕費 …………………………… 137
需給の均衡メカニズム ………… 31
受託証券 ………… 99, 100, 101, 158
純資産 …………………… 105, 151
商業簿記 ………………………… 111
乗数効果 ………………………… 78
消費財 …………………………… 65
消費者信用 …………………… 67, 68

事項索引　　　237

商品券 …………………………… *164*
商品有高帳 ……………………… *128*
消耗品 …………………………… *134*
消耗品費 ………………………… *134*
所得計算書 ……………………… *105*
所得税預り金 …………………… *167*
所有証券 ……………… *69, 73, 95*
所有等式 ………………… *90, 113*
所有の二面性 …………… *27, 72*
仕訳 ……………………… *90, 113*
仕訳帳 …………………… *90, 111*

垂直的分業 ……………………… *98*
水道光熱費 ……………………… *135*
水平的分業 ……………………… *97*

精算表 …………………………… *154*
製造間接費 ……………… *194, 201*
製造間接費の配賦 ……………… *202*
製造間接費の配賦法 …………… *204*
責任能力表 ……………………… *103*
選択機能 ………………………… *17*

総勘定元帳 ……………… *93, 111*
総記法 …………………………… *128*
創業者利得 ……………………… *75*
総合原価計算 …………………… *203*
租税公課 ………………………… *137*
損益勘定 ……………… *121, 124*
損益計算書 …… *104, 105, 121, 122, 124*
損益計算書等式 ………………… *105*
損益分岐図 ……………………… *211*
損益分岐点 ……………………… *211*
損益法 …………………………… *125*

た　行

耐久財 …………………………… *65*

耐久消費財 ……………… *66, 68*
貸借対照表… *104, 105, 107, 116, 119, 124*
貸借対照表等式 ………………… *105*
大陸式決算法 …………… *149, 150*
他店商品券 ……………………… *166*
棚卸表 …………………………… *146*

地球環境問題 …………………… *223*
中央銀行券 ……………… *219, 221*
直接金融方式 …………………… *74*
直接経費 ………………………… *199*
直接材料費 ……………………… *193*
直接法 …………………… *152, 186*
直接労務費 ……………………… *196*
貯蓄 …………… *66, 69, 71, 73, 75, 76, 80*
貯蓄の移動 ……………………… *77*
賃金財 …………………………… *60*
賃金の下方硬直性 ……………… *47*

定額法 …………………………… *138*
手形貸付金 ……………………… *171*
手形借入金 ……………………… *171*
手形の裏書譲渡 ………………… *168*
手形の割引 ……………………… *169*
手形売却損 ……………………… *169*
デフレーション ………………… *43*
転記 ……………………… *92, 113*
電子マネー ……………………… *10*

等価交換 ………………………… *63*
当座借越 ………………………… *173*
当座預金 ………………………… *172*
投資 ……………………………… *78*
投資＝貯蓄 ……………………… *77*
取引 ……………………………… *112*

な 行

値入率 …………………………… *61*
年金の拠出 ……………………… *59*
年金の受給 ……………………… *59*
年金の積み立て ………………… *59*

は 行

配賦率 …………………………… *204*
発送費 …………………………… *137*

比較貸借対照表 ………… *186, 188*
費用 ………………… *94, 120, 123*
費用主義 ………………… *130, 132*
費用の繰延 ……………………… *182*
費用の見越 ……………………… *182*

複式簿記 ………… *87, 88, 89, 96, 98*
福利施設負担額 ………………… *201*
負債 ……………………… *157, 159, 162*
負債勘定 ………………………… *93*
物々交換 ………………………… *14*
振替等式 ………………………… *116*
分記法 …………………………… *127*
分業 ……………………………… *6, 9*

平均法 …………………………… *208*
変動費 …………………………… *211*

ポイント引当金 ………………… *180*
法人 ……………………………… *216*

ま 行

前受金 …………………………… *166*
前払金 …………………………… *166*

未収金 …………………………… *163*
未払金 …………………………… *163*
民営化 …………………………… *81*

や 行

約束手形 ………………………… *158*

有価証券 ………………………… *177*
有形固定資産 …………………… *130*

欲求の二重の一致 ……………… *14*

ら 行

利益 ………………… *60, 62, 94, 119*
利益財 …………………………… *60*
利子率 …………………………… *45*
旅費 ……………………………… *136*

労働権 ……………… *216, 217, 219*

著者略歴

渡辺大介（わたなべ　だいすけ）

1945年：熊本県に生まれる。
1968年：神戸商科大学商経学部卒業
1974年：大阪経済大学経営学部助手
1975年：神戸商科大学大学院経営学研究科博士課程単
　　　　位取得
1986年：大阪経済大学経営学部教授

主要著書

『管理会計の発展』大阪経済大学経営研究所，1980年。
『市民社会の会計学』同文館，1986年。
『市民主義経済の論理―市場経済の未来学』東京経済，
　2002年。
『会計の仕組と役割』（共編著）森山書店，1996年。
『会計基礎論［新訂版］』（共編著）森山書店，2010年。

市場経済と複式簿記―基本を読み解く―

2010年3月15日　初版第1刷発行

著　者　ⓒ　渡辺大介
発行者　　　菅田直文

発行所　有限会社　森山書店　〒101-0054　東京都千代田区神田錦町1-10林ビル
　　　　TEL 03-3293-7061　FAX 03-3293-7063　振替口座 00180-9-32919

落丁・乱丁本はお取りかえします　　印刷・製本／シナノ書籍印刷
本書の内容の一部あるいは全部を無断で複写複製することは，著作権および出版社の権利の侵害となりますので，その場合は予め小社あて許諾を求めてください。

ISBN 978-4-8394-2088-8